本书获西安财经大学学术著作出版资助

动态环境下服务创新对零售企业绩效影响的实证研究

张武康◎著

Empirical Study on Impact of Service
Innovation on Retail Enterprises'
Performance in Dynamic Environment

中国财经出版传媒集团

经济科学出版社
Economic Science Press

图书在版编目（CIP）数据

动态环境下服务创新对零售企业绩效影响的实证研究／
张武康著．——北京：经济科学出版社，2022.7
ISBN 978 - 7 - 5218 - 2827 - 6

Ⅰ. ①动…　Ⅱ. ①张…　Ⅲ. ①企业创新 - 影响 - 零售
业 - 企业绩效 - 研究 - 中国　Ⅳ. ①F724. 2

中国版本图书馆 CIP 数据核字（2021）第 177775 号

责任编辑：朱明静
责任校对：王京宁
责任印制：王世伟

动态环境下服务创新对零售企业绩效影响的实证研究

张武康　著

经济科学出版社出版、发行　新华书店经销

社址：北京市海淀区阜成路甲 28 号　邮编：100142

总编部电话：010 - 88191217　发行部电话：010 - 88191522

网址：www. esp. com. cn

电子邮箱：esp@ esp. com. cn

天猫网店：经济科学出版社旗舰店

网址：http://jjkxcbs. tmall. com

北京季蜂印刷有限公司印装

710×1000　16 开　13.5 印张　250000 字

2022 年 7 月第 1 版　2022 年 7 月第 1 次印刷

ISBN 978 - 7 - 5218 - 2827 - 6　定价：68.00 元

（图书出现印装问题，本社负责调换。电话：010 - 88191510）

（版权所有　侵权必究　打击盗版　举报热线：010 - 88191661

QQ：2242791300　营销中心电话：010 - 88191537

电子邮箱：dbts@ esp. com. cn）

前　　言

　　中国零售市场的竞争日益激烈，为了更好地生存与发展，零售企业的服务创新行为十分活跃。作为一种创新方式，服务创新究竟会对企业的财务绩效和竞争优势产生什么影响，已成为理论界和实务界关注的热点。特别是在动态变化的环境下，服务创新与零售企业绩效之间的关系如何，更是学术界研究的焦点。在我国深化流通体制改革，加快流通产业发展的新时期，研究服务创新问题对提高零售企业竞争水平和促进流通行业现代化也具有重要的现实意义。关于服务创新的理论研究较多，但这些研究更多的是面向制造业服务化或针对一般服务业展开的，而对零售企业开展服务创新活动较系统的理论研究比较少。本书在继承前人服务创新相关研究的基础上，围绕零售企业服务创新的内涵，考虑环境动态性特征，围绕服务创新对零售企业绩效影响这一关键问题展开研究。为此，本书综合运用服务创新理论、企业资源理论、动态能力理论、顾客价值理论等理论，依次研究以下科学问题：一是零售企业开展服务创新活动的内涵及分类；二是服务创新不同类型对零售企业绩效的直接影响以及交互影响作用；三是环境动态性对服务创新不同类型与零售企业绩效的调节影响作用。

　　本书将定性研究与定量研究相结合，综合运用理论演绎、大样本统计分析、层次回归分析等研究方法，对上述问题进行了深入研究，并根据实证研究的结果提出了相应的企业管理建议。本书的创新性及研究结论主要体现在以下三个方面。

　　第一，厘清了零售企业服务创新的类型划分，为深入研究服务创新与零售企业绩效的作用关系打下了坚实的基础。结合服务创新的理论演绎，考虑零售企业的服务特点，从狭义角度对服务创新的概念作了界定，即零售企业为了增加顾客价值、实现竞争优势，而在服务顾客购物的全过程中，应用新设想和新技术手段实现对已有的零售服务方式及内容的革新或改进。依据创新内容将服务创新类型分为概念创新和传递创新，概念创新是指能够为顾客提供一种全新的或改进的服务方式或内容的创新；传递创新则是为了提高零售企业服务运作效率而进行内在服务流程的创新。在已有研究的基础上，构建了零售企业服务创新的测量量表，经检验该量表信度和效度均良好。本书的研究为深入研究服务创新类型与零售企业绩效关系打下了坚实基础，有利于指导零售企业的服务创新活动的开展。

第二，构建了服务创新不同类型及其交互效应对零售企业绩效影响的理论模型，对零售企业的服务创新与绩效关系进行了深入探索。在理论分析和企业访谈的基础上，本书构建了相应的概念模型并提出研究假设，通过实证检验得出，概念创新对零售企业短期绩效和长期绩效都具有显著正向影响作用，而传递创新只对零售企业的短期绩效产生显著正向影响作用，对长期绩效不具有显著正向影响作用。并且从对零售企业短期绩效的影响来看，传递创新的作用更大；而从对零售企业长期绩效的影响来看，概念创新的作用更大。服务中的概念创新和传递创新的交互作用确实会对零售企业绩效产生正向影响作用，并且这种交互效应对零售企业的长期绩效的影响作用更为突出。因此，零售企业必须统筹资源，既关注直接服务于顾客的概念创新，也关注间接服务于顾客的传递创新，并且要通过组织整合、重构内部资源等管理活动来使两种不同类型创新的交互作用达到最大化，以提升企业绩效、增强企业的市场竞争实力。本书的实证研究细化了服务创新的不同类型以及相互间的交互关系，为服务创新影响零售企业绩效关系作了理论上的拓展。

第三，引入了环境动态性这一变量来分析其对服务创新与零售企业绩效的影响，加深了对零售企业服务创新作用情境的理解。本书以中国零售企业为样本，假设并检验了环境动态性的四个维度（即市场动态性、竞争动态性、技术动态性和政策动态性）对服务创新与零售企业绩效关系的调节效应。研究结果表明，市场动态性、竞争动态性和政策动态性均显著地调节服务创新与零售企业绩效的关系，技术动态性显著地调节服务中的概念创新与零售企业绩效的关系，而对传递创新与零售企业绩效二者的调节作用不显著。具体来说，市场动态性在概念创新与零售企业绩效关系中起显著正向调节作用，而在传递创新与零售企业绩效关系中起显著负向调节作用；竞争动态性在概念创新、传递创新与零售企业绩效关系中均起显著正向调节作用；技术动态性在概念创新与零售企业绩效关系中起显著正向调节作用，而在传递创新与零售企业绩效关系中没有起到显著正向作用；政策动态性在概念创新与零售企业绩效关系中起显著正向调节作用，而在传递创新与零售企业绩效关系中起显著负向调节作用。

本书的研究，考虑了零售企业服务创新的作用情境，丰富了战略管理领域企业绩效来源的相关研究，并对零售企业在服务创新实践中根据外部环境特征灵活构建相应的服务创新决策具有一定的参考价值。

目　录

第 1 章

绪　　论

绪论部分阐述本书涉及的基本问题，包括分析研究背景和意义，提出研究目的与内容，并对研究概念进行界定，明确研究思路和研究方法，提出技术路线以及本书的章节结构安排等。

1.1　研究背景与研究意义

1.1.1　研究背景

1. 实践背景

随着科学技术的不断进步和经济社会的不断发展，零售企业面临的外部环境越来越复杂，突出表现在市场竞争越来越激烈，消费者需求变化越来越个性化、多样化，技术变革导致的零售业态创新层出不穷等。而 2020 年突发的新冠肺炎疫情，更是对世界经济造成了巨大的负面影响，零售业深受其害，影响很大。全球消费市场出现明显的衰退，许多行业被迫停工待产，人们的消费水平出现大幅下降，消费需求也大大减弱。从我国来看，受新冠肺炎疫情冲击较大的行业主要集中在实体零售企业。新冠肺炎疫情推动消费渠道向线上转移，电商渗透率逐步提升。实体零售企业中，百货企业受疫情冲击明显，如百货、购物中心等在疫情期间客流骤减，经营业绩受到了严重影响。受到居家隔离、餐饮停业、农贸关停等多种因素驱动，超市企业凭借强大的供应链、控费及议价能力，承担起居民的基础物资供应并取得了稳健的业绩。后疫情时代，零售企业要在激烈变化的市场环境下，实现自身的可持续发展，必须转变发展方式，强调特色发展，而转变发展方式的关键就是创新服务，可以实现企业绩效的提高，帮助企业获得持续竞争优势。

（1）市场竞争的日益激烈。新中国成立之初采用了计划经济体制，改革开放40多年来，经济体制日益过渡为社会主义市场经济体制，并在不断深入完善中。我国经济的增长方式也从粗放型向集约型转变，人民生活水平日益提高。从零售业的发展来看，从业态较为单一到目前业态综合多元，实现了历史性跨越。特别是2004年12月我国取消有关外商投资零售领域的各种限制，实现零售业全面对外开放以来，沃尔玛、麦德龙、家乐福等国际零售业巨头纷纷到中国开店，使零售业市场化程度提高、竞争更为激烈，许多国内零售企业感受到"狼来了"的危机。同时，在外资零售企业的示范作用下，国内市场上的零售行业获得快速发展，零售业态实现了多元化。但近几年，由于经营模式落后，成本持续上涨，新兴业态替代、网络购物冲击等多因素的影响，百货、超市等传统零售企业效益下降，关店止损现象时有发生。国外情况也基本类似，梅西百货前CEO泰瑞·伦德格伦表示，新冠肺炎疫情对美国零售业的冲击远未结束，他预计在2020年节期购物季过去之后，将会有更多的零售店关门。针对关店现象，零售企业可以通过销售额的增长来实现规模的扩大，可以通过利润的增加来实现持续发展，但要把企业做到更优更强，则必须要依赖客户服务和企业文化。

由于世界范围内市场竞争日益激烈，企业等组织外部的环境变化也日趋不确定，为了实现自身发展的成功，企业等组织需要重视的关键因素之一就是创新能力，企业等组织引进新产品、新服务或新技术，或将已有产品、服务或技术进行扩展或改造，可促进整体经营绩效的提升。在20世纪90年代以前，我国零售企业面临的经营环境基本上是一个稳定、可预测的环境，由于限制了外资和民营零售企业进入，竞争主要是在国内、本地区、本产业内的国有大型百货零售企业之间展开。在这样的环境下，管理者可以通过计划、组织、激励和控制来管理业务，通过任务的专业化分工来提高效率，以降低进货成本和降低经营费用获得价格竞争优势。但自20世纪90年代末以来，特别是信息经济、网络经济和知识经济的出现，使有利于企业经营环境稳定的要素逐渐瓦解，企业经营环境从相对稳定的静态环境转向日益复杂多变和充满不确定性的动态环境。传统的零售业也受到新经济的强烈冲击，以往的均衡竞争态势被打破，一些对环境变化较为敏感且及时调整竞争战略的企业生存下来，其中一部分企业在新的竞争环境下，采取顺应环境变化的竞争战略与策略，快速发展壮大，而另一部分企业由于无法适应新环境而逐渐被淘汰，退出历史舞台。在消费比较低迷的市场环境背景下，国内外各大零售商不断求变，通过改革服务内容和服务方式，从理念和技术上进行零售管理的创新，以形成新的增长点。当前我国迈入新经济发展时代，部分先行先试的零售企业，如物美、翠微、华润万家等上市公司，都进行了企业发展的转型调整，纷纷将服务推向了战略高度，并开展了一系列服务创新工作，为零售业的转型做了有益的尝试。

（2）消费需求的升级变化。推动国民经济增长的引擎之一就是消费，并且对国民经济的拉动作用在不断增强。国家统计数据表明，我国消费对经济的贡献率自 2011 年以来都超过了 50%。2011 年为 51.6%；2019 年，我国社会消费品零售总额为 41.2 万亿元，同比增长 8%，消费对经济增长贡献率 57.8%，拉动 GDP 增长 3.5 个百分点。消费成为拉动我国经济增长的"三驾马车"中的第一动力因素，并且持续至今一直占据国民经济增长的主导地位。党的十九大报告指出，中国特色社会主义进入新时代，我国社会主要矛盾已经转化为人民日益增长的美好生活需要和不平衡不充分的发展之间的矛盾。适应人们美好生活需要，也就成为我国现代流通业积极而为，实现自身先导性和基础性地位的主要着力点。我国农村市场十分广阔，需要加以重视。统计显示，2019 年我国乡村消费快于城镇消费，乡村消费增长 9%，高于城镇 1.1 个百分点。有学者指出，随着我国城镇化进程的加快，可以预计农村居民收入增长对未来消费贡献将进一步增大（洪涛，2013）。随着新时代的发展，我国消费者自我意识不断提高，消费需求呈现多样化和个性化特征。突出体现在由单一的产品需求向产品及服务的复合需求转变；从需求层次上看，开始从低层次需求向高层次需求发展。消费者在制定消费决策时候，不但会考虑商品，还会考虑服务与消费体验。与单纯的功能性商品相比，具有人格化形象的商品更具有性价比，能够为企业提供广阔的想象空间。因此，零售企业在市场竞争中需要时刻关注消费者需求的新变化，以顾客价值为中心来提供产品和服务，并通过培育忠诚顾客，创造新的顾客价值来实现盈利。

当前，为有效应对日益复杂的国际大环境、保障我国经济实现高质量发展，党中央提出了构建以国内大循环为主体、国内国际双循环相互促进的新发展格局。随着经济全球化进程不断加深、新技术驱动能力不断增强、国内市场规模优势不断释放，我国消费领域呈现多方面深刻变革，消费结构、消费方式、消费行为等均发生了重大改变。科学把握消费变革，促进形成强大国内市场，进一步释放内需潜力，有利于加快形成激发经济增长的新动力，对推动经济高质量发展具有重大意义。我国经济增长正朝着高质量发展的阶段迈进，新兴消费蓬勃发展，突出表现在以下三方面。一是网上购物蓬勃发展。网络购物给消费市场带来了两个方面的重要变化，一方面是二三线城市及农村地区购物消费增加，特别是网购大幅度增加，说明生活消费正在逐步克服地域和门店的位置限制；另一方面是消费季节性因素发生改变，传统的季节性效应正在削弱，"双11""三八"妇女节等非传统季节性购物正在成为新的消费时节。二是信息消费规模快速增长。根据中国信息通信研究院发布的《2019 年中国信息消费发展态势报告》，我国信息消费领域创新活跃。从信息服务看，信息技术与各领域的融合日益深入，催生了智能零售、数字创意、短视频等大量新应用新模式，不断满足大众的个性化多样化消费需求。从信息产品看，智能手机、智能穿戴、智能家居等多形态智能硬件生态日益成熟，形成了完备的消费链条。未来，在居民收入持续提升、促进消费的体制机制日益完善、5G 网络等信息设施加速升级等利好因素助推下，我国信息消费有望延续蓬勃发展态势。三是绿色消费、文化和旅游等消费继续升温。重视健康、绿色环保、防止污染等理念逐步融入居民消费行为之中，变频空调、空气净化器、新能源汽车等产品销量持续增长。新能源汽车销售量、空气净化器等节能环保产品销售同比猛增，市场呈爆发式增长态势，绿色消费已经成为居民消费新的增长点。另外，居民收入稳定增长带动消费升级，文化旅游、医疗保健消费需求增加。消费需求的升级变化将驱使零售企业适应这一变化方向，努力做好供需匹配，赢得市场先机。

（3）技术变革下零售业态创新的活跃。信息科技日新月异，物联网科技已经全面渗透流通领域，零售行业已经进行了百货店、连锁店、超市、网店四次业态革命，智能商店将成为零售行业的第五次业态革命。国外已经出现了特易购的鲜又易（Fresh & Easy）、沃尔玛的沃集鲜（Marketside）、麦德龙的第二代实时智能商店等业态。国内电子商务、网络销售和国际采购平台等，是近年新兴的现代商业业态，其增长潜力巨大，并高于零售业的总体水平。新兴网店业态方面，根据中国互联网络信息中心发布的第 47 次《中国互联网络发展状况统计报告》数据，自 2013 年起，我国已连续八年成为全球最大的网络零售市场。2013～2020 年全年网络零售十分活跃，网上交易额增长迅速，占社会消费品零售总额比重也不断提高，影响力日益增大，具体如图 1－1 所示。同时，日渐加快的生活节奏以及智能手机的推广与普及，使消费场景呈现了碎片化、移动化的新特性。而作为传统互联网的延伸和演进方向，移动互联网更是在近两年得到了迅猛的发展。如今，越来越多的用户得以通过高速的移动网络和强大的智能终端接入互联网，享受丰富的数据业务和互联网服务内容。移动互联网已成为全世界人们接入互联网的主要方式之一。

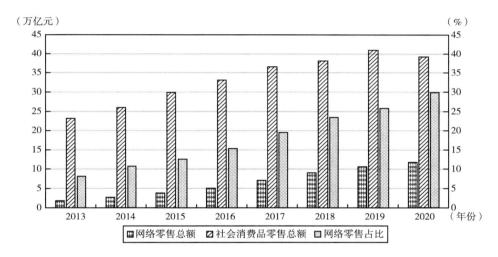

图 1－1　2013～2020 年中国网络零售总额及占社会零售总额比重

资料来源：2013～2020 年度《中国互联网络发展状况统计报告》。

近年来，中国手机应用的下载规模已经呈现了几何式增长，平均每个用户都在手机上至少装载了 20 款应用程序，如今人们对手机的依赖程度非常之高，在手机上所花费的时间甚至超过了用于吃饭的时间。这种现象带给零售企业的启示就是，手机已经颠覆了人们接触信息的方式，改变了用户的行为模式，而作为零售经营管理者，也应该以客户为核心，及时转变自己的经营方式，不要沉浸在旧式经营模式中，要善于改变，才能抓住机遇，才能真正适应移动营销时代的来临。

此外，物联网、人工智能、虚拟现实等技术的应用，又使消费场景更加数字化、智能化和智慧化。这就需要零售企业打造的消费场景要和人们的本地化生活场景相结合，实现"千人千面"的定制化服务，建立顺畅、无缝的全渠道购物体系，结合用户在不同场景中的差异化需求，推送其感兴趣的内容，刺激更多的冲动消费以及口碑传播。这会驱使零售企业不断进行转型升级，做好业态创新、服务创新等管理创新活动。

当前，新冠肺炎疫情危机对零售业造成的影响还没有彻底消除，零售企业的业态创新还在持续进行中，而服务作为业态的重要组成要素，其改变与创新对零售企业形成差异化竞争非常关键。

2. 理论背景

在服务创新研究领域，或许是因为传统的创新研究范式的影响，对服务业相关的创新研究并没有引起足够重视。由于服务业在国民经济中地位的上升，以及服务业的特殊性，导致各国政策制定者和业界实践者对服务业非常关注并期望实现服务业的快速发展。服务创新理论研究开始的准确时间无从知晓，缺乏统一认识，但基本共识是开始于20世纪70年代末和80年代初，国外在服务创新方面取得了一些研究成果。一些学者认为巴拉斯（Barras）在1984年提出的"逆向产品周期理论"具有开创性作用，其专门围绕服务业的创新展开细致研究，从研究内容和成果价值来分析，起到了较好的引导作用。因为在这个理论之后，针对服务创新领域的研究，表现出快速发展的良好势头。所以，汪涛和蔺雷（2010）指出，学者们认为较为系统的针对服务创新的研究，就是巴拉斯"逆向产品周期理论"的提出。并且将后续的服务创新研究划分为了三个不同的时期，即20世纪80年代到90年代中期的起步期、20世纪90年代中期到21世纪初的发展期、21世纪初到目前的深化期。研究方法上也经历了三次演进，分别是从"技术主义方法"到"服务导向方法"，再到目前的"综合性方法"，并在学术上形成了三个不同的研究学派。我国学者涉足服务创新领域研究较晚，在20世纪末和21世纪初开始展开研究，并且研究内容上主要以对国外理论成果的综述以及针对一般性行业的理论和实证研究为主。在服务创新所研究的产业对象上，现有的研究主要包括服务业和制造业，并且其中大部分的研究是以服务业为背景而具体展开的。

具体到零售企业的服务创新方面，国内外均展开了相应的研究。国外对零售服务创新的研究主要作为零售创新的一部分进行，如赫托格和埃里克（Hertog & Erik，2000）针对荷兰零售业，通过分析、归纳和总结，提出变化多端的顾客行为、无店铺的网络销售和新进入零售市场的零售企业竞争者等因素，导致了零售企业的创新行为；赫里斯托夫（Hristov，2007）则给出了更具体的零售创新的驱动力，并从企业内外部来划分。还有少数专门针对零售服务创新的研究，也仅局限于创新的驱动力，如马丁和霍恩（Martin Jr & Horne，1993）对零售企业开展服务创新的驱动力进行研究，从内部投入和外部投入两个角度，将零售企业的服务创新驱动力进行了划分。国内一些学者关于零售企业服务创新的研究，较早的有如江方平（2002）提出的企业之间的竞争表面看是产品的竞争，实质上是服务的竞争，也就是如何满足顾客需求，或者如何为顾客解决问题；张建军和赵晋（2004）指出顾客服务已成为现代零售企业的核心竞争力；李飞和王高（2007）对零售管理创新进行了汇总，并分析了零售创新的各种方式。进一步地，李飞和陈浩等（2010）还针对百货商店如何进行服务创新的过程问题，进行了细致的研究；原小能（2011）指出服务创新是零售企业盈利模式转变的重要途径；孙永波和王晶（2013）对零售服务创新能力指标体系进行了构建。近年来，文献涉及了零售服务创新内容以及顾客参与相关问题，如李颖慧（2012）基于四维度模型分析了零售服务方式创新的内容、模式与路径；彭艳君和王刚等（2012）则分析了顾客参与零售企业服务创新过程，提出了相关措施；刘建勇和张功勋（2019）基于顾客信任的调节作用，分析了顾客参与对零售服务企业服务创新的影响；宋子昂和孙艳聆（2019）递进式地探究了零售服务创新、顾客融入与消费满意度三者之间的关系。随着新零售的发展，赵树梅和李银清（2019）分析了 5G 时代"新零售"服务的创新发展问题。

当前围绕零售企业服务创新的理论研究，学者们更多地聚焦于服务创新的驱动力、服务创新方式、影响和对策等方面，而在零售企业服务创新的概念内涵、创新类型、构成体系等方面认知还不统一，相对完整的理论体系目前还没有形成。从全球零售业发展来看，销售业绩增速的下滑突出，竞争环境日益激烈残酷，电子商务等"新零售"的迅猛发展不断冲击实体销售，人口红利日益下降，物业成本不断快速攀升等，这些情况使得零售企业的经营步履蹒跚。在国内经济表现出低速增长的"新常态"之下，零售企业经营如若不慎，就会跨入亏损的不利境地。而在当下零售企业外部环境没有好转的情况下，实现内部突破就是企业发展的一个关键着力点。所以服务创新为零售企业竞争提供了新的视角，被提升到战略管理高度。但是，由于零售企业实践应用中如何有效发挥服务创新的作用这方面的理论研究落后于零售实践的需要，期望有效指导零售企业有效的目的还未达到。因此，从理论背景分析角度看，有必要对零售企业服务创新的类型进行深入研究，结合环境动态性的影响，探究服务创新对零售企业绩效的作用机理，可以为零售企业服务创新实践的开展，以及促进零售企业绩效的提升提供理论依据。

1.1.2　研究意义

1. 理论意义

零售企业获取并维持竞争优势的一个重要措施就是进行服务创新。当前服务创新领域学者的理论研究还没有形成共识，现有开展服务创新研究的领域主要有工业制造业、知识型企业、金融业和旅游业等，呈现的是不同研究领域各自服务创新的研究。具体到零售业，针对零售企业服务创新的理论研究较少，而且缺乏系统性。本书将在继承前人研究的基础上，围绕零售企业服务创新的内涵，考虑环境动态性特征，展开针对零售企业服务创新关键问题的研究。

具体来说，零售企业服务创新研究中，很多学者关注服务创新对零售企业绩效的影响。本书在明确零售企业服务创新含义的基础上，分别研究服务创新的类型划分，以及不同类型的服务创新如何单独和交互对零售企业的绩效产生影响，并考虑外部环境动态性的影响，分析环境动态性在零售企业服务创新和企业绩效关系间的作用这几个问题，以深入揭示服务创新对零售企业绩效的影响机理。通过研究，可以进一步补充和完善现有服务创新与零售企业绩效二者关系的理论体系，并提出一个比较完整的研究理论框架，加深对零售企业开展不同创新活动与绩效关系的机理理解，所以针对零售企业展开服务创新的理论研究，具有积极的理论意义。

2. 实践意义

服务业创新发展的重要性，早已引起国家的高度重视。国家发展改革和改革委员会早在 2017 年就印发了《国家发展改革委关于印发〈服务业创新发展大纲（2017~2025 年）〉的通知》，明确要加快服务业创新发展，认为服务业的创新发展，是关系经济转型升级、振兴实体经济和实现制造业强国目标的关键所在。在国民经济增长中，零售企业数量巨大，发挥着非常重要的作用。但是由于我国零售市场的开放不断加大，国外零售巨头的大量涌入，本土企业的市场份额被不断占据和缩小。本土零售企业相比外资零售企业，在规模、人才、信息技术等方面存在诸多弱势。这种境况近年来虽有改善，但差距依旧明显。加之新冠肺炎疫情等灾害事件的冲击，本土零售企业要想在市场博弈中胜出，获得竞争的主动地位，只有持续创新，尤其是进行服务的创新，实现客户服务的差异化，才能更好地满足顾客需求。但是零售企业的实践中，在实施服务创新的过程中，很多企业会遇到一些问题：一方面，开展了服务创新，但能否取得预期的效果是未知的，这说明零售企业实施服务创新与提升企业绩效水平之间，还存在着如环境变化等相关因素的影响；另一方面，现有关于零售企业服务创新的理论研究，对服务创新不同类型及其相互作用于零售企业绩效的机理研究还很少，并且更多的是采用案例研究，缺少较多数量的大样本实证分析。

对于零售变革与企业绩效之间关系的研究较多，特别是进入 21 世纪以来，伴随着人们消费习惯的变化和信息网络与通信技术的大发展，零售学者的研究日益深入，并紧跟时代，注重实践。具体来看，本书将通过对零售企业服务创新三个方面的研究，指导我国零售企业服务创新实践活动。一是零售服务创新影响企业绩效中，不同类型的服务创新形式对零售企业绩效的影响作用探究。对零售企业来说，通过实现内部资源的有效利用，做好服务创新活动，使竞争对手难以模仿和复制，以此促进零售企业有效地开展服务创新活动。二是零售企业实施服务创新中，不同类型的服务创新活动之间产生的交互作用，会对零售企业绩效产生什么影响。为此，需要重点关注服务创新类型之间的相互促进关系对零售企业绩效的影响。三是在服务创新影响零售企业绩效中，除了考虑企业自身因素和资源之外，更要特别关注外部环境的动态变化，要综合考虑零售企业内外情况，实现战略上的有效和整体竞争能力的提升。李飞（2013）曾提出，"零售业已经社会化了，甚至主宰着一国的经济和生活"。当前，我国着力构建强大国内市场，推进国内和国际双循环发展新格局，因此，展开对零售企业服务创新的研究，也具有较好的实践意义。

1.2 研究目的与内容

1.2.1 研究目的

根据前面研究背景的分析，可以发现，零售企业为了适应外部环境的变化，可以通过进行零售服务形式和内涵的不断创新，来谋求竞争优势地位。目前已有的服务创新相关研究，从企业战略管理、零售管理和经济学等领域来看，均已取得了相应的进展，但对服务创新、环境动态性与零售企业绩效间的关系机制的阐释仍存在不足之处。在前人研究的基础上，本书致力于分析动态环境下，服务创新对零售企业绩效的影响作用，并通过大样本实证分析进行验证。该研究可以分解为以下子问题的研究。

一是零售企业服务创新的类型研究。当前学者们对零售企业服务创新驱动力以及影响企业绩效的研究有较多关注，但是对零售企业服务创新类型的研究还较为欠缺。为了深入研究服务创新与零售企业绩效的作用关系，必须要先搞清楚零售企业服务创新的不同类型，为后续研究打下坚实的基础。

二是零售企业服务创新不同类型对企业绩效影响的研究。本书将通过实证研究检验说明零售企业服务创新的不同类型以及交互关系对企业绩效的影响，并将零售企业绩效区分为短期绩效和长期绩效，明确零售企业服务创新是显著影响企业短期绩效还是长期绩效。

三是环境动态性在零售企业服务创新与企业绩效二者关系中影响作用的研究。零售企业实施的服务创新会对零售企业绩效产生直接影响，但是其他外部变量的存在，会对零售企业的创新绩效产生什么影响？作为服务业中的重要组成部分，零售业发展受到外部环境的影响十分显著。外部环境变化会对零售企业的服务创新形式与绩效变化产生什么影响？本书拟通过大样本的实证分析，研究环境动态性对零售企业服务创新与企业绩效关系的影响作用。

1.2.2 研究内容

围绕以上研究目的，本书的研究内容具体有以下三个方面。

第一，零售企业服务创新类型的划分。在学者关于服务创新已有概念内涵的基础上，结合对零售企业服务创新形式的已有研究，深入研究零售企业服务创新的类型划分。在借鉴前人现有研究成果的基础上，明确零售企业服务创新的不同类型。

第二，零售企业服务创新类型及其交互作用与企业绩效关系的研究。提出"零售企业服务创新类型及其交互作用→零售企业绩效"的理论模型以及相关研究假设，以拓展现有关于"服务创新→企业绩效"的研究思路，并形成一种新的服务创新影响零售企业绩效的作用模型，并通过问卷调研获取数据，对模型进行实证分析。

第三，零售企业服务创新与企业绩效关系中，环境动态性的调节作用研究。零售企业作为服务行业，自身受外部环境变化影响十分突出，而对零售企业服务创新形式与企业绩效间的关系是否受环境变化的影响这方面研究还较少。本书将在权变理论、企业资源基础理论和核心能力理论等理论的基础上，构建出环境动态性对零售企业服务创新类型与企业绩效关系的调节作用模型，并通过问卷获取数据进行实证检验。

1.3　相关概念界定

概念的清晰界定是进行科学研究的基本前提，所以在研究正式开始之前，本书首先对全文涉及的主要概念进行界定，明确研究范围。

1.3.1　服务创新

随着服务产业的迅速发展，服务对企业竞争和市场经济的重要性越发突出。管理学研究领域的众多机构和学者对服务的含义进行了界定，例如，美国市场营销协会认为，服务是伴随着货物销售一并提供给顾客的利益、满足及其他活动；营销大师菲利普·科特勒（Philip Kotler）提出，服务是指一方能够向另一方提供的，并且基本上是无形的各种活动或利益，而且这种服务不会导致任何所有权的产生。科特勒和凯勒（2013）进一步认为，服务的产生可以与某种有形产品密切相连，也可以是毫无联系的。现代服务管理奠基人之一，芬兰的著名学者格伦罗斯和海因诺恩等（Grönroos & Heinonen et al.，2000）在对以往服务概念回顾的基础上，给出了较完善的定义，即服务是一种过程，是由一系列或多或少无形性的活动所构成的，并且这种过程是在互动关系中进行的，包括顾客与员工的互动，顾客与有形资源的互动，而这些有形资源，例如有形系统、实体商品等，是提供给顾客的一种顾客解决方案。

伴随着全球各国经济不断迈入知识的密集化阶段，各国经济结构也日益不断升级，世界经济增长中服务业已经成为一种主要的推动力，但是要想实现服务业的持续发展，则更需要大力推行服务创新作为保障。所以理论界对服务业创新的研究自 1990 年开始，很多国内外学者特别是发达国家学者，对服务业中的服务创新开始关注和研究。对服务创新概念的研究中，学者们从广义和狭义角度提出了两种解释。一切与服务相关的，或针对服务的创新行为和活动，就是广义的服务创新；而仅仅探讨服务业中产生的创新行为与活动的，就是狭义的服务创新。零售业是传统服务业中的一种，零售创新是服务创新中典型的一类。零售指的是向最终消费者，包括个人或社会集团，所出售消费品及其相关服务，以供其最终消费之用的全部活动。孟利锋和刘元元等（2013）指出零售服务则是零售商为顾客提供的、与其基本商品相连的、旨在增加顾客购物价值并从中获益的一系列无形的活动。李飞和陈浩等（2010）汇总指出，从概念上讲零售服务也有广义和狭义两种理解。从广义上讲，零售本质上就是一种服务，是为最终消费者所提供商品的分销服务，使消费者更便利地取得所需的商品；从狭义上讲，零售服务仅是指面向客户的服务，包括销售人员在消费者购买前、购买中和购买后，通过互动所提供的各种附加增值服务，以及零售商政策的实施及相关设施的提供。因此，零售企业创新的对象不同，导致了零售的服务创新也有了以上广义和狭义之分。

在前人研究的基础上，本书结合研究内容，将零售企业服务的概念限定为狭义上的零售服务，进而以此界定零售企业服务创新的内涵。盛亚（2007）指出，在零售企业面向顾客的服务过程中，应用新思想和新技术，实现现有的客户服务流程和服务产品的改善和变革、现有服务质量和服务效率的提高，以及服务范围的扩大、服务项目内容的更新和增加等，促进零售业顾客新价值创造和企业竞争优势最终形成的这些做法，可以称之为零售企业服务创新。借鉴此概念，本书认为，零售企业的服务创新是指零售企业为了增加顾客价值、实现竞争优势，而在服务顾客购物的全过程中，应用新设想和新技术手段实现对已有的零售服务方式及内容的革新或改进。服务创新具有无形性、新颖性、多样性、顾客导向性和企业层面性等特性，而由于零售业具有低定制和劳动力密集的大众化服务的特点，因而这些特性的重要性应用在零售企业上会有所不同。有学者指出，对服务现场设施的依赖性方面零售业表现非常强烈，同时服务创新在零售企业中的无形性也极强，容易模仿，所以与其他类型的服务业相比，其多样性和企业层面性不如其顾客导向性和新颖性强烈。结合概念分析，汇总可知零售企业服务创新具有这些特征：一是零售企业服务创新是一种既包括概念性，也包括过程性的创新活动，具有无形性的特征；二是零售企业服务创新既包括可复制的创新，也包括针对特定顾客的不可复制的创新，具有多样性的特征；三是零售企业服务创新的非标准化特性表现得更多些，顾客导向性也比较明显，且是以顾客为主导的创新过程，体现出了需求拉动型特征；四是零售企业服务创新既包括技术创新形式，也包括非技术创新形式，但是在企业管理层面表现得更突出，具有企业层面性特征。

进一步地，本书对服务创新类型的研究，以零售企业为研究主体，以狭义的顾客服务为内容，结合豪威尔斯和泰瑟（Howells & Tether，2006）、王琳和魏江等（2009）对服务创新类型划分的研究，以及零售企业的顾客服务内在特性，具体划分为概念创新和传递创新两种类型。具体来定义，零售企业的概念创新是指能够为顾客提供一种全新的或改进的服务方式或内容的创新，传递创新是指为了提高零售企业服务运作效率而进行内在服务流程的创新。在后面的实证研究中，也将从概念创新和传递创新两个维度衡量零售企业服务创新的方式。

1.3.2　环境动态性

动态性已经成为当代企业生态环境的主要特征，如何根据外部环境特征制定有效的创新策略，进而提高企业绩效是国内多数零售企业需要解决的问题。所以，在本书分析中，拟引入环境动态性这一变量。环境最主要的特征就是其动态性。邓肯（Duncan，1972）认为环境动态性是指经营环境中影响管理活动的有关因素的变化频率与幅度。从定义上来说，邓肯是公认的最早的研究环境动态性的学者，他认为直接导致环境不确定性增强的是不断增加的环境动态性。阿克罗尔和科特勒（Achrol & Kotler，1999）认为分析企业环境时，既要包括政治、社会文化、法律、地理等因素，也要分析企业所在的产业以及企业内部所拥有的各种资源。对此，罗宾斯和伯格曼等（Robbins & Bergman et al.，1994）也辨析了环境的概念，认为对企业组织的绩效起着潜在影响的内部和外部机构或力量都是环境。因此，环境动态性具有环境要素的变化幅度和变化速度等特征，并且是多个作用力同时作用的结果，包括政府行业政策、企业发展规模、同行业中类似企业的数量、科技技术的变化与传播、专利专有技术的引进以及销售市场的风险等，这些均代表了外部环境的变化频率，以及外部环境的不可预见性程度。

在已有的理论研究中，衡量环境动态性的常规做法是考察市场环境、竞争环境和技术环境的动态性。詹森和维拉等（Jansen & Vera et al.，2009）认为，环境动态性涉及的特征有顾客偏好的变化、产品需求的变化、技术的革新或衰退以及企业原材料等供给的波动等。还有一些学者从市场需求以及技术发展各自的动态性两个方面，对环境动态性进行划分。如维尔沃特和克拉克（Wheelwright & Clark，1992）认为，技术发展的动态性和人口统计学的动态性这些变化，都属于企业经营所处环境动态性的考察范畴。我国学者刘刚和刘静（2013）则认为为了全面考察环境动态性，应该从市场动态性、技术动态性、政策法律与社会动态性三个方面进行。

综上所述，本书研究所界定的环境动态性，是指企业外部环境不断变化的一种状态，且这种变化是不可预测的，具有稳定和不稳定的两种特点。进一步地，本书对环境的动态性维度的考察中，由于是以零售企业为行为主体，研究的环境动态性是针对零售企业服务创新的外围环境特性，所以本书不以全部环境要素为测量指标，而仅仅以关键环境要素的特征为测量指标。结合奥和特奥等（Oh & Teo et al.，2012）对环境动态性维度的使用，本书具体从顾客偏好、行业竞争、经营技术、政府行业创新政策四个与企业密切相关的方面进行分析。进一步地，将这四个方面命名为市场动态性、竞争动态性、技术动态性和政策动态性，其定义分别为：市场动态性是指顾客构成及其偏好的变化程度；竞争动态性是指企业所处的行业中现有竞争者、潜在进入者、替代品生产者等竞争对手数量的变化速度和市场竞争强度的变化幅度；技术动态性是行业中新技术、新工艺、已有产品的更新以及相关的技术标准等要素变化的程度；政策动态性是指一定时期内国家各级政府组织为促进行业创新而出台的各类创新政策的有效性、针对性和及时性的变化程度。在本书后面的实证研究中，也将以市场动态性、竞争动态性、技术动态性和政策动态性四个维度衡量环境动态性这个变量。

1.3.3 企业绩效

企业绩效是一个内涵丰富的概念，在不同的研究领域有不同的理解，即使在同一个领域，也可以从不同的角度进行理解。通常情况下，在企业管理领域，有战略绩效、组织绩效、财务绩效、非财务绩效等多种提法。绩效是企业达成特定目标的程度，是一个多维的概念。本书研究重点是零售企业的服务创新与企业绩效二者之间的关系，而服务创新对企业绩效的影响作用是全面的，既包括当下也包括长远，目前很多实证类文献中，衡量企业绩效所采取的当期会计指标，只能显示企业的财务绩效，无法体现企业的服务创新行为对非财务绩效的影响。传统的财务性绩效评价偏重于对企业过去经营成果的衡量，往往会导致企业急功近利而忽视长期价值的创造。赛义德和哈萨布—埃尔纳比等（Said & Hassab Elnaby et al.，2003）研究指出，与财务指标相比，顾客与员工的满意程度、市场占有率与创新等非财务指标能够更好地反映企业未来绩效的变化趋势。波特（2005）提出，企业创新策略成功的主要判断依据应该是企业长期的增值能力。由此可以看出，企业绩效评价包括两个方面：一是"绩"，指的是以利润率、投资报酬率等表现出来的企业财务业绩；二是"效"，即尚未形成财务绩效的工作效果，如市场占有率、顾客满意度和企业声誉等，这部分是通过一些非财务指标和企业行为表现出来的。在企业绩效评价体系中，财务指标和非财务指标各有侧重并紧密联系，相互补充，互为因果，理论界对此已经达成了一致。

结合零售企业服务创新活动的开展，本书将零售企业绩效从财务和非财务角度区分，并命名为短期绩效和长期绩效。具体来说，短期绩效是指来自企业经营活动的产出，企业通过经营活动提供能够满足社会需求的商品或服务，并在销售商品或提供服务中获得自身的生存、积累和发展，用资产回报率、销售增长率、现金流量、利润增长率等一些反映短期盈利的核心财务指标进行衡量。长期绩效用是指企业通过自身的经营活动，在顾客满意度、服务质量、员工满意、市场份额等非财务形式方面的表现，用企业服务质量、社会形象和市场优势地位等反映长期价值创造与竞争优势的指标来衡量。

1.4 研究思路与方法

1.4.1 研究思路

在研究背景以及研究意义相继阐明的基础上，本书的研究思路将按照以下逻辑顺序展开。

（1）对相关研究文献进行评述。将围绕创新理论、服务创新理论的研究，对服务创新的已有研究进行回顾，包括对零售企业服务创新、环境动态性与企业绩效的国内外研究现状予以总结评述，奠定本书研究的基础。

（2）分析服务创新类型及其交互作用对零售企业绩效的影响机制。研究服务创新不同类型与零售企业绩效的关系，服务创新不同类型交互作用与零售企业绩效的关系。提出相应研究假设，构建研究概念模型。通过开放式问卷调查收集数据，并采用结构方程模型进行理论研究假设的检验，并讨论实证研究结果。

（3）分析外部环境动态性对服务创新与零售企业绩效的调节作用机制。并在对三者之间影响关系进行理论分析后，提出对应的研究假设，构建相应的概念模型，并采用层次回归分析法进行理论研究假设的检验，并讨论实证研究结果。

（4）得出本书研究结论、贡献与不足。在研究最后，对本书研究得到的主要结论和所作研究贡献予以汇总，并讨论研究不足之处，并对未来研究予以展望。

1.4.2　研究方法

针对本书提出的研究问题，遵循"规范分析—提出假设—实证检验"的研究范式，将规范研究与实证研究相结合，定性研究与定量研究相结合，实现对零售企业的服务创新、环境动态性和企业绩效的关系进行研究。具体所采用的研究方法有以下三种。

1. 文献分析法

文献分析法是以研究问题为导向，对已有文献资料进行检索、阅读和整理，并且有原则地对文献中的理论观点进行取舍的一种研究方法。孙国强（2007）指出，文献分析可以帮助实现以下目标：研究的问题是值得做的，研究方法的方向是正确的，研究模型是合理的。本书在提出研究问题之前，就已对零售企业服务创新、环境动态性、企业绩效等相关领域的国内外文献分别进行了详细的收集整理和分析工作。同时借助所在高校图书馆数据库资源平台的中英文资源（外文文献资源包括 Elsevier 外文电子期刊、Emerald 经济管理学外文电子期刊、ProQuest 国外学位论文全文数据库等，中文文献资源包括中国知网数据库、万方以及维普数据库等），并还利用百度学术搜索平台进行一些相关文献的检索和收集工作。通过文献的阅读和整理、归纳，基本厘清了零售企业服务创新、环境动态性与企业绩效关系的研究现状，在此基础上提出了本书的研究问题和相关研究假设，建立了理论模型。

2. 实地调研和问卷调查法

本书研究中，首先通过采用阅读和分析相关核心文献，将研究中各测量变量的构成及其测量的题项予以完备，其次与零售企业管理方面的专家和企业家对这些问题进行讨论，修改完成了本研究的初步调查问卷。再次采用实地预调研，对所收集的问卷进一步展开分析，据此进行了一些测量题项的删减，从而提高了调查问卷的信度和效度。最后，采用修订后的调研问卷，对国内相关零售企业进行了大样本调查，并展开数据的实证分析。

3. 统计分析法

在前面进行了充分的理论分析，以及提出相关研究假设之后，本书通过大样本问卷调查的方法，得到了所需的大样本数据。随后，采用了多种统计分析方法对样本数据进行分析，包括描述性统计分析、相关分析、层次回归分析、因子分析、结构方程建模等方法，以此来定量检验本书理论分析所提的研究假设是否得到验证，从而完成对零售企业的服务创新、环境动态性与企业绩效三者之间关系的科学判断。

1.5　技术路线与研究结构

1.5.1　技术路线

本书以服务创新的类型研究作为出发点，考虑环境动态性的影响，以提升零售企业绩效为目的，逐层深入研究服务创新对零售企业绩效的影响。具体为，根据本书的理论基点和实践提炼，形成本书的研究问题，进而依据已有的理论基础和研究文献，分别界定了相关变量的概念、具体测量和相互之间的影响关系，提出了理论作用机制模型与研究假设；在对零售样本企业的基本情况及其服务创新类型、外部环境动态性、零售企业绩效等资料全面收集的基础上，采用统计方法对数据的质量进行了评估，并对相关理论假设进行了验证，最后提出本书得到的研究结论和存在的不足，并对将来可能的研究方向予以展望。

本书的技术路线如图 1-2 所示。

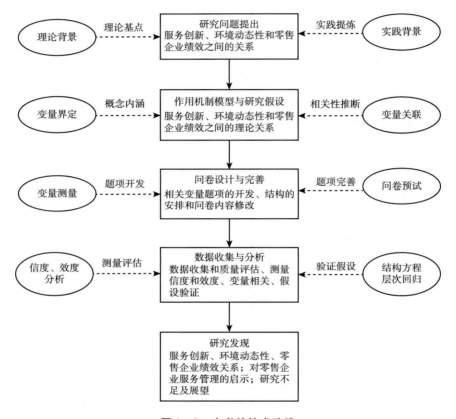

图 1-2　本书的技术路线

资料来源：笔者绘制。

1.5.2　研究结构

依据上述技术路线的逻辑安排，本书研究内容共 7 章，图 1-3 是本书的结构安排。

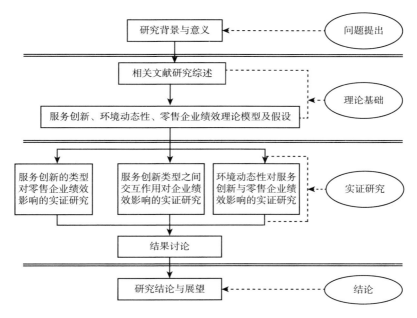

图1-3 本书的研究框架

资料来源：笔者绘制。

第1章为绪论。本章首先就本书的研究背景（实践背景、理论背景）以及研究意义（理论意义和实践意义）进行了阐述，其次提出了本书研究的目的与内容，并界定了相关概念，交代了研究中的思路与方法，最后介绍了本书的技术路线与结构安排。

第2章为文献综述。对本书涉及的关键变量，如服务创新、环境动态性、零售企业绩效的相关文献研究进行了回顾和整理，并根据实证研究的需要，对它们之间的关系进行了梳理，为后文的理论模型构建和分析做好铺垫。文献综述中，通过对相关主题研究的进展和不足的总结，提出了本书研究的切入点。

第3章为理论模型与研究假设。即建立服务创新、环境动态性与零售企业绩效之间的作用机制模型。结合本书的研究目的，本章基于服务创新理论、权变理论、顾客价值理论、企业资源基础理论和企业核心能力理论等相关理论，演绎推理分析了零售企业服务创新、环境动态性和企业绩效变量之间的关系，构建出理论模型。然后详细提出服务创新对零售企业绩效影响的研究假设，包括服务创新的不同类型以及交互作用的影响，以及环境动态性对服务创新类型与零售企业绩效间影响关系的相关研究假设。

第4章为研究方法与设计。具体包括服务创新类型、零售企业绩效和环境动态性等变量的测量；研究对象选取、问卷设计与优化过程，即小样本预调研过程和结果以及修正后的问卷情况；数据准备与收集情况，即解释大样本调研的数据获取过程；信度和效度检验、结构方程模型、层次回归分析法等数据分析方法的简要介绍。

第5章为数据分析与假设检验。即分析服务创新、环境动态性与零售企业绩效关系的影响机制。进行问卷数据分析，首先，描述样本企业特征及样本数据的基本特征，其次，评估正式调研所取得的大样本数据的质量；再次，利用已有样本数据，进行各潜变量测量模型的探索性因子分析和验证性因子分析，具体评估各个测量模型的信度与效度；最后，采用调研获得的样本数据，分别使用结构方程模型及层次回归分析法进行实证检验。

第6章为结果讨论。展开理论研究假设、理论模型与实证分析结果之间的对比分析，对实证结果进行分析，并提炼本书的理论价值，进而提出有关管理启示，有助于零售企业管理活动的高效开展。

第7章为研究结论与展望。本章得出本书研究的主要结论并进行分析，提炼出本书的理论创新点，并阐述其理论和实践价值；并对本书研究的不足之处，也作了剖析，为零售企业服务创新、环境动态性与企业绩效的后续研究提了一些参考建议。

第 2 章

文献综述

本章通过对国内外文献研究现状的整理与回顾，发现已有研究中可能存在的理论研究缺口，进而明确本书的研究切入点，为本书研究提供理论基础和铺垫。

2.1 服务创新的研究综述

2.1.1 服务创新概念内涵

业界对服务创新的研究是从 20 世纪 80 年代开始的，在研究中有不少学者对服务创新的概念作了界定。服务业的复杂性和服务创新的多样性，极大地增加了对服务创新的定义进行界定的难度。服务企业要想保持竞争优势采取的一个重要手段就是进行服务创新，但是由于服务产品很容易被竞争者所复制和模仿，从而造成与制造企业相比而言，服务企业的竞争优势更容易消失。蔺雷和吴贵生（2007）指出，服务企业必须持续创新进而形成更多竞争者无法模仿的能力，才能保持在市场上的领先地位，并且获得更高的顾客满意度以及可持续发展的竞争优势。坎丹布利（Kandampully，2002）也指出，基于这种原因，许多公司不是选择进行实物产品的竞争，而是进行开展服务基础上的竞争活动。

欧盟开展了 SI4S 调查项目，全称为 Service In Innovation，Innovation In Service，即服务中的创新与创新中的服务。豪克尼斯和阿吉等（Hauknes & Rj et al.，1998）指出，这项关于服务创新的调查认为，服务创新是指企业为促进产品开发、生产方法应用、内部组织运行和外部关系协调方面发生比较显著的变革，而进行的有关决策实施和各种行动。并且 SI4S 调查还识别了具体包括产品创新、市场创新、组织创新、过程创新和结构创新五大类的创新活动。加卢杰和温斯坦（Gallouj & Weinstein，1997）认为，产品和服务本质上就是企业的一组服务特性、过程特性和技术特性的混合体，开展的各种创新其实就是其中某一种特性发生的变化，或者是多种特性发生的变化。国内学者蔺雷和吴贵生（2007）指出，服务创新可以分别从广义角度和狭义角度来进行分析，所谓广义的服务创新，是指一切与服务有关的或者专门针对服务的创新行为与活动；狭义上的服务创新，则是指服务创新是发生在服务业中的创新行为与活动。还有很多学者从不同的研究角度出发，各自对服务创新的内涵进行不同的说明，具体如表 2 - 1 所示。

表 2 - 1　　　　　　　　　　　服务创新有代表性的概念界定

学者	年份	定义
加德列夫和加卢杰等 （Gadrey & Gallouj et al.）	1995	服务创新具有很强的异质性，是针对特定的客户提供一种新的解决问题的方法，是人力资本、组织、能力、技术的集成
加卢杰和温斯坦 （Gallouj & Weinstein）	1997	产品和服务本质上就是企业的一组服务特性、过程特性和技术特性的混合体，开展的各种创新其实就是其中某一种特性发生的变化，或者是多种特性发生变化
豪克尼斯和阿吉等	1998	服务创新是指企业为促进产品开发、生产方法应用、内部组织运行和外部关系协调方面发生比较显著的变革，而进行的有关决策实施和各种行动
赫托格和比尔德贝克 （Den Hertog & Bilderbeek）	2000	服务创新是频繁伴随客户互动、产品销售、质量控制和管理等方面的模式新变化，而很少仅局限于服务产品的改变
蒂德和赫尔 （Tidd & Hull）	2003	服务创新指在解决问题过程中所提供各种新的或改进的办法，通过对服务交付系统或服务观念产生明显变化，实现将更多的附加价值提供给客户的目的
查普曼和苏赛等 （Chapman & Soosay et al.）	2003	服务创新指公司为了改善其市场的效率和性能，所运用的各种附加手段，这种手段在当下的商业环境中也可能促使公司竞争优势不断提高
许庆瑞和吕飞	2003	服务创新是指服务型组织为获得更大利益，在服务过程中应用新思想和新技术来改善和变革现有的服务流程和服务产品，提供差异化的服务包，扩大服务范围，更新服务内容，增加服务项目等做法

续表

学者	年份	定义
弗林特和拉尔森等 （Flint & Larsson et al.）	2005	服务创新是指被感知为新颖或有助于维持核心客户的一项新服务的发展
贝里和尚卡尔等 （Berry & Shankar et al.）	2006	服务创新活动是指通过增加新的服务、扩展现有服务、改进服务提供方式，实现客户对服务需求的满足
蔺雷和吴贵生	2007	服务创新可以从广义和狭义角度来分析，广义是指一切与服务有关或针对服务的创新行为与活动，狭义上则指服务创新是发生在服务业中的创新行为与活动
奥斯特罗姆和比特纳等 （Ostrom & Bitner et al.）	2010	服务创新是指企业建立新的服务模式、服务项目以及服务流程或对已有的进行改进，期望为客户、内部员工、企业所有者以及联盟伙伴创造价值
金德斯特伦和科沃尔基等 （Kindström & Kowalkowski et al.）	2013	服务创新是从多个不同的维度展开的，管理者在服务创新的构思和实施中会面临许多来自企业组织层面的挑战
张芮	2014	服务创新是指服务企业通过应用新思想和新技术改善或变革现有服务流程或服务产品，提高服务质量和服务效率，并为顾客创造新的价值，最终形成服务企业的竞争优势
姜铸和李宁	2015	服务创新是企业根据消费者的需求及环境的变化，对服务形成新的理解，并根据这种新的理解形成具体运作模式，是为解决企业生存或发展过程中出现的问题而产生的一种新的理念或方法
李纲和陈静静等	2017	服务创新是一个进化的、复杂的、多层面的过程，是服务理念、服务提供者和用户关系、服务传递系统、技术变革四个维度综合发展的结果
夏杰长和肖宇	2019	认为服务创新主要体现在服务创新的数字化、服务创新的平台化、服务创新的融合化、服务创新的标准化和服务创新的品质化五个方面
罗建强和蒋倩雯	2020	服务创新则表现为新服务组件或服务模式开发等无形活动，体现为作用于人或物且能产生情感的属性趋向

资料来源：笔者根据相关文献整理绘制。

　　服务创新的概念由表 2 - 1 可见，较为统一的定义目前还没有形成，大多数学者对其作的定义都是从各自的研究视角提出的。尽管其表述不同，但其本质是相同的，都是为了改进和提高企业提供的服务产品而开展的各种创新活动及结果。结合本书研究中的考察零售企业的服务创新行为，给出零售企业服务创新的定义为：零售企业为了增加顾客价值、实现竞争优势，而在服务顾客购物的全过程中，应用新设想和新技术手段实现对已有的零售服务方式的革新或改进。

2.1.2　服务创新脉络与类型

1. 技术主义学派及创新分类

初期学者展开对服务创新的相关研究，都是借鉴制造业技术创新范式的研究框架，进而提出有关服务创新的观点，故被称为技术主义学派。这个学派认为技术创新与服务创新之间并没有实质性区别，以此作为其研究假设，并且借鉴使用了技术创新理论来分析探究服务行业中的创新活动，以此作为其研究内容。在技术主义学派范畴内，代表性的是巴拉斯（1986）所提出的"逆向产品周期模型"，该模型在分析服务产业创新时，将技术的发展融入服务产业创新的某特定阶段，并将其作为诱使创新发生的因素，在描述服务产业发展中的服务产品不同生命周期阶段时，采用了产品创新和过程创新的维度划分，这个模型代表了技术主义方法的成熟发展。而类似的情况，在欧洲创新调查委员会组织的社区创新调查（Community Innovation Survey，CIS）中也出现了，较早的CIS-Ⅱ调查是针对制造业而展开的，但到了随后的CIS-Ⅲ调查，则开始将服务业也作为了一个调查对象。虽然在创新的调查问卷设计中，委员会考虑到了实施组织创新中会有组织变革的基本问题，但仍然是从产品创新和过程创新两个大类来进行创新类型的划分的。

可以说，在此阶段，由于是直接借鉴了生产活动中技术创新的分类方法，学者们在面对服务创新时，依旧将其划分为产品创新与过程创新，对这个学派而言，关于服务创新的分类，并未成为困扰这些研究者的一个主要问题。

2. 服务导向学派及创新分类

后续学者对直接并简单沿用技术创新分类的做法提出了许多的批评，一些学者开始对服务创新的分类进行反思，为此，在服务创新领域逐渐形成了一个新的研究学派，该学派专门以服务业特性为基础，被理论界称为服务导向学派。这个学派不同于技术主义学派，分析服务创新时注重以服务业特性为基础，寻求解释服务创新自有的独特之处，并在经验研究的过程中，注重针对具有不同特征的服务部门和行业领域提出专门适用于服务部门的特定创新理论。

这个学派中，研究者迈尔斯和卡斯特里诺斯等（Miles & Kastrinos et al.，1995）的成果具有代表性，他们结合服务创新的特性，提出了产品创新、过程创新和传递创新这三种不同的分类方法。同样的，豪威尔斯和泰瑟（2006）在关于四个服务行业的创新调研中，对其分类也是采用产品创新、生产过程创新以及传递过程创新这三种划分方式。而由森布和盖洛迪（Sundbo & Gallouj，1998）合作主持的《创新中的服务，服务中的创新》创新调查研究中，是将所有服务业作为调查对象的，他们从产品创新、过程创新、组织创新、市场创新和结构创新五个方面，对服务创新进行了细致分类。而杰拉尔和加卢杰（Djellal & Gallouj，2001）在 SI4S 调查数据的基础上，进一步从产品创新、过程创新、内部组织创新和外部关系创新四个维度将服务创新作了划分。还有其他学者在服务创新分类方面作出了贡献，比较有名的是赫托格和比尔德贝克（2000）提出的"四维度模型"，该模型是基于结构化方法，从服务创新所具有的内容维度出发，将其划分为新服务概念、新顾客界面、新传递系统和新技术选择四类，并且进一步说明服务创新经常是在这四个维度综合影响作用下的结果。但是深入分析之后可以发现，该四维度模型中的技术维度，并没有和其他三个维度放在同一分析层面上，他们认为新技术只是支持其他三个维度创新的一个重要影响因素，为此理论界指出他们研究中的服务创新的分类，其实是服务概念创新、顾客界面创新和服务传递系统创新这三种。

服务导向学派提出的服务创新分类的研究成果较有代表性，是对服务创新研究的理论内容的进一步丰富，并加深了理论和实践者对服务创新本质特征的认识。

3. 整合研究学派及创新分类

进入 21 世纪以来，服务业与现代制造业二者之间的相互融合与依赖的趋势日益明显和增强。人们认识到，企业产品中蕴含着更多的服务，而服务中也承载着更多的实体要素，人为地将制造业与服务业、产品和服务等进行区分的行为越发困难和不科学。为此，相关学者从"整合"的视角出发，开始对服务创新进行新的分类。这个研究学派就被称为整合研究学派。

对于"整合"分类思想的提出，最早可以认为是贝勒弗雷姆（Belleflamme，

1986)、巴塞特和波纳米等（Barcet & Bonamy et al.，1987）的研究，但是较有代表性的研究成果，当前首推加卢杰和温斯坦（1997）的研究。他们从服务创新具有动态性这一属性出发，将服务创新的类型划分为六种，即突破式创新、改良型创新、渐进式创新、专门化创新、重组的创新和形式化创新。并指出这种划分方式，能够动态揭示服务创新的各种变化，能准确地揭示服务业和制造业二者创新活动中内在和本质的联系。而当前国内外学者在研究"制造业服务性的增强"问题时，就是应用了这种综合方法。蔺雷（2005）指出，这种研究导向特别强调，转向服务要素是制造业增加值创造的重点方向，企业要想通过差异化竞争而获取优势，从服务创新角度来做是非常必要的，要通过服务创新对制造业形成"服务增强型产品"和"服务增强型制造业"。

在学者们对服务创新分类的研究中，大多数是以对整个服务业进行分类的，但是还有一些学者专门研究一些特定行业，并为此提出具体的分类。针对专门服务业（如管理咨询业）加德雷和加卢杰（Gadrey & Gallouj，1998）提出了专门化创新、专家领域创新、形式化创新这三种分类形式。而对保险和金融业较为关注的研究中，加德雷和加卢杰等（1995）提出了产品/服务创新、架构创新、改进型创新、过程与组织创新这四种类型，并进一步细分其内涵。而关注于零售服务业创新的学者杜普斯（Dupuis，2000）则提出了概念创新、流动创新、组织创新、结构创新这四种服务创新类型，并进行一一区分。

我国从20世纪90年代末开始展开对服务创新的研究，目前在该领域的研究上仍属于起步阶段，学者们提出可以大致将我国的研究划分为两个阶段。第一阶段是从20世纪90年代末到21世纪初，学者们更多的是进行服务创新概念的引入与传播，这个阶段思辨性质的研究较为突出。第二阶段是从21世纪初开始至今，学术理论界对服务创新进行了初步的理论研究探讨，以及相关行业的经验研究，并出现了许多宝贵的研究成果。如在服务创新类型上，蔺雷和吴贵生（2007）将服务创新类型划分为产品创新、过程创新、组织创新、市场创新、技术创新、传递创新、重组创新、专门化创新、形式化创新九种。具体到零售企业，胡蕾（2010）将零售企业创新类型分为产品创新、市场创新、技术创新、传递创新和专门创新这五种。盛亚（2007）则从自身研究出发，提出了过程创新、传递创新、重组创新（或叫结构创新）、专门化创新和形式化创新这五种零售服务创新形式。

4. 服务创新类型评价

较早期的学者巴拉斯提出服务创新包括产品创新和过程创新两个部分，但是这种研究还没有摆脱当时技术创新理论范式的影响，没有考虑服务创新的固有特性，因此这种划分方法后来受到了不少学者的质疑。随着对服务创新研究的深入，学者们逐渐规避了简单使用技术创新的分类思想，而对服务创新进行了分类。迈尔斯和卡斯特里诺斯等（1995）根据服务创新的特性提出了产品创新、过程创新和传递创新这三种类型的划分。森布和盖洛迪在 SI4S 对服务业调查的基础上，将服务创新划分为了产品创新、过程创新、组织创新、市场创新和结构创新五类。蔺雷和吴贵生（2007）将服务创新类型划分为产品创新、过程创新、组织创新、市场创新、技术创新、传递创新、重组创新、专门化创新、形式化创新九种。本书将国外一些学者从不同角度对服务创新类型的划分，在表 2 - 2 中统一体现出来。

表 2 - 2　　　　　　　　　　　　　　服务创新类型

学者	年份	服务创新类型
巴拉斯	1986	产品创新、过程创新
迈尔斯和卡斯特里诺斯等	1995	产品创新、过程创新、传递创新
CIS 创新调查	1993 ~ 2001	产品创新、过程创新
SI4S 创新调查	1996 ~ 1998	产品创新、过程创新、组织创新、结构创新、市场创新
赫托格和比尔德贝克	1998	产品创新、顾客界面创新、服务传递系统创新
加德雷和加卢杰	1995	产品创新、结构创新、改进型创新、过程和组织创新、方法和管理中的创新
加德雷和加卢杰	1998	专门化创新、专家领域创新、形式化创新
赫托格和比尔德贝克	1999	供应商主导型创新、服务企业主导型创新、顾客导向型创新、服务企业协助型创新、聚合式创新
杰拉尔和加卢杰	2001	产品创新、过程创新、内部组织创新、外部关系创新
加卢杰和温斯坦	1997	突破式创新、改良式创新、累加式创新、专门化创新
加卢杰	2001	重组创新、形式化创新
豪威尔斯和泰瑟	2006	产品创新、生产过程创新、传递过程创新

资料来源：笔者根据魏江和胡胜蓉（2007）文献整理绘制。

结合国内外学者对服务创新类型划分的对比，发现也存在着一些问题，因为每位不同研究者所使用的分类标准不一致，导致对服务创新分类比较凌乱。例如，杰拉尔和加卢杰（2001）在服务创新范畴中，纳入了内部组织创新与外部关系创新，这种划分属于广义的创新范畴；而豪威尔斯和泰瑟（2006）认为服务创新只是包括过程创新与产品创新，这又属于狭义范畴。本书在确定服务创新的外延方面，考虑研究对象，在界定服务创新分类时只从狭义的服务创新内涵分析，不考虑组织、市场和运营过程等创新形式，仅仅研究涉及服务本身的创新。这种对服务创新内涵的理解，有学者进一步进行了研究。例如，王琳和魏江等（2009）从该狭义服务创新出发总结现有观点，认为可以从两个视角进行分析：一是创新的方式和创新深度；二是创新对象和创新产出。对这两个视角经过严格逻辑分析，王琳和魏江等进一步细化了服务创新的类型，绘制对比图形，如图 2 - 1 所示。

图 2 - 1　服务创新分类示意

资料来源：笔者根据王琳和魏江等（2009）文献整理绘制。

从图 2 - 1 可知，王琳和魏江等（2009）划分服务创新类型时，分为概念创新和传递创新。他们进行的这种分类，并不是简单模仿"技术方法"的思路，而是对这种分类赋予了新的内涵；并且，分类中所使用的"传递创新"一词，是涵盖了迈尔斯与赫托格的传递创新与过程创新，与之前一些学者的"传递创新"的内涵不是一致的。他们指出，概念创新的含义，是指能够为顾客提供一种全新的或改进的服务内容或功能，引申开来就是这种服务创新可能是服务内容或功能的革新，也可能是原有服务内容或功能的改进或提高，或者通过拆分或重组原有服务功能而实现新的服务内容或功能。传递创新的含义，指保证服务概念创新的经济价值得以实现的同时，以提升顾客满意度为目的通过企业运作效率提高而进行内在服务流程的创新。可以看出，传递创新在顾客获得的核心服务功能方面没有改变，而是通过服务提供和传递流程的改变，或与顾客交互方式的改变等途径，使服务的效率和效果得以改进，使顾客整体满意度提升，最终使企业创造较好的经济效益。

当前零售企业服务创新的研究中，学者们关于创新类型的划分还不统一，结合本书对零售企业服务创新的概念限定，特指狭义角度的服务创新，即顾客服务。并且，由于零售企业就是服务企业，对其服务创新的研究属于特定服务行业，因此，本书对零售企业服务创新的分类，借鉴王琳和魏江等（2009）的研究成果，结合零售企业特性，划分为概念创新和传递创新，并定义概念创新是指能够为顾客提供一种全新的或改进的服务方式或内容的创新，传递创新是指为了提高零售企业服务运作效率而进行内在服务流程的创新。在对服务创新进行这种划分的基础上，展开后续对零售企业绩效的影响研究。

2.1.3 服务创新影响因素

服务企业进行创新究竟是受企业内部要素的推动，还是受外部市场的竞争、需求的变化或技术进步的推动，需要作出准确的判断和回答，也是学者研究的重要方面。针对服务创新的影响因素的已有研究，按研究时间演进，比较具有代表性的观点有森布和加卢杰（Senbo & Gallouy，1998）的服务创新驱动力模型、西里尔和伊万杰利斯塔（Sirilli & Evangelista，1998）的服务业与制造业创新调查、斯特恩伯格和阿恩特（Sternberg & Arndt，2001）的企业创新行为影响模型以及其他学者的观点。本书分别进行介绍。

1. 服务创新驱动力模型

森布和加卢杰提出了服务创新驱动力模型（见图 2 - 2），在识别驱动力的界面上以单个企业为对象，从内部驱动力和外部驱动力两个角度划分了服务创新驱动力，并指出无论是内部还是外部驱动力都有不同的要素，各自对服务创新活动起着相异的影响。

森布和加卢杰指出内部驱动力包括三类：企业的战略和管理、员工、创新部门和 R&D 部门。而指导企业活动的根本就是企业战略，所以战略驱动下的创新活动实质上是一种非常系统的创新活动。而管理专指企业高层管理者实施的管理活动，针对市场需求，高层管理活动可以及时作出反应，而且还可以促使创新发生，通过新市场的开发、运作及对组织的变革和传递过程的改进来实现。

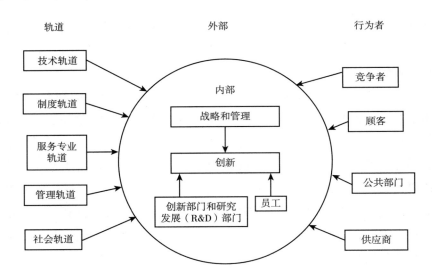

图 2-2 服务创新的驱动力模型

资料来源：笔者根据森布和加卢杰（Sunbo & Gallouj，1998）文献整理绘制。

而员工促进创新的原因在于在同顾客交互过程中，敏锐地发现客户需求促使创新思想产生，同时根据自身知识和创新经验员工也能为企业提供有价值的创新想法。创新部门和 R&D 部门主要负责在企业内部搜集并制造创新概念，进行创新的开发活动，但是与制造类企业相比较，蔺雷与吴贵生（2007）指出目前在服务类企业中的 R&D 部门很少。对服务创新的外部驱动力从轨道、行为者两类进行了划分，每一类中又包含着互相不同的内容。"轨道"是指在社会系统中，例如国际的产业网络以及国内或地区间的专业网络中，所进行传播的概念与逻辑，包括制度轨道、技术轨道、管理轨道、服务专业轨道以及社会轨道等。"行为者"是另一个重要的外部驱动力，它是指自然人、企业或者各类组织，包括顾客、竞争者、公共部门以及供应商等，这些主体的行为会对服务企业自身的创新活动产生重要影响，而且在创新过程中经常包含这些影响。

2. 服务业与制造业创新调查

西里尔和伊万杰利斯塔于1998年实施对涉及服务业与制造业的多家企业的创新调查，并统计会影响企业创新的各种因素。从他们提供的统计数据中可以看出，服务业创新的影响因素排在前六位的分别是企业内部的产品/配送、外部的顾客、外部的供应商、外部的咨询公司、内部的 R&D、外部的竞争者，而制造业创新影响因素基本和服务业相同，如表 2-3 所示。

表 2 - 3 　　　　　　　　　　　服务业和制造业的创新调查

来源	服务企业			制造企业的排名（位）
	企业数量（家）	百分比（%）	排名（位）	
内部资源				
产品/配送	1945	36.7	1	1
R&D	1063	21.5	5	
市场	1059	20.7	7	
其他内部资源	722	15.2	9	
外部资源				
顾客	1754	33.7	2	2
设备、材料和元器件的供应商	1641	30.2	3	3
咨询公司	1439	26.9	4	6
竞争者	1091	21.1	6	5
会议、论坛、专业期刊	906	17.4	8	7
展览会	680	13.7	10	4
其他外部资源	208	8.3	11	12
专利	248	5.1	12	8
大学和高等教育机构	179	3.7	13	9
公共研究机构	112	2.3	14	11
私人研究机构	110	2.3	14	10

注：在对制造部门调查时对其内部资源没有进行细分。

资料来源：笔者根据西里尔和伊万杰利斯塔（Sirilli & Evangelista，1998）文献整理绘制。

3. 企业创新行为影响模型

斯特恩伯格和阿恩特在关于企业创新行为的深入研究中，指出企业的创新行为会受到企业内外部和区域内外部因素的共同影响，具体如图 2 - 3 所示。

从图 2 - 3 可以看出，企业层面因素有市场定位、组织态势、研发规划及市场职能、员工能力、经济资源、创新态度和创新网络等。市场定位决定了某企业在保持竞争优势过程中能否凭借永久性创新或者是竞争性价格来实现。斯托珀和斯科特（Storper & Scott，1992）认为，组织态势同样影响创新，而且已经在弹性化生产与垂直整合的研究中得到证实。图 2 - 3 列出本地区域因素、技术和创新政策、企业整体环境三种外部因素。本地区域因素对企业创新行为具有直接或间接的影响，决定企业所处区域的特性，例如区域经济的结构与规模、区域的劳动力以及产业集群、当地基础设施等状况都会引导创新。高级劳动力被称为"区域软因素"，其在当地方便可得，为其提供住所和休闲设施等配套设施，会留住一些当地有经验的工人，而且可以吸引外来工人移居，人资匹配共同对创新产生重要影响。阿明（Amin，1994）提出要考虑制度的硬因素对创新的影响，例如高等教育机构、非大学的国有研究机构、高新科技产业园和许多技术转化机构。除此之外，区域的技术创新政策和产业研发活动也是提高制度的硬因素之一，虽然企业环境通常是被区域外部因素主要控制，但在全球化和区域一体化时代，全球化水平的影响因素凸显。全球市场发展，市场的需求以及行业的竞争对产业绩效产生影响，故而企业整体环境中的各种因素，尤其全球化趋势不容忽视，会共同影响企业的创新。

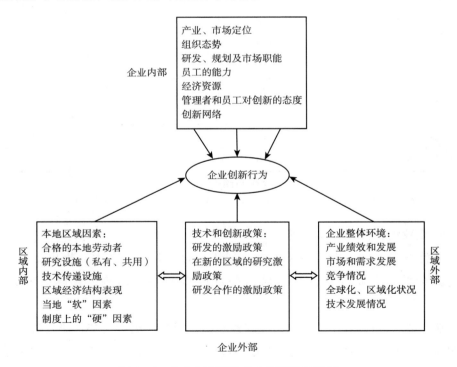

图 2 - 3 企业创新行为的内外部决定因素

资料来源：笔者根据斯特恩伯格和阿恩特（Sternberg & Arndt，2001）文献整理绘制。

4. 其他学者的观点

在影响服务创新的因素探索方面，还有不同的学者从各自研究角度提出了相关的观点。但综合起来，也基本上是从企业内部和外部两个角度展开研究的。如李靖华和朱文娟（2014）对我国服务创新研究进行了总结，提出可以从封闭理性视角和开放理性视角来研究服务创新的影响因素，并指出封闭理性视角下的研究，以寻找各种影响主体组织服务创新活动绩效的关键因素为重点，并且统一依赖于"服务创新的四维度模型"和"服务创新驱动力"理论；而开放理性视角下的研究，学者们开始重点关注并寻找影响组织开展服务创新活动的各种外部事件和过程，企业作为创新系统的成员，不仅要关注自身绩效状况，也要关注其他主体创新绩效状况，对此认知已成为开放视角理论的主流。这一视角下的主导理论有组织学习理论、社会网络理论和社会资本理论等。表 2 - 4 是一些学者关于服务创新的内外部影响因素划分，由此可知企业内外部因素的共同作用会影响服务创新。

表 2 - 4 服务创新的内外部影响因素划分

学者	年份	内部要素	外部要素
柳卸林	2005	管理层、营销部门、员工以及研发部门	轨道和行为者、管理理念、政治和法律规则、技术、客户、竞争对手、供应商和政府部门
孙冰	2007	企业家精神、企业文化、企业利益、企业内部激励机制和企业创新能力	市场需求、科学技术、市场竞争和政府支持
达曼普和施耐德（Damampour & Schneider）	2009	管理者自身特征	行业和技术
奥菲拉—辛特斯和马特松（Orfila-Sintes & Mattsson）	2009	服务提供者的各种能力以及技术特征	企业外部顾客的能力特征以及由市场需求所驱动的服务产出的特征
赵志强和杨建飞	2011	企业主体意识、技术积累、创新能力、利益追逐、内部激励	科技推进、需求拉引、竞争压力、政策导向、社会扶持
郭丕斌、王霞、周喜君	2013	公司高层领导、核心员工、扩大市场份额、提升企业形象、降低成本、改善服务质量、提升赢利水平	游客需求、竞争者、政府管制、供应商、行业发展

续表

学者	年份	内部要素	外部要素
朱瑾逸和王坤	2014	企业自身因素	政府的政策因素、行业环境因素、制造企业自身因素
李纲和陈静静等	2017	优质的服务、更低廉的成本	获得行业竞争优势
夏杰长和肖宇	2019	企业提升全球价值链的需要	社会供给侧改革和需求侧协同的需要
罗建强和蒋倩雯	2020	内部资源和能力约束	技术动态性和市场不确定性

资料来源：笔者根据相关文献整理绘制。

　　而且，由于服务创新易于模仿，因此对比内外部因素可以发现，服务业中的大量创新都是来源于竞争对手的创新而采取模仿所形成的结果。客户是重要的创新源，供应商则是创新重要的推动者。有学者认为政府在服务业中的重要性不如制造业，只是提供研究开发、教育和管制（柳卸林，2005）。但还有学者提出，在当前我国服务业整体落后且竞争十分激烈的情况下，企业为了生存，即便有创新的意愿和冲动，但是由于资源、能力以及平台等限制无法实施，此时就非常需要政府和其他公共机构能提供创新平台来降低创新门槛、增强创新动力、消除创新障碍。所以，政府政策制度的推动和创新平台作用的发挥，也是影响企业服务创新的重要支撑因素（王君正和吴贵生，2007）。因而，企业的服务创新会受到企业内外部因素的共同作用。

2.1.4　服务创新绩效

1. 服务创新的价值

　　全球经济活动日益呈现知识密集化以及产业结构的升级化，而推动世界经济增长的主要动力就是服务业，尤其是发达国家表现更为突出，在就业和GDP中服务业占比已达到2/3以上。服务业对国民经济发展具有重要性，而服务业自身也具有独特性，这些因素促使实业界和政策制定者日益关注如何能有效地推动服务业的发展。奥斯特罗姆和比特纳等（2010）指出，服务部门所创造的价值，已经超过世界发达经济国家GDP的七成以上，在促进企业创新的产生和使用中服务业起到了重要的作用。查普曼和苏赛（2003）研究指出，服务创新可以创造价值，并已成为提高市场绩效、效率和客户价值的一种方式。并且服务创新也可以增加组织的价值，例如，瓦格纳（Wagner，2008）研究了物流企业，指出提供物流服务的企业通过配送的快捷、可靠、灵活以及成本优势等，能为企业带来市场竞争优势。

通过创新来提升企业竞争力和绩效是服务创新的根本目的与出发点，因此，对服务创新影响企业绩效的作用路径以及效果的研究，应该成为创新管理研究中的一个关键点。但蔺雷和吴贵生（2007）指出，现有国内外文献中，学者们主要是从定性角度对服务创新对企业绩效的影响展开论述的，几乎没有大样本调查数据或典型案例的实证研究，而对工业世界的创新研究已经展开了较为深入和系统的探讨。究其原因，可能是服务创新的研究仍处于初级阶段，学者们关注的焦点尚未完全转移到服务创新对绩效的影响上来；另外就是服务创新的数据较难获得，也使得这一研究存在一定的难度。但是，清华大学技术创新研究中心的学者们，在不同的服务行业中对服务创新对绩效的影响问题展开了研究。其中，既包括服务投入对制造企业绩效的影响研究，也包括对旅行社、B2C电子商务企业等传统和现代服务业中服务创新对企业绩效的影响研究。这些研究产生了一致的发现，就是服务创新活动确实会对企业绩效产生影响，并且可能的路径有两个，一是通过服务质量的间接影响路径，一是服务创新影响绩效的直接路径。王君正和吴贵生（2007）更多的是关注服务创新直接对企业绩效产生正向影响作用，他们以旅行社创新活动为例，反映出当前国内旅行社竞争的真实状况。尼森和希勒布兰德等（Nijssen & Hillebrand et al.，2006）以及格拉维和陈等（Grawe & Chen et al.，2009）的研究均表明服务创新会正向影响企业绩效。斯莱特和纳弗（Slater & Narver，1999）提出，全球市场的竞争不是基于产品的竞争，而是基于服务的竞争，这是因为服务创新是一项可以创造价值的活动，并能够影响到企业的市场定位和绩效。阿兰姆（Alam，2008）对美国和印度的服务企业进行了对比，强调企业的市场发展和绩效受到了价值创造活动的驱动。正如坎丹布利（Kandampully，2002）研究所表明的，当前市场环境下客户更期望提供产品或服务的企业，采用各种创造性来取悦他们。国内研究方面，江方平（2002）较早谈及零售服务创新，指出要了解顾客的需求，要着力培育专家型售货员，才能让顾客更满意、更忠诚，进而为企业带来更多回报。李飞和陈浩等（2010）针对百货企业，指出服务创新成为联营方式下中国百货商店提升竞争优势的关键因素。此后，李颖慧（2012）论述了零售服务方式创新的内容、模式与路径。彭艳君和王刚等（2012）以及刘建勇和张功勋（2019）分析了顾客在零售服务创新中的作用，认为让顾客参与其中，这样才能持续不断地进行服务创新，提高服务质量。因此，服务创新价值很大，是企业在高度竞争环境下保持成功的重要战略，会提升企业的财务绩效和非财务绩效。

2. 服务创新绩效的衡量

学者们研究服务创新绩效的衡量，是为了测量各种服务创新活动能否达到预期目标，而要对各种服务创新活动进行的一种评价。服务创新绩效是在服务创新及新服务开发等领域理论研究中经常涉及的重要变量，学者们对此采用了各种不同的指标体系来测度。

伊万杰利斯塔和萨沃纳（Evangelista & Savona，2003）研究指出，企业人力资源战略、团队和管理工作会影响到服务创新的绩效，并且需要从多个角度进行服务创新绩效的度量。由于服务创新作为创新的一种，既具有创新的共性，又具有服务自身的特性，因此，与技术创新绩效相比，在反映服务创新绩效时需要采用多个指标，而且要更为注重顾客满意度、服务质量等指标。众多学者的测量维度，通过表2－5汇总如下。

表2－5 服务创新绩效测量

学者	年份	测量维度
库珀和克莱因施密特 （Cooper & Kleinschmidt）	1987	从企业财务绩效、市场影响与机会窗口这三个维度测量
奥斯本和卡波斯瓦里 （Osborne & Kaposvari）	1998	测量公共服务创新时提出新的服务内容以及新的顾客关系这两个维度
阿夫罗尼蒂斯和帕帕斯塔索普卢等 （Avlonitis & Papastathopoulou et al.）	2001	从财务绩效以及非财务绩效这两个维度进行测量
马泰尔和奥斯本等 （Matear & Osborne et al.）	2002	从新服务开发以及员工服务创新行为这两个维度进行测量
曼苏里和拉夫 （Mansury & Love）	2008	判断企业是否进行服务创新使用的是虚拟变量，并使用服务销售收入占全部销售的比例测量服务创新的程度
陈和邹等 （Chen & Tsou et al.）	2009	对金融业的服务交付创新进行了测量，涉及维度有新服务渠道、新互动方式、新服务方法、新服务平台四个方面
胡和霍恩等 （Hu & Horng et al.）	2009	测量旅馆业服务创新绩效时，采用的是新服务开发和员工服务创新行为这两个维度

学者	年份	测量维度
辛枫冬	2011	从市场、财务、顾客以及服务质量四个维度进行测量
王琳	2012	从顾客预期的服务质量和性能、顾客对方案质量满意度、开发方案预期的时间、项目实施与合作的顾客满意度这四个方面进行测量
王广发	2012	从市场绩效、财务绩效、内部绩效这三个维度进行测量
科特勒和凯勒	2013	从财务绩效和非财务绩效两个维度进行测量
张芮	2014	从财务和非财务指标方面测量服务创新绩效
姜铸和李宁	2015	从财务绩效、顾客绩效、学习与成长、内部营运四个维度进行测量
李纲和陈静静等	2017	服务创新绩效从财务绩效和非财务绩效两方面测量

资料来源：笔者根据相关文献整理绘制。

从表2-5可以看出，库珀和克莱因施密特（1987）从财务绩效、市场影响与机会窗口三个维度出发，将服务创新绩效予以测量。阿图安—吉马和默里（Atuahene-Gima and Murray，2007）在前者研究的基础上，进一步采用了12个指标进行服务创新的测度。阿夫罗尼蒂斯和帕帕斯塔索普卢等（2001）从财务和非财务两个维度出发，并使用11个指标对服务创新绩效进行测度。孙颖和陈通等（2009）则从市场、财务以及内部效应三个维度对服务创新绩效进行了反映。此外，沃斯（Voss，1992）还认为，可以从过程绩效和结果绩效两个部分进行服务创新绩效的测量，在测量服务创新过程时，可以用标准成本、速度和有效性三个维度衡量；在测量服务创新结果时，可以用财务指标、品质和竞争力三个维度衡量。赫比约恩和佩尔（Herbjorn & Per，2007）结合企业创新战略目标的差别。从短期绩效、长期绩效和间接绩效三个维度进行了服务创新绩效的分类并进行解释。所谓短期服务创新绩效，是指企业在短期内通过服务创新所获得的效益，并且在服务创新实施后获得的短期绩效可以直接进行测量；所谓长期创新绩效，是指企业在服务创新得到了一段较长时间的贯彻执行后，才得以体现出来的成果；所谓间接创新绩效，也可以被视作为企业的内部绩效，具体包括因为执行了服务创新项目而使得企业能力增强和顾客的满意度上升。

3. 服务创新绩效衡量的评价

从文献研究可以看出，不同学者提出了不同的测量维度，是由于在服务创新活动中服务具有无形性等特点，并且服务创新过程也具有多样性与复杂性，导致了与一般的绩效评估相比，对服务创新活动绩效的评估具有一定的差异性和独特性，因此关于服务创新绩效的公认测度体系目前尚未形成。

本书拟对零售企业的服务创新绩效展开研究，但考虑到特别针对零售企业服务创新的比较系统的研究还比较欠缺，目前国外大多数学者，例如赫托格和埃里克（2000）、赫里斯托夫（2007）对零售企业服务创新的研究，主要是作为零售创新研究的一部分而进行的，少数专门针对零售企业服务创新的研究，如马丁和霍恩（1993）也只是局限于服务创新的驱动力方面。国内一些学者针对零售企业服务创新的研究，更多的是关于服务创新的原因和措施等，如江方平（2002）、张建军和赵晋（2004）、王淑翠（2006）等，少数学者的研究涉及零售业服务创新方式的问题，如李飞和王高（2007）、盛亚（2007）等。此外，杨彦波（2005）从顾客、供应商、员工、服务生产过程和财务绩效五个方面对零售服务管理绩效进行衡量，江慧芳（2010）从价值链增值份额和价值链控制权两方面来整体衡量零售创新绩效，宋子昂和孙艳聘（2019）从零售服务创新、顾客融入与消费满意度方面来考察零售服务绩效。综合国内研究来看，对于零售企业服务创新绩效衡量的研究，相对还较少，为此，本书拟借鉴上述学者对服务绩效衡量的维度，从财务绩效和非财务绩效两个角度进行研究。

2.1.5 零售企业服务创新的研究

学者们对创新的研究历史较长，并且主要是集中在工业世界的技术创新研究领域。自20世纪80年代起，服务创新的研究日益受到理论界的关注，经过三四十年的发展，已取得了一定的成果，初步形成了自身的体系。而零售业作为服务业中的一个重要组成部分，国内外学者对其均展开了创新方面的研究，但通过对相关文献的整理分析发现，在零售业服务创新方面开展的较为专门、系统的研究，相对制造业服务创新研究还是比较缺乏的。

当前，国外对零售企业服务创新的研究主要是作为零售创新的一部分进行，涉及零售企业创新影响因素、零售创新具体驱动力因素的研究等。例如，赫托格和埃里克（2000）针对荷兰零售业进行详细分析、归纳和总结，得出变化多端的顾客行为、无店铺的网络销售和新进入零售市场的零售企业竞争者等因素导致了零售企业的创新行为；赫里斯托夫（2007）则给出了更具体的零售创新的驱动力，并根据内外部来划分驱动力；而马丁和霍恩（1993）也是从内部投入和外部投入两个角度，将零售企业的服务创新驱动力进行了划分，展开了对零售企业服务创新的驱动力研究。

国内学者对零售企业服务创新的研究，则涉及面较广，有侧重服务创新的原因、服务创新有效策略、服务创新绩效机理、服务创新方式、服务创新能力以及衡量指标体系等的研究。如江方平（2002）提出的零售企业之间的竞争，表面上分析是商品之间的竞争，实质上是服务的竞争，也就是如何满足顾客需求、如何为顾客解决问题等的竞争，所以需要从战略高度对零售企业的服务问题加以考虑。张建军和赵晋（2004）指出现代零售企业的核心竞争力即是顾客服务，并讨论了达到良好顾客服务水平的基本策略有建立供应链管理系统、实施自有品牌战略等。李飞和王高（2007）对零售管理创新进行了汇总，并分析了零售创新的各种方式。贾平（2007）对零售服务创新能力进行了评价。孙永波和王晶（2013）构建了零售企业服务创新能力指标体系。原小能（2011）研究指出服务创新是零售企业盈利模式转变的重要途径。李颖慧（2012）从四维度模型出发，分析了零售服务方式创新内容、模式与路径问题。近年来，考虑从顾客角度进行零售服务创新的研究增多，如彭艳君和王刚等（2012）、刘建勇和张功勋（2019）、宋子昂和孙艳聃（2019）的研究。考虑 5G 技术的应用，也开始有学者关注了 5G 时代"新零售"服务的创新发展，如赵树梅和李银清（2019）的研究。

通过以上文献研究可以发现，与工业领域的技术创新相比，零售企业服务创新研究还存在较大的差距。具体表现在以下三个方面。第一，服务创新对零售企业绩效影响的特性因素需要考虑。现有文献研究主要关注企业"是否服务创新"对企业绩效的直接影响，而这种研究具有一定的暗含假设，即将服务创新看成是同质的知识流动，忽略了服务创新的异质性因素，如服务创新形式或创新程度的不同，而这对企业绩效影响是不一样的。第二，服务创新不同类型之间的交互作用对企业绩效影响的研究。本书发现不同类型服务创新的开展，在企业内部还能形成配合促进作用，实现对企业绩效的影响，而目前学者在这方面的研究还较少。第三，不能忽视零售企业外部商业环境的变化。零售企业服务创新过程中仅仅拥有资源和能力是不够的，还必须能够对各种变化的外部环境予以适应和作出及时反应，即必须考虑环境动态性的影响。

随着服务经济的到来，以及我国经济步入新经济时代，在更多需要依靠内需和创新来促进经济发展的这个阶段，更需要特别关注零售企业的创新问题。所以，中国零售企业认识到服务的重要性之后，所面临的关键问题就是如何创新，实现自身的特色发展并建立竞争优势。因此，本书对零售企业服务创新的研究围绕以下问题展开：零售企业服务创新的类型及其交互对企业绩效的影响；环境动态性在服务创新与零售企业绩效之间的调节作用。下面对企业绩效来源的研究以及环境动态性的研究分别予以综述。

2.2　企业绩效的研究综述

2.2.1　企业绩效实现的外生论

以波特为代表的市场定位竞争优势理论，是吸收了产业组织学的主要观点，即现代产业组织理论的经典分析框架"结构—行为—绩效"（SCP）分析范式，并在此基础上拓展形成的。该理论认为企业绩效优势主要来自企业所处市场结构和在产业中所占据的竞争地位，主要有两个因素共同决定企业竞争优势和绩效状况：一是行业的吸引力，即企业所处行业的赢利能力；二是竞争地位，即企业在所处行业中的相对地位。因此企业必须选择有吸引力的行业，并在这一行业中争取好的相对竞争地位，才能获得竞争优势。

波特提出的"五种竞争力模型"分析工具享誉产业界，该工具从卖方议价能力、买方议价能力、产业内现有的竞争、替代品威胁和潜在进入者威胁这五种竞争力进行分析，指出产业内这五种力量此消彼长相互竞争，对产业的最终利润潜力与吸引力起着共同决定作用，所以企业要想选择有吸引力的行业，就应先对所处或拟入的产业进行分析。波特同时强化企业战略主动性作用，引入价值链概念对企业经营过程进行分解，形成许多拥有战略相关性的价值活动，在此基础上，波特提出成本领先战略和差异化战略是两种基本战略方法，是在五种竞争力中能够提供成功机会的战略，可促使企业竞争优势建立。

以波特为代表的市场定位学派的理论分析框架，指出了一个企业拟获取竞争优势并保持的简单做法，就是选择进入有吸引力的一个产业，并通过某种基本竞争战略的运用，实现在占据该产业中有利竞争位势，然后设置产业进入壁垒，使得竞争者难以复制和模仿其竞争位势，实现自身绩效优势的持续获取。市场定位理论采用 SCP 分析范式，但在解释企业绩效优势的来源时也面临着一些问题，首先表现在，采用"企业黑箱论"这一前提假设，明显不符合实践活动中的企业特征；其次也是最大的局限，在于忽略企业之间客观存在的异质性特征，因而未能很好地解释同一产业中不同企业盈利率为何还存在差异。鲁梅尔特（Rumelt，1982）的实证研究也表明，长期利润率在产业内的分散程度远大于产业间的分散程度，产业内各企业间的利润率分散程度是产业间利润率的三到五倍。最后一点，企业绩效优势形成的内在基础学者们没有进行探讨，或者是探讨得不够深入和系统。所以，在研究企业绩效取得的理论中，后续学者进一步从企业自身的角度展开了研究。

2.2.2　企业绩效实现的内生论

1. 资源基础理论

分析影响企业绩效取得的因素，学者从企业内部审视并提出的资源基础理论，是用企业内部资源的特殊性解释企业绩效差异的一种理论。该理论的基本假设包括：企业具有不同的有形资源和无形资源，这些资源能够转变为独特的能力；这些资源在不同的企业之间，是不可流动的且是难以复制的；这些独特的资源构成了企业竞争优势持久的源泉。当一个企业拥有难以复制以及难以替代的独特资源时，它就能比其他企业具有更强的竞争优势，获得更好的绩效。资源基础理论不同学者的研究贡献简要介绍如下。

最早提出资源基础理论的是彭罗斯（Penrose，1959），他认为资源的集体构成了企业，并且在企业内部总是存在一些资源没有被企业所充分利用，因此提出企业的存在与发展本质上是一个动态过程，即不断挖掘那些没有被充分利用的资源的动态过程。在早期研究工作的基础上，维尔纳菲尔特（Wernerfelt，1984）分析认为产品虽然对企业绩效实现具有影响，但终究属于生产资源驱动企业绩效实现。为此，他提出了资源定位壁垒以及资源产品矩阵的概念，并认为企业基于资源基础理论作出新的战略选择时，可以使用这些工具。巴尼（Barney，1986）进一步对这个问题进行了完善，得到了资源影响企业绩效的机制过程，即在战略要素市场概念中，企业资源先是影响到了资源价值的期望，进而影响到企业经济绩效。然而迪埃里克斯和库（Dierickx & Cool，1989）却对企业关键资源的来源提出了质疑，认为通过战略要素市场无法获取企业关键资源，只能是通过企业的内部累积来获得。

针对以上分歧，巴尼（1991）和彼得拉夫（Peteraf，1993）对基于资源的企业优势获得的各种不同观点，先后进行了较为系统完整的整合，得到了学术界普遍接受的资源基础理论分析框架。巴尼（1991）的贡献是，在彭罗斯、维尔纳菲尔特以及其他学者这方面研究的基础上，他以两个基本假设为前提对资源基础理论进行阐述：一是不同的企业间资源（或能力）的分布是不同的；二是这些资源的流动不是充分的。并在迪埃里克斯和库等人已有研究基础上，进一步对资源内涵界定为：企业所控制和拥有的资产、能力、企业属性、组织过程、信息和知识等，这些资源使企业能够构思自身战略并加以实施，并获得经营效率和效果的提高。而且巴尼明确指出，在企业执行战略的过程中，资源的作用有可能是积极的，也有可能是消极的，只有具备有价值性、稀缺性、难以被等价替代和难以被完全模仿这四个基本属性的资源，才能够为企业带来持续的竞争优势（见图2-4）。

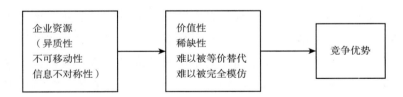

图2-4 企业资源影响竞争优势作用机理

资料来源：笔者根据巴尼（Barney，1991）文献整理绘制。

彼得拉夫的贡献是，考虑到不同学者在资源理论术语的应用和分析模型上，存在着一定的脱节，他详细阐明了资源基础理论背后的经济学，并发展了一个更加完善的模型来反映资源以及企业绩效的关系（见图2-5）。

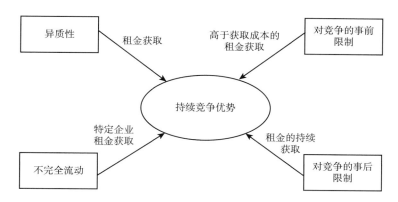

图 2 – 5 基于资源的竞争优势分析框架

资料来源：笔者根据彼得拉夫（Peteraf，1993）文献整理绘制。

2. 企业能力理论

企业能力理论学派的研究指出，所谓能力是企业能够有效使用资源，并使其相互作用，进而产生新的能力与资源的能力，企业绩效优势的深层次来源就是这种隐藏在资源背后的能力，能够使企业不断配置、开发和保护各种资源。企业能力理论是由于企业绩效优势获得的缘由由过去只是具体的资源拥有量现在演变成抽象的资源使用效率而产生的。企业能力理论强调，企业所拥有的能力体系是企业的核心，并且企业长期绩效优势产生的决定性因素是积累、保持和运用这种能力。

能力理论学派的阿米特和舒梅克（Amit & Schoemaker，1993）强调，能力是对资源的配置方式，能力是企业所特有的过程，其产生与发展是在企业各种资源的长期互相作用中得以实现的。普拉哈拉德和哈默尔（Prahalad & Hamel，1990）认为，这种资源配置的能力，反映了不同企业间的异质性特点，并具有难以替代和难以模仿的特征，使得企业能够获取近似于垄断的行业地位从而竞争优势得以实现。能力学派指出，企业资源基础的观点把绩效优势的源泉定位于具体资源上，具有资源与资源配置者相互分离的缺陷。而能力理论中的能力是决定企业绩效优势的关键因素，这种能力也是企业多种资源、技术和不同技能之间的有机组合，这种观点包含了单纯的企业资源但又不仅限于此，因此相比于资源基础理论，能力理论更强调在获取企业绩效优势中能力的核心作用。

进一步地，普拉哈拉德和哈默尔（1990）在研究中提出了"核心能力"这一概念，认为企业发现、培育和利用自身的核心能力（core competencies）是企业获得竞争优势的关键，并把核心能力定义为关于组织内集合的知识，特别是如何整理各种生产技巧，以及整合多种不同的技术的知识。在普拉哈拉德和哈默尔的研究基础上，伦纳德—巴顿（Leonard Barton，1992）从技术创新的角度作了进一步研究，提出了"核心刚性"的概念，其是指企业发展中由于能力的长期积累，从而导致难以适应环境变化，甚至阻碍创新的一种惰性表现。为此，考虑核心刚性的存在，企业核心能力理论研究就要具备动态性特征。所以在促进技术创新以及阻碍技术创新方面，核心能力均发挥着作用，特别是研发活动中核心能力的阻碍作用其表现即核心刚性。这种核心刚性除了在研发过程中，在企业的技能和知识、企业价值观、企业管理系统和技术系统等领域都会有所体现。因此，嵌入企业知识集合中的核心能力，并不总是发挥正面作用，也会给企业发展带来负面影响。核心能力中存在的核心刚性，进一步说明了在动态性研究中核心能力理论自身所具有的不足。

3. 动态能力理论

由于在分析企业竞争优势和绩效获得中，资源基础理论和核心能力理论都有其不足之处，并且随着企业市场环境的迅速变化，需要新的理论来对企业竞争优势进行研究解释，企业动态能力理论得以产生。该理论认为，只有能够适应各种环境变化的企业能力，才能促进企业获得竞争优势。动态能力的思想最早来自蒂斯（Teece）等 1992 年的一篇讨论论文——《动态能力与战略管理》。而"动态能力"概念正式提出的标志是蒂斯和皮萨诺（Teece & Pisano）在 1994年发表的论文——《企业动态能力：导言》（*The Dynamic Capabilities of firms*：*An Introduction*），他们认为，在竞争激烈的市场和技术的快速变革中，在维持企业持续的竞争优势中，已有的资源集聚战略会失效，此时企业更需要及时响应外部市场，进行内外部能力的协调和重新配置，从而快速进行产品和服务的创新。

蒂斯和皮萨诺的动态能力理论观点，主要强调两点：一是对动态的强调，能够及时快速响应不断变革的市场环境，不断更新自身的能力，即动态的内涵；二是对能力的强调，企业能合理地调整、整合以及重置企业内部和外部的各种技能、资源和职能的能力，即能力的内涵。动态能力理论自蒂斯和皮萨诺等（Teece & Pisano et al.，1997）在《战略管理杂志》（*Strategic Management Journal*）上发表《动态能力与战略管理》（*Dynamic Capabilities and Strategic Management*）的文章后，开始真正受到学者们普遍关注。蒂斯和皮萨诺等系统地阐述了动态能力，定义动态能力为：企业为了适应快速变革的外部环境，而整合、建立和重组内部和外部组织技能、资源和职能的能力。并且提出动态能力具有三个维度，即组织与管理流程、资源位势和资源路径，认为企业的动态能力内嵌于企业内部各流程中，是由企业的资产位势以及历史演化路径所决定的。艾森哈特和马丁（Eisenhardt & Martin，2000）进一步从组织管理和企业流程的角度，对动态能力提出了更为准确的概念界定，指出动态能力是企业利用资源的一种流程，特别是获取资源、整合资源以及释放资源的流程，而且这种对资源的整合、内部资源的组织与重构以及获取和释放，就是动态能力的重要表现形式。

自从蒂斯和皮萨诺等、艾森哈特和马丁提出动态能力的概念以来，引发了后续的许多学者，从自身的理解角度对动态能力这一概念进行了描述与界定。目前学者们对动态能力概念的界定大致可分为两种，即企业完成抽象的组织和管理过程的能力、企业完成具体的战略和组织过程的能力。从抽象的组织管理能力角度看待动态能力的这些定义，都将动态能力与企业组织过程联系在一起，如艾森哈特和马丁（2000）的研究认为动态能力包括对外部威胁与机会的感知能力，内外资源与技能的构建能力，整合能力与重构能力，资源/投资的剥离或释放能力，以及通过这些过程改变企业的资源基础、适应外部快速变化的环境、提高竞争优势的能力；从具体的战略和组织过程理解动态能力的定义，如麦克尔维和大卫森（McKelvie & Davidsson，2009）认为，动态能力包括如研发、新产品与新流程开发和营销，以及外部企业联盟等。对于动态能力的理解，更多学者认同蒂斯、艾森哈特等主流学者的观点，就是从一种抽象的组织能力角度理解动态能力。

动态能力的实现具有内生性特点，也具有企业嵌入性和路径依赖的特征。蒂斯和皮萨诺等（1997）认为动态能力的实现，会受到企业过去发展历史的影响，并且温特（Winter，2003）认为动态能力是企业内生的一种组织惯例。强调学习机制在动态能力的构建和开发过程中起着重要作用，经验积累是比较重要的一个因素，也认为知识表达（如绩效评估过程）和知识编码（如现有特定惯例的书面写作）等认知行为所构成的特殊的认知过程，在动态能力构建中也更为重要。温特分析认为动态能力的目的在于对资源基础作出有意识的变革，因此也涉及战略变革的因素。所以，动态能力的构建只能是在企业内部建立，是企业在不断试错和重复实践以及学习中逐渐建立起来的，这种动态能力不能通过市场购买获得。

同时，学者们也认为，适应外部环境变化的动态能力是一种高阶的组织能力。在科利斯（Collis，1994）首次提出组织能力分为三个层级（执行基本职能活动的能力、对各项业务活动进行动态改进的能力、战略洞察能力）的基础上，塞佩达和维拉（Cepeda & Vera，2007）、德尔内维奇和克里奥丘纳斯（Drnevich & Kriauciunas，2011）等都从常规能力和动态能力角度对组织能力进行直接划分，指出常规能力是企业得以生存的能力，是一种运营能力，而动态能力则是对常规能力进行改变的能力，是企业的一种高阶能力。王和艾哈迈德（Wang & Ahmed，2007）区别了各种能力级别，提出零阶能力是企业资源，一阶能力是指企业对各种资源的部署能力，二阶能力是对企业竞争优势具有战略重要性的核心能力，而三阶能力是企业的重构能力、更新能力和再创造能力以及环境变革适应能力，三阶能力决定了能力变化的速率，是属于范式转换期的组织动态能力。祝志明和杨乃定等（2008）也对能力情况进行了这种分类研究。所以，动态能力从根本上讲是一种高阶能力，有别于企业的一般能力，这种高阶的动态能力能够对一般能力进行不断调整和修改。

蒂斯（2007）认为作为一种组织惯例，动态能力通过改变企业资源基础和开发新的价值创造战略，进而能够很好地适应外部不断变化的竞争环境，促进企业获取持久的竞争优势和绩效。蒂斯和皮萨诺（1994）提出，仅仅认识和积累有价值的技术资产的"资源基础战略"对于试图获得长期竞争优势的企业来说是不充分的，而动态能力是企业获得持续竞争优势的真正来源。杨瑞龙（2005）指出，动态能力的本质就是企业面对不断变化的市场环境，不断积累所需新知识的能力，当企业具有较强的动态能力时，才能够使其资源和能力随着外部环境的变化而改变，才能够不断抓住市场机会以创造新的竞争优势，获得较好的绩效。因此，可以考虑从动态能力视角剖析零售企业服务创新对企业绩效的影响。

2.2.3　企业绩效实现的整合论

近年来，企业战略管理领域为理解竞争优势的形成，出现了从整合顾客视角进行分析的理论观点。如普里姆（Priem，2007）指出，决定着企业成功的本质是顾客的感知收益，而企业能否为顾客创造价值的先决条件是能否为顾客提供独特收益，并且得到顾客支付。前面所述的企业资源基础理论、企业核心能力理论、动态能力理论等，都是从企业供应的角度对企业竞争优势和企业绩效取得进行解释分析，阿德纳和泽姆斯基（Adner & Zemsky，2006）认为没有考虑顾客需求方面的作用。这种研究的目的，都是分析在竞争中企业如何排斥竞争对手而得到更多价值，没有从企业产品的购买者——顾客角度来理解和创造企业价值和绩效。但是，对零售企业来说，服务好顾客是生存的根本，为顾客创造价值更应成为企业发展关键所在。

由于理论界开始对企业存在的本质认识的回归，以及研究中推崇顾客处于中心地位时代的到来，学者们认为需要重视企业战略管理理论，重新审视企业绩效获得的研究视角，理解企业的竞争优势时更需要从顾客价值创造的视角展开，如杰米森（Jemison，1981）、斯莱特和纳弗（Slater & Narver，1994）、伍德鲁夫（Woodruff，1997）等研究。所以，企业战略研究和实践者关注的焦点开始转移到了顾客价值身上，并将其作为企业竞争优势和绩效取得的本质要素。

德鲁克（Drucker）的研究可以说是以顾客价值为基础的企业竞争优势观点的思想源头。德鲁克于 1973 年出版了《管理：任务、责任、实践》一书，被誉为管理学的"圣经"和"百科全书"，在书中，他指出"每一个企业的任务和目标就是满足顾客需求"，顾客能够从企业交付中获得更多价值，就能进一步产生顾客满意度，忠诚于企业。这样企业能够生存和发展壮大，就是因为企业提供的产品和服务满足了顾客的需求。斯莱特（Slater，1997）提出满足顾客需要是企业存在的本质目标，这也是导致企业之间存在绩效差异的原因，所以企业要能够准确了解和把握顾客需求及其变化趋势，并且实施合适的顾客价值战略；进而，通过为顾客提供超常价值使企业获得超常绩效。导致企业获取竞争优势和较好绩效的主要原因不是因为企业拥有较多的资源存量，或者占据了有利的市场位置，而是企业真正为顾客创造了价值——顾客价值，即企业通过所提供的产品或服务，带给顾客超越竞争对手的感知收益。

对此，后续学者们展开了进一步研究，提出了基于顾客价值的竞争优势分析框架，如图 2 - 6 所示。当企业选择战略行动，着眼于能够为顾客创造卓越顾客价值，并让顾客感知到独特的价值时，就会获得更多的顾客忠诚度，在企业竞争中获取优势，实现良好绩效。

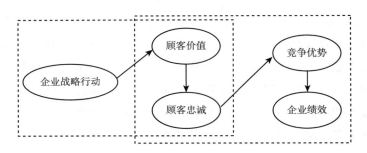

图 2-6　顾客价值创造与企业绩效关系

资料来源：笔者根据金和毛博格纳（Kim & Mauborgne，1997）文献整理绘制。

金和毛博格纳（Kim & Mauborgne，1997）指出，对顾客来说这种价值可以是新的产品/服务，也可以是对原有产品/服务予以改进所形成的新品质和新特性。企业通过在顾客价值上的持续创新，会持久保持企业的竞争优势。阿米特和佐特（Amit & Zott，2001）评述指出，这种理论的着眼点，就是企业战略应从"竞争中心"调整为"价值中心"，并指出价值创造的主要来源是创新。具体到顾客价值创新，就是要不断创造出新的能够满足顾客需求的产品或服务，从而为企业带来不竭的利润源泉。同时需要注意，顾客价值不是由企业决定的，而是由顾客决定的，杨龙和王永贵（2002）提出要以顾客为中心进行价值创新活动；白长虹（2001）指出顾客价值本质上是指顾客的感知价值，这种价值的大小取决于顾客所感知利得与感知利失二者之间的权衡，因此企业在选择、实施为顾客设计、创造和提供价值的战略时，要把顾客对价值的感知提升作为决定性因素，始终坚持以顾客为中心。

随着外部市场竞争环境日益变化，顾客的需求也日益多样，企业越发难以面对这些情况的变化，市场竞争日益激烈。金和毛博格纳（1997）认为，企业之间的竞争归根结底是顾客之争，即对所面对的市场中的顾客份额以及顾客认知的争夺，因此，在日益动态、复杂多变的内外环境中，企业战略要作出调整，应该采用超越竞争的新思维，回归到顾客价值创新上来，将此作为企业成长的本源。贝当古（Betancourt，2009）提出零售企业的经济实质在于能够为消费者提供具体商品（包括实体商品和服务类商品）以及相应的分销服务。面向顾客的分销服务有环境服务、品类服务、区位服务、交付服务和信息服务五种，从某种意义上来说，零售商所拥有的经济实力取决于其提供分销服务能力的强弱，以此来获得顾客满意和忠诚度，进而促进企业绩效的增加。

2.2.4　企业绩效实现的理论比较

上述基于企业资源、企业能力以及顾客价值等企业绩效优势获得的观点，分别体现了不同的战略思想，霍斯基森和希特等（Hoskisson & Hitt et al.，1999）指出企业绩效的研究呈现出"内部—外部"的钟摆式摇摆，在一定时期内推动了竞争优势和绩效研究的发展。同时结合赵立龙（2012）的研究，这两种理论观点在解释企业竞争优势和绩效来源方面各有侧重，又存在一定的局限性，具体如表 2 - 6 所示。

表 2 - 6　　　　　　　　　　　企业绩效实现的理论比较

项目	市场定位	资源能力	顾客价值
研究视角	企业外部	企业内部	企业外部
理论基础	产业组织理论	新古典经济学企业理论	奥地利经济学派
分析单元	产业、企业与产品	资源、能力	顾客价值
关注焦点	产业结构状况和竞争定位	资源的异质性和不可替代性	顾客需求的创造
基本内涵	通过产业结构选择和市场竞争策略实现竞争优势	通过企业内部资源的积累来实现竞争优势	通过为顾客创造价值，带来顾客满意与忠诚，实现竞争优势
存在局限	忽略了企业自身因素也能造成相互间的绩效差异	只是一味地强调企业自身的资源、能力，忽略了市场机会	忽视了企业内部资源对竞争优势和绩效取得的支持

资料来源：笔者根据相关文献整理绘制。

由表 2 - 6 可知，每一种导致竞争优势和绩效变化的理论都具有各自的优缺点，而随着技术进步、知识外溢性的加速，竞争优势来自企业资源、能力差异的理论越来越受到了挑战。如亨特和摩根（Hunt & Morgan，1995）指出，在日益动态的环境下，企业资源所带来的相对优势可能会逐渐消散和衰退。在日益强调顾客为中心的时代，研究企业战略管理的学者们呼吁，需要从整合的视角进行研究，以深入理解企业竞争优势的来源。这有两方面原因：一是企业认为有价值的资源随着市场上顾客偏好的变化，可能会变得没有价值；二是企业独特资源价值性的体现，需要通过产品或服务来反映，而这种产品或服务是能够为顾客创造独特价值的，因此需要从企业的顾客价值创造战略转化得到。所以，斯里瓦斯塔瓦和法伊等（Srivastava & Fahey et al.，2001）提出，资源基础理论尽管主张企业竞争优势的来源是有价值的资源，但是企业必须能够使用这些资源，进而创造出满足顾客需求的价值，而且这种价值是由客户所感知、理解和体验的，因此需要整合企业资源能力理论和顾客价值理论，来深入理解企业绩效优势的获得。

目前战略管理、零售管理领域的大多数关于服务创新并解释其对企业绩效的影响的研究，使用更多的还是资源基础理论。通过服务创新企业能够最大化利用和获取创新所需要的相关资源，增强企业服务自主变革的动力。特别是对于发展中国家的零售企业，本身与发达国家的零售企业存在着巨大的差别，通过模仿和创新，这些零售企业在服务创新中获取一定的资源，积累经验。然而，这些资源、内在知识、学习机会乃至经验，并不必然会引起企业绩效的提升，特别是在动态竞争的激烈外部环境下，企业绩效的持续提升需要依赖企业不断适应外部环境的变化，紧紧围绕顾客需求创造价值来实现。在市场竞争中能够不断抓住市场机会，提高自身竞争优势的企业，都是那些具有较强适应能力的企业，因为它们能够随时间的变化使其资源和能力得以改变和提升。因此，战略管理中企业竞争优势和绩效获得的"内部—外部"的钟摆式摇摆，最终会朝向内外部平衡的方向发展。鉴于此，本书尝试在这些相关理论基础上，在提高企业内部资源能力的同时，引入外部环境动态性分析其对服务创新与零售企业绩效的影响。

2.2.5　服务企业利润链

对一般企业绩效获得情况进行汇总后，具体到本书拟研究的零售企业，作为服务企业中的重要力量，赫斯基特和萨塞（2001）提出的"服务利润链"模型更能有力地说明服务企业利润和绩效获得的途径。该模型是在对很多服务企业研究的基础上，综合了多位著名服务管理学者的观点提出的。这个模型对服务企业在竞争中的利润获得途径和方法进行了分析，为服务企业管理提供了一个很好的思维和管理框架。

服务利润链思想认为：利润、增长、顾客忠诚度、顾客满意度、顾客获得的产品及服务的价值、员工的能力、员工满意度、员工忠诚度、劳动生产率之间存在着直接和牢固的关系，这些关系构成了服务利润的要素，详见图2-7。需注意的是，在这些关系中并未提及有形产品中非常重要的市场份额。赫斯基特和萨塞认为，利润和顾客忠诚度的关系、员工忠诚度和顾客忠诚度的关系及员工满意度和顾客满意度之间的关系等，都是比较重要的关系。在整个服务过程中，各要素之间是自我增强的，员工满意与顾客满意是互相作用和互相影响的。

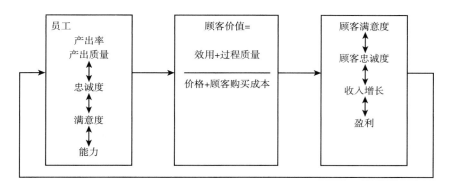

图 2-7　服务利润链的要素

资料来源：笔者根据赫斯基特和萨塞（Heskett & Sasser, 2001）文献整理绘制。

从图 2-7 也可以发现，服务质量在利润链中发挥着重要作用，服务利润链更关注服务过程质量，而忽视结果。事实上，很多顾客更重视他们所能得到的最终结果，而忽视过程质量，但并不意味着企业的过程控制不重要，相反，为了获得最终的服务质量，服务过程质量必须监控到位。进一步地，赫斯基特和萨塞提出了完整的服务利润链模型，如图 2-8 所示。

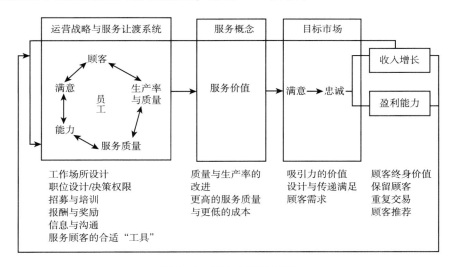

图 2-8　服务利润链模型

资料来源：笔者根据赫斯基特和萨塞（Heskett & Sasser, 2001）文献整理绘制。

服务利润链模型反映的最核心的内容是，服务企业利润的获得以及企业的成长与下列要素之间存在着直接相关的关系：顾客满意度和顾客忠诚度，让渡给顾客的产品和服务的价值，员工的满意度、忠诚度和生产率（服务效率），员工向顾客提供服务的能力。虽然这些关系的强度在不同企业之间是有所不同的，但这一模式仍具有普遍适用性。服务利润链的基本逻辑是：企业获利能力的强弱主要是由顾客忠诚度来决定顾客忠诚度由顾客满意度所决定，顾客的满意度由顾客认为所获得的价值大小所决定，价值大小最终要由能力强、效率高、对企业忠诚的员工所创造，而这些员工对企业的忠诚取决于其对企业是否满意，员工满意与否主要应视企业内部是否给予了员工高质量的内在服务。可知，服务利润链的核心就是顾客价值公式，它从顾客角度衡量产出与服务的价值，并将直接影响顾客的购买决策。同时，以顾客价值公式定义的价值与顾客满意度之间有直接关系。

对服务企业来说服务利润链具有重要的指导意义，能够帮助服务企业提高营销效率以及效益，增强服务企业在市场竞争中的优势地位。这种帮助作用主要表现在三个方面。第一，服务利润链明确指出了顾客忠诚度与企业利润获取能力间存在相关关系。这有助于营销者真正树立优质服务的经营理念，将营销管理重点转变到追求市场份额的质量上来而不是追求市场份额的规模。第二，顾客价值公式为营销者指明了实现顾客满意、培育忠诚顾客的思路和途径。可以通过改进服务、提升企业形象使服务企业服务总价值提升，或者通过生产与销售成本的降低，购买服务中顾客时间、精力与体力消耗等的减少，使顾客的货币与非货币成本降低来达到顾客满意度提升的目标。第三，"企业内部服务质量"这一服务利润链所表达的观点，凸显了服务企业员工的重要性。企业要想对外部顾客做好服务，必须首先为"内部顾客"，即企业所有内部员工做好服务。为此，服务企业需设计有效的激励报酬制度，创造良好的员工工作环境，尽可能满足员工内在和外在各种需求。

因此，本书在分析零售企业服务创新绩效时，将借鉴服务利润链的思想，进行服务创新对零售企业绩效影响的理论分析并提出相关论述。

2.3 环境动态性的研究综述

2.3.1 环境动态性的分析视角

邓肯（1972）对企业外部环境进行了界定，指出企业的外部环境是企业边界之外的物质及各种社会因素的总和，是企业在决策过程中必须考虑的外部因素。据此定义可知，外部环境是针对企业这一组织而言的，既包含了企业组织范围之外的所有相关实体，也包括了各种社会因素，并且是由消费者、竞争者、供应商、技术以及社会政策因素等要素构成的。法伊和纳拉扬（Fahey & Narayanan，1986）指出，企业组织的决策制定者自身具有信息收集和加工方面的有限理性，加之外部环境要素具有的复杂多样性，导致了企业决策时很难将环境作为一个整体而进行有效分析。企业组织和战略管理领域考虑到上述困难，并结合所研究目的不同，提出了两种不同的思路和视角对环境因素进行研究。

第一种分析思路是研究分析环境的某一具体内容，如产业环境、波特的五种竞争力量及政治环境等对企业组织的行为和结构的影响，这种思路体现了客观解构主义的思想。这种思想认为，环境是客观存在的并独立于企业组织之外的事物或力量，企业组织则是置身于这种外在并独立的环境之中的，对这些事物或力量企业组织必须适应或匹配，控制或者被控制。根据这种观点，相同产业内的各个企业所面临的环境，都是相同的和具体的，因此在分析过程中，需要具体分析企业所处的具体环境。

第二种分析思路是研究分析环境被感知的某一特征，如企业家感知的竞争状况和政策状况等对企业组织行为和绩效的影响，这一思路实质是属于主观建构主义的视角。该视角主要强调环境判断过程中决策者的因素。奥雷哈—罗德里格斯和亚内斯—埃斯特韦斯（Oreja-Rodríguez & Yanes-Estévez，2007）提出环境本身并不重要，管理者的感知才最为关键，为此他们认为环境是一种认知的思维结构。也就是说，从环境的动态性特征来看，不同的企业对它的感知是不相同的，这也就导致了环境动态特征对企业的影响也就表现不同。在战略管理领域学者们的研究中，对感知的环境特征是关注较多的，米勒和弗里森（Miller & Friesen，1983）更是主张，相比环境本身而言，管理者感知环境的方式更为重要。企业管理者会主动产生对外部环境的兴趣，只是因为他们觉察到企业组织自身的绩效会受到外部环境的冲击和影响。更多的学者也认同使用"感知的环境"这一研究思路来衡量环境，要比用客观衡量指标更具有效度，而且因为环境的内容方面具有很多的个体差异性，而环境特征则具有一定程度的共同性。而且从主观建构主义视角进行研究的传承性更好，便于学术理论研究的不断拓展。因此，本书研究中分析环境动态对零售企业服务创新和绩效行为的影响时，也采取主观建构主义的视角来进行，对环境动态性程度的衡量采用管理者对环境的主观认知状况。

2.3.2 环境动态性的具体内涵

在大量的组织理论和战略管理领域的研究中，环境动态性都是广泛使用的一个重要的变量，用来反映企业组织对所处环境特征的感知。国内外许多学者从各自角度展开了对环境动态性的概念和内涵的详细界定与描述，这些环境动态性概念表述中不乏一些比较典型的含义，如表2-7所示。

表2-7 环境动态性的概念界定

学者	年份	定义
邓肯	1972	环境动态性指经营环境中，对企业管理活动产生影响的有关因素变化频率和幅度
米勒和弗里森	1983	环境动态性指产业环境中创新与变化的速度以及对竞争者和顾客行为进行预测的不确定性，对变化的持续性更为关注而非某段时期内频率比较稳定的变化
德威尔和威尔士（Dwyer & Welsh）	1985	环境动态性主要表现为企业外部环境变化程度、竞争强度变化和市场需求变动等
克莱因和弗雷泽等（Klein & Frazier et al.）	1990	环境动态性指环境变化的频率和程度
沙夫曼和迪安（Sharfman & Dean）	1991	环境动态性指环境变化的频率或不可预测性
贾沃斯基和科利（Jaworski & Kohli）	1993	环境动态性指的是环境变化速度的大小以及难以预测的程度，环境动态性越高，往往伴随着更大的环境不确定性，即环境动态性正向影响环境不确定性
梅兹纳和尼格（Meznar & Nigh）	1995	环境动态性则是指外部环境中，技术水平的变动以及市场规则发生变化的速度
札赫拉（Zahra）	1996	环境动态性定义为无法预测的消费者偏好的改变、行业技术的变化以及竞争者策略的改变等情况
扎赫拉和博格纳（Zahra & Bogner）	2000	环境动态性指产业中发生变化的不可预测性及变化程度，这些变化是由于竞争者的进入和退出，使得消费者需求和技术条件均发生相应的变化
兰普金和戴斯（Lumpkin & Dess）	2001	环境动态性主要指变化速率以及行业创新速度，也涵盖了消费者与竞争者活动的不可预期性，以及这种不确定性和不可预期性对企业管理者决策所产生的影响

续表

学者	年份	定义
罗森布什和鲍斯奇等 (Rosenbusch & Bausch et al.)	2007	环境动态性通常表现在多方面，如技术进步与技术变革、顾客需求以及竞争对手和供应商的行为等
张映红	2008	环境的动态性表现为消费需求变化的周期缩短，技术更新换代的周期加快，企业之间争夺市场份额的竞争更加激烈，具有超竞争和动态竞争等特征
陈国权和王晓辉	2012	环境动态性是指组织的竞争对手、合作伙伴、顾客、政府等利益相关者的行为或需求的变化程度，以及产品与服务类型、技术创新、行业趋势的变化程度
陈收和肖咸星等	2014	作为环境不确定性中的一个重要部分，环境动态性是指环境变化的速率和不稳定程度
阎婧和刘志迎等	2016	环境动态性主要体现为技术变革速度与市场动荡程度两个方面
彭云峰和薛娇等	2019	企业获得和运用新知识开展创新活动受到外部环境的影响，"动态变化"已经成为企业所面对的环境基本特征
薛宪方和郭晗等	2020	复杂的动态环境可以激发新事物、新技术、新知识，促进商业模式的创新

资料来源：笔者根据相关文献整理绘制。

从表2-7的汇总可以看出，学者们对环境动态性的内涵从多个角度进行了解释。有的学者主要从环境的变化幅度以及动态性方面定义环境动态性，借此强调环境的"动态性"；还有一批学者是从环境因素入手，特别强调环境因素并进行环境动态性的定义。而且，消费者需求变迁、竞争者进入或离开等因素发生变化，都可能会导致环境动态性有所变化。还有学者从内容上进行分析，如邓肯（1972）进一步从内部环境和外部环境角度对环境进行分类，认为内外部环境都是与管理活动相关的，提出内部环境则是企业组织范围之内的相关实体及社会因素，包括组织结构、人力资源配置和组织文化等；外部环境则是企业组织范围之外的相关实体及社会因素，由供应商、竞争者、社会政策及技术、消费者等因素构成。迈尔斯和斯诺等（Miles & Snow et al., 1978）还专门针对环境动态性开发了一个测量量表，从供应商、消费者、竞争者、政府与法规制定、金融市场、工会六个维度来对环境动态性予以测量。

现有文献更多是从市场动态、竞争强度和技术动态等特征来分析环境动态性，如李和西默里（Li & Simerly，1998）、沃斯（Voss，2000）、周和燕等（Zhou & Yim et al.，2005）。贾沃斯基和科利（1993）提出，市场动态性主要是指市场的顾客构成和顾客消费偏好的变化速度；竞争强度则是指企业面临的产业竞争程度，在企业外部市场环境动态变化较高、同行竞争十分激烈的状况下，为了更好地满足顾客不断变化的消费偏好，更好地对竞争对手的行为作出及时有效的反应，企业需要根据环境的变动，对自身的战略策略、产品和服务范围以及服务质量不断地进行调整；技术动态性则是指技术发展和产品更新的变化幅度，这些变化能够对该行业的主流技术、相关技术标准等产生影响。札赫拉（1996）指出环境动态性包括技术、消费和竞争变化三种状况。另外，米勒和弗里森（1983）曾指出政府政策的变化也是环境动荡性的一种，我国学者焦豪和周江华等（2007）在研究创业导向战略和组织绩效的关系中，将国家政策也作为鉴别环境动态性的一种要素。薛宪方和郭晗等（2020）研究测度环境动态性的时候，从竞争对手的行动、数量、产品需求、客户需求以及大环境下经济、政治、技术等方面的影响进行测量。

考虑到中国是新兴市场经济国家，国家的创新政策对行业、企业创新战略影响较大，因此本书也将国家创新政策作为环境动态性的一个主要因素。创新政策概念属于比较新的概念，即便是在发达国家也是如此，当前的学术界对此尚无统一的定义，如英国学者罗斯韦尔（Rothwell，1986）认为，科技政策和产业政策密切协调结合就是创新政策，因而这个概念是整合的概念。我国学者鲍克和周卫民（1997）指出，为鼓励行业技术发展及其商业化，进而提高行业和国家竞争力，一国政府所出台的各种经济政策的总和就是创新政策，它处于该国所制定的经济政策的中心地位，其直接目的就是鼓励行业的创造与变化。徐大可和陈劲（2004）认为，所谓的创新政策，是指为了促进创新活动的大规模涌现、创新能力的不断增强和创新效率的不断提高，一个国家或地区的政府所采取的公共政策的总和，期望通过创新提高竞争力进而实现持续的经济增长是制定该政策的最终目标。结合零售企业的实际，并参考徐大可和陈劲对创新政策的含义，本书将零售创新政策定义为，为了促进零售企业开展创新活动、提高创新效率和增强创新能力，一个国家或地区的政府、行业组织所采取的一系列政策与措施的总和，并期望促进一国零售企业通过积极开展创新活动，提高该国零售商的竞争力以实现国家经济持续高速发展。

借鉴陈国权和王晓辉（2012）的定义，本书提出环境动态性即零售企业的顾客、竞争对手、合作伙伴、政府等利益相关者的需求或行为的变化程度，以及产品和服务类型、技术创新、行业趋势的变化程度，并从市场动态性、竞争动态性、技术动态性和政策动态性四个维度分析环境动态性。其中市场动态性是指顾客构成及其偏好的变化程度；竞争动态性是指企业所处的行业中现有竞争者、潜在进入者、替代品生产者等竞争对手数量的变化速度和市场竞争强度的变化幅度；技术动态性是行业中新技术、新工艺、已有产品的更新以及相关的技术标准等要素变化的程度；政策动态性是指一定时期内国家各级政府组织为促进行业创新而出台的各类创新政策的有效性、针对性和及时性的变化程度。

2.3.3 环境动态性的影响作用

现有对组织环境与组织战略关系研究的理论主要有劳伦斯和洛什（Lawrence & Lorsch，1967）提出的信息基础理论、普费弗和萨兰奇（Pfeffer & Salancik，2003）提出的资源基础理论及霍夫（Hofer，1975）提出的权变理论等理论。从信息基础理论视角进行分析，西蒙和希特等（Sirmon & Hitt et al.，2007）得出企业的战略制定与选择会受到环境动态性的影响。动态环境带来了识别与理解因果关系所需信息的不足，从而会影响企业管理资源创造顾客价值的过程，以及影响企业采用什么样的竞争战略。而从资源基础理论进行分析，艾伦（Allen，1978）认为企业并非缺乏信息，而是缺乏对关键资源的控制从而产生了发展中的环境动态性。环境因素作为企业成长的资源池，企业决策者为了实现组织的有效性，就需要通过采取战略行动提高对资源的控制能力或者减少对环境的依赖程度。而从权变理论进行分析，范德文和阿斯特利（Van de Ven & Astley，1981）的研究中强调组织与外部环境之间的权变关系，提出战略管理的任务就是更好地匹配组织与环境。这一理论研究学派的米勒（Miller，1988）认为，通过采取不同的战略行动，企业组织可以实现对环境的良好适应，企业良好绩效结果的实现在于组织的战略和结构要与环境相匹配，特别是创新战略与动态环境相匹配，成本领先战略与稳定的、可以预测的环境相匹配，这样都能给企业带来高绩效；同时，本纳和图什曼（Benner & Tushman，2003）认为环境也会对战略产生影响作用，如动态性的环境会影响到企业实施的创新战略，是因为在动态的环境中，企业为了更好地捕获环境变化带来的机会，更加倾向于实施探索式创新战略，以发现获取新资源、新机会；而在稳定的环境中，企业为了最大化利用现有资源来开发市场机会，则更加倾向于实施利用式创新战略，以最大化开发利用现有资源与能力，无论是哪一种环境影响下的战略的较好实施，都能为企业组织带来较高的绩效。

安德鲁斯（Andrews，2006）认为在动态环境下战略管理领域内研究的一个热点问题就是，企业如何能够实现自有资源、能力与环境的匹配，他认为研究这一问题过程中的重要变量就是环境动态性。因此，众多学者展开了对环境动态性的研究，从研究成果来看，环境动态性更多的是以调节变量的作用出现，调节企业战略行为与企业绩效之间的关系。相关学者的研究汇总如表2 - 8 所示。

表2 - 8　　　　　　　　　　　环境动态性调节作用的研究

学者	年份	作用描述
贾沃斯基和科利	1993	环境因素是市场导向战略与企业绩效间的重要调节变量，并把环境因素定义为市场动态性、技术动态性、竞争强度
李和西默里	1998	环境动态性在企业所有权与绩效之间具有调节效应
沃斯	2000	环境动态性在战略导向与企业绩效之间具有调节作用
扎赫拉和博格纳	2000	动态的竞争因素在新企业的技术战略和创新绩效之间具有调节作用
兰普金和戴斯	2001	在创业导向与企业绩效中，环境及产业生命周期因素具有调节作用
詹森和维拉等	2009	利用式和探索式战略领导能力构建中，动态环境因素具有调节作用
伍蓓和陈劲等	2010	环境动态性对研发外包强度与企业绩效关系具有调节效应
马文聪和朱桂龙	2011	环境动态性对企业工艺创新与市场绩效间关系、企业产品创新与市场绩效间关系均起着显著的调节作用
陈国权和王晓辉	2012	环境动态性对利用式学习或探索式学习与企业组织绩效之间的关系起着负向调节作用
冯军政	2013	环境动态性和环境敌对性两个维度相对独立，但对企业破坏性创新和突破性创新均具有直接的影响效应
余绍忠	2013	环境动态性在资金资源、人才资源、管理资源、政策资源对创业绩效的影响中均发挥了负向调节作用，而在信息资源、科技资源对创业绩效影响中则发挥了正向调节作用
陈收和肖咸星等	2014	环境动态性负向调节CEO权力对战略差异及企业极端绩效的影响
束义明和郝振省	2015	环境动态性正向调节了沟通氛围、非正式沟通与决策绩效之间的关系，而在沟通频率与决策绩效的关系中发挥了负向调节作用

学者	年份	作用描述
阎婧和刘志迎等	2016	环境动态性与企业商业模式创新显著正相关，环境动态性对商业模式创新与企业绩效二者关系具有调节作用
杜俊义和熊胜绪等	2017	环境动态性对中小企业动态能力和创新绩效的关系具有调节作用
彭云峰和薛娇等	2019	环境动态性正向调节创新性与创新绩效之间的关系，风险承担、先动性与创新绩效之间的关系不受外部环境动态性的调节作用
薛宪方和郭晗等	2020	环境动态性在创业者先验知识对企业绩效关系中起调节作用

资料来源：笔者根据相关文献整理绘制。

以上研究，将环境动态性作为独立的研究变量，探讨了环境动态性的调节作用。本书研究中，借鉴学者的相关研究，在服务创新类型与零售企业绩效的关系中，引入并将环境动态性作为调节变量，进而实现了对零售企业服务创新与企业绩效关系的深入研究。

2.3.4 环境动态性研究的评价

通过对环境动态性已有文献的回顾，首先，本书确立了环境动态性的分析视角，即基于管理者感知的主观建构主义角度进行确定。其次，在对环境动态性概念内涵进行回顾的基础上，考虑到消费者需求的变化、同行竞争者的进入或离开、行业技术更替变化以及国家产业创新政策调整等因素，都有可能使得管理者认知下的环境动态性发生变化，而且这四方面变化对企业经营战略和企业绩效之间关系的影响更为直接，因此本书提出后续研究中，将对市场动态性、竞争动态性、技术动态性和政策动态性这四类环境特征进行重点关注研究。最后，在探讨环境动态性与组织战略之间关系时，分别从资源基础理论和权变理论视角进行了研究，并重点回顾了环境动态性调节作用的相关研究，指出环境动态性是企业组织战略决策者需要关注的重要情境因素，在研究零售企业服务创新与绩效作用中，将构建环境动态性的调节作用模型。

2.4 本章小结

零售企业服务创新的类型划分是本书的研究起点，环境动态性是本书涉及的核心概念，企业绩效是另外一个重要的变量。研究零售企业服务创新、环境动态性与企业绩效之间的关系，需要重点厘清学术领域对于服务创新、环境动态性和企业绩效获得方面的理论研究。

本章的研究结构是，首先是对已有的服务创新的含义及发展脉络和类型的研究进行了综述，提出零售企业为了增加顾客价值、实现竞争优势，而在服务顾客购物的全过程中，应用新设想和新技术手段实现对已有的零售服务方式的革新或改进，这就是服务创新。其次从技术主义、服务导向和整合研究等不同研究学派的角度进行了服务创新研究方法的演进介绍以及不同学派对服务创新类型的总结，并考察了针对特定服务业创新类型的划分，接着对影响服务创新的内外部因素进行了汇总，并对零售企业服务创新的研究进展作了描述。再次探讨了服务创新的价值以及绩效衡量与评价等文献内容，为本书所研究的零售企业服务创新及类型划分（概念创新、传递创新）奠定了坚实的基础，明确了服务创新对企业绩效的重要性以及如何度量，能够弥补目前零售企业服务创新研究中的不足。又次，对企业绩效实现的理论进行了综述，分别从绩效实现的外生、内生和整合的角度进行了回顾，具体涉及企业市场定位理论、资源能力理论和顾客价值理论，并进行了对比分析，考察了服务企业利润链模型，这些理论综述为后面研究假设的展开提供了理论基础和依据。最后，对研究中涉及的核心变量——环境动态性进行了综述，明确了环境动态性的概念、维度、具有的调节作用等，为本书研究服务创新影响零售企业绩效提供了一个崭新角度。

第 3 章

理论模型与研究假设

根据服务创新理论、资源能力理论和权变理论分析服务创新的不同类型（概念创新、传递创新）与企业短期绩效和长期绩效之间的关系，以及市场动态性、竞争动态性、技术动态性和政策动态性在零售企业服务创新类型与企业绩效之间的调节作用的理论关系，并在此基础之上提出理论模型。进一步结合理论模型，依据服务创新理论、资源基础理论、企业能力理论、权变理论以及相关研究，具体分析各变量之间的关系，并提出对应的理论假设。

3.1 理论模型的提出

3.1.1 服务创新与零售企业绩效的关系

零售业作为流通业的主要组成部分，刘国光（2001）、黄国雄（2005）指出其既是先导产业，又是基础产业，也是重要的战略产业，因而零售企业绩效问题至关重要。在制度转型、对外开放和经济发展过程中，中国零售企业绩效具有较为突出的几个问题：第一，内资零售企业和外资零售企业相比，普遍不具有绩效优势。在我国零售业全面对外开放的背景下，尽管在国家经济安全方面目前外资零售企业还没有造成威胁，但是如果内资零售企业的绩效水平持续处于绩效劣势状态，那么外资零售企业也有可能会取得市场销售的主导权。第二，内资零售企业财务收益的获得，更多偏好通过侵占供应商的利益和利用规模扩张来实现。零售企业以这种方式来获得绩效，会对其他产业中企业健康发展造成不利影响，也会对其他产业的结构优化和升级产生较大不利影响。第三，内资零售企业的经营与顾客价值相脱离，而在进一步满足顾客价值方面的营销和管理实力较弱，这会使得企业的正常持续发展受到阻碍，也对其他产业的发展造成了负面影响，并且降低了全社会福利。因此，研究促进零售业企业如何获得并保持绩效优势就显得尤为重要。

战略管理理论研究中提出影响企业绩效的因素很多，具有代表性的观点认为企业组织绩效是各种资源相适配的结果，即企业的内部资源、企业的战略与企业外部资源及外部任务环境的匹配。赵凯（2007）分别从外生、内生和动态等角度进行了零售企业绩效来源的分析，分别是市场结构、企业行为与绩效的关系研究；企业营销、管理资源、企业能力与顾客价值绩效以及企业规模资源关系研究；根据环境变化，企业对内外部各种资源和能力进行协调整合，通过建立以顾客价值为中心的零售网络，从而获得绩效。他对零售企业绩效的形成机理进行了深入分析，如图 3 – 1 所示。

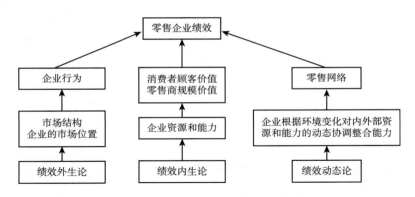

图 3 – 1　零售企业绩效生成机理分析框架

资料来源：笔者根据赵凯（2007）文献整理绘制。

在全球经济的各行业领域中，零售业由于最为贴近消费者个人与家庭的需求，因此零售业对消费者趋势变化最为敏感。结合我国零售企业的发展演进，绩效动态理论的应用尤为关键。而本书研究零售企业的服务创新活动，属于企业层面的创新活动，麦克奈尔（McNair，1958）指出，经典的创新理论研究隐含了这样一个假定，创新可以提高组织未来的绩效。

零售商都明白，为了发展和有效竞争，必须开展创新，这也是适应动态环境的要求，因而零售业成为创新活动中最为频繁的一个行业，"动态产业"这个称谓也是零售学者们直接赋予零售业的别称。并且，为了使零售企业能够获得市场上更强的盈利能力、对抗能力和发展能力，零售商们都在寻找创新方向，特别是寻求对零售关键要素的创新活动。但是，在回答零售企业"为什么要开展创新"这个问题上，考虑消费者变化因素以及相关市场环境变化因素是最为重要的。本书认为，零售企业要想实现创新价值最大，应从系统的角度考虑创新活动的开展，并在零售企业内部各个专业领域具体开展专业性创新活动。同时，由于不同企业内部的创新目标与条件都是不相同的，因此在选择相应创新方向时需要根据具体情况而定。

首都经济贸易大学世界零售研究中心和中国商业联合会专家工作委员会于2013年联合发布了全球零售业创新报告，探讨了零售创新的方向。以顾客为导向，将零售企业的创新方向分为前台创新和后台创新，店铺创新、价格创新、商品创新、服务创新和沟通创新等构成了前台创新；战略创新、技术创新、组织创新、财务创新、供应链创新和人力创新构成了后台创新。其总结的零售创新方向如图3-2所示。

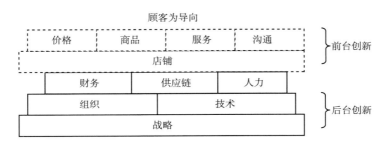

图3-2 零售创新方向示意

资料来源：笔者根据首都经济贸易大学零售研究中心和中国商业联合会专家工作委员会（2013）文献整理绘制。

对每一种创新目的进行具体解释，首先在零售企业的前台创新构成中，店铺创新趋于小型化、专业化、网络化和体验化，并且店铺是零售商经营的根本，在这方面的创新层出不穷，是拉动所有零售要素创新的纲领；商品创新，表现为自有品牌创新不断，强攻各类细分市场，使得顾客购物需求得到更好满足；价格创新，认为"平价"策略要优于纯粹的"低价"策略，让企业价格保持平稳；服务创新目的在于让顾客更快付款离开，或者就近拿到商品，在交易中获得很好的购物体验；沟通创新，即借助媒介和供应商协同强化商品推介和客户关系。其次在后台创新构成中，供应链创新，是将供应链延伸到顾客家门口；

财务创新，帮助特色商品供应商解决财务问题；人力创新，即通过内部创业计划激发人力价值；技术创新，让技术帮助企业精耕不同客户群市场；组织创新，以促进采购组织过程更加专业；战略创新，目的是重新明确企业发展重心，以适应未来发展的需要。其中服务创新的目的，与本书定义的零售企业服务创新的内涵是一致的，都在于使得顾客体验更好，顾客的价值最大化。

在当前我国零售企业的创新发展中，服务创新在这些创新方向中占据了比较重要的位置。中国零售业自2001年全面开放，就获得了迅速的发展，在创新方面最初是从业态转型开始的，由于各种新的零售业态以及新的组织方式得到了消费者的极力追捧，零售创新在极短的时间内被市场所快速接受。如综合超市、便利店、大卖场、城市商业综合体和购物中心等，也包括目前零售行业中广泛使用的连锁经营模式。但是，面对着外资零售企业的不断进入，中国零售业起初进行的业态与组织形式创新效应日渐消退，为了提升企业的核心竞争力，就必须要进一步吸引消费者，朱亚萍（2011）指出在零售运作方面要注重品牌营销，不能仅仅是单纯的商品经营，在此过程中做好零售服务工作特别重要。这是由以下两个原因决定的。第一，开展零售服务创新能够满足顾客的消费需求。随着社会经济的发展，人民生活水平日益提高，许多新的消费理念和消费行为逐渐完善和成熟，在购物消费过程中追求自我精神层面需求的人们不断增多，在购买过程中人们开始变得更为挑剔，许多习以为常的服务很难获得顾客青睐，因而零售企业为了吸引和保持顾客开始了层出不穷的创新服务，推出更多的优质服务满足市场需求就成为必选项。第二，为了实现差异化，进而提高自身的竞争力，零售企业也越来越重视开展服务创新。在市场经济条件下，竞争无处不在，零售市场的竞争从刚开始围绕新商品特色展开竞争，演变为围绕成本和价格的竞争，当下又转变为顾客服务方面的竞争。这种转变是不难看出的，因为零售市场的差异越来越小，趋同情况下各零售企业之间成本和价格的差异不很明显，而要形成差别竞争，服务方面的差异化就是非常重要的突破口。零售企业开展服务创新，能够使顾客更容易觉察到本人所获利益的差异，从而对企业形成一定的亲近感和忠诚度，所以为了提高竞争力，零售企业在服务创新方面的活动十分重要。对中外零售企业的竞争优势差异，许多学者进行比较研究后提出，本土零售商要想实现与外资零售企业的竞争优势，最关键的是要努力实施差异化战略。诚如上面分析，零售企业经营的基础是商品，但在今天信息产业高度发达，很多商品的经营大同小异的情境下，要保持显著的商品差别优势对零售企业来说是十分困难的。而只有在保证拥有竞争力比较强的商品基础上，通过完善周到的服务较好地满足顾客的需要，零售企业才能形成自身的竞争优势。服务上的声誉对零售企业来说一旦赢得，就能够较长时间地保持这种优势，而对零售市场的竞争对手来说，要想短时期建立一种旗鼓相当的良好声誉则是很困难的。

在服务创新类型的划分方面，文献综述中表明，有多种划分方式，但较常见的划分方式如波特研究的，是按照创新对象，划分为产品创新和过程创新，这种划分方式很多学者也用在服务创新的实证研究中，如崔海云和施建军（2013）在研究服务创新、顾客体验价值与休闲农业企业绩效中，就将服务创新划分为这两种形式；或者按照创新程度将创新区分为渐进式服务创新和突破式服务创新，如梅诺尔和塔蒂康达等（Menor & Tatikonda et al.，2002）的研究。这些服务创新类别的划分，具体如表 3 - 1 所示。

表 3 - 1　　　　　　　　　服务创新的分类及解释

分类依据	创新分类	关键表现	具体描述
按照对象	产品创新	全新服务产品开发 全新服务产品引入	不是有形物品，而是全新的服务概念、过程或方法的产生，如保险公司全新险种的推出
	过程创新	服务生产程序变化 服务传递程序变化 服务规程的变化	可以分为两类，服务生产的创新，称为后台创新； 服务传递过程的创新，称为前台创新，如顾客服务流程的引入就是过程创新
按照程度	渐进式创新	服务产品线扩充 服务改进 风格和形式变化	现有服务的扩展，如增加新的服务项，以及新的过程； 在某种程度上所提供服务的特性的变化； 对顾客感知、态度和感情有影响的形式上的适度变化； 服务基本特性的风格改变或者外形变化
	突破式创新	重大创新 创始业务 在当前所服务市场中 引入新服务	对市场而言是新的服务； 在现有市场中引入新的服务； 对现有顾客以及组织所提供的新服务（尽管该服务也可能在其他公司得到）

资料来源：笔者根据梅诺尔和塔蒂康达等（2012）文献整理绘制。

这些划分方式虽然一定程度上能够较好地刻画服务创新活动的不同特征，但是考虑到服务类企业的创新，蔺雷和吴贵生（2005）认为学者的分析还是存在一定问题的。相比制造业，要在服务业中区分产品创新和过程创新还是比较困难的。这是因为服务本身并不是一个有形物质产品，而是一种概念、一个标准、一种过程。从本质意义上讲，服务的"产品"也就是服务的"过程"。服务这种产品在大多数情况下，不能被存储起来，它的生产也是必须在消费的同时产生的，因而在服务中产品不能完全和过程相分离，在几乎没有改变过程的情况下使产品发生改变。因此研究服务创新发生时，产品创新和过程创新经常是同一创新，想要在两者之间划出一条清晰的界限是很难的。而按照渐进式和突破式进行分类，并不适应服务创新的正常表现，服务创新根本性创新较少，多以渐进性创新为主。服务创新通常是在原来服务提供基础之上发生一些较小的变化，对市场而言属于全新创新的只有很少一部分。因此，本书对零售企业服务创新的分类，没有按照创新幅度进行划分，而是借鉴王琳和魏江等（2009）的研究成果，从内容上以概念创新和传递创新进行分类。

具体来说，概念创新就是指，把一种全新的或者说改进的服务内容或功能提供给顾客，因此可以从一种全新的服务内容或功能角度，也可以从原有服务功能的增加或提升角度，以及对原有服务功能拆分或重组而实现一种新的服务内容的角度来理解。传递创新就是指，为提高企业运作效率和提升顾客满意度，在支持服务概念经济价值实现的同时而进行的创新。这种创新并没有改变提供给顾客的核心服务功能，但是它可以通过改变服务提供和传递的流程，或者与顾客交互的方式，来改进服务效率和效果，进而提升顾客的整体满意度，最终实现企业经济价值的创造。这两种创新划分，实现了创新的内涵，即创新可以被看作一种过程，也可被看作一种活动。作为一种过程，创新其实就是对新型做事方式的寻求，它就是包括新知识创造和商业化过程在内的一种"变革"。作为一种活动，创新就是一种具有不同程度新颖性的组织活动，它既包括探索性活动，又包括拓展性活动。

基于资源基础理论和企业能力理论，可以分析服务创新对零售企业绩效（包括短期绩效和长期绩效）的影响机理。企业资源基础理论和能力理论告诉人们，企业为了保持持久的竞争优势，必须拥有或者塑造出具有以下四个特征的资源或者能力，即价值性、异质性、难以模仿性以及不可替代性，下面分别进行阐述。（1）价值性的衡量。服务创新能否为企业带来价值的衡量，可通过服务创新的成果，也就是服务是否能为企业带来价值予以判断。当企业提供的服务只是一种不值一提的附带无形产品时，企业自身都不觉得应获得额外收入，企业产品的顾客也不认为应该因此付费。而当企业所提供的服务可以被视为向顾客提供的全部产品中一个重要的有机组成部分时，企业产品的定价必然包含了这种服务的价值，这个时候顾客是愿意为服务付费的，并且对优质服务是愿意支付较多的费用。所以说服务是可以具有价值性的。（2）异质性的衡量。同一市场中，对于多个商家来说其所提供的商品都是相同或者相似的，因而它们普遍都具有提供一些基本服务项目的能力，即现有市场上相互竞争的商业企业之间，在拥有的服务能力方面具有很强的同质性，这时候任何一个企业的竞争优势都无法从多个企业普遍具有的服务能力中形成。零售商唯有在保持一定同质性特征的同时，还有能力推出其他的特色服务，通过展现自身特色能力进而赢得竞争优势。因此，服务也是可以具有异质性的。（3）难以模仿性的衡量。某家零售企业所提供的常规服务是在能力基本同质的基础上提出的，而竞争企业或者也具备这种能力或者在短期内学习可获得这种能力以提供该服务。但是，一家零售商所推出的任何服务，竞争企业并不是都可以即刻提供的，也不是在稍加分析或认真学习后就可以提供的，也就是具有难以模仿的特性。这是因为两点原因：其一，某些服务的提供需要在费用开支方面大幅度增加，竞争企业虽可以勉强提供，但从利润最大化经营结果的要求出发却是不愿意提供的；其二，某些服务本身凝结了该零售企业长期以来所形成的文化特征、制度规范、伦理准则和员工自身平均素质、能力等内在因素，竞争企业即使全力模仿，最多只能是模仿到外在的服务形式，而无法复制服务自身的全部内核，可以做到"形似"但无法做到"神是"。基于这两种情形的分析，可知零售企业的服务能力也具有了难以模仿的这个特性。（4）不可替代性的衡量。从企业交易的角度分析，某家企业试图获得竞争企业服务创新能力的途径，无非有这两种，一是通过市场交易直接购得，二是通过员工加盟间接取得，即加大薪金待遇以吸引竞争企业提供服务的员工主动加盟本企业，进而利用这种人力资源来实现相关服务活动。但是，这两种途径所获得竞争企业的服务创新能力都无法保证本企业能在服务创新方面取得预期效果。这是因为两个因素：（1）任何一个零售企业的特色服务创新能力，都是蕴含在全体员工和自身价值链活动中的，根本无法形成可交易的形式让企业进行购买，而要获得除非将该零售企业整体并购。（2）吸引竞争企业关键服务人员的加盟，可以实现本企业服务特色能力逐步逼近竞争企业，但是，部分关键人员的加盟只是在一些服务内容、手段、方式等方面带来了变化，但要实现将整个服务队伍和体系进行复制的目标，这一途径则是无效的。从实践活动中看，具有较强服务能力的零售企业，每年都有从事服务工作人员的大量流失，但该企业仍然可以继续保持自己的特色，因而可知服务具有不可替代性的特征。因此，开展服务创新，通过所具有的资源特性能够为零售企业带来竞争优势，实现企业的短期绩效和长期绩效。

普拉哈拉德和哈默尔（1990）也指出，决定企业竞争优势和绩效表现的能力，不是单纯的企业资源，而是企业多方面的资源、技术以及不同技能的有机组合，因此企业能力理论强调了能力在获取企业竞争优势中的核心作用。他们提出了"核心能力"的概念，将"组织内集合的知识，特别是如何整理各种生产技巧和整合多种不同的技术"定义为了核心能力，并认为企业的竞争优势最终取决于核心能力，即它们如何去发现、培育和利用其核心能力。服务创新的核心能力特性决定了零售企业有必要通过提升该项能力，谋求自身的持续竞争优势。但蒂斯和皮萨诺（1994）提出，仅仅认识和实施积累有价值的技术资产的"资源基础战略"，对于试图获得长期竞争优势的企业来说是不充分的，而动态能力是企业获得持续竞争优势的真正来源。所以，零售企业服务创新能力的持续运作，其不仅表现在零售企业可在一个时点或者较短的时段内提供某些特色服务，更重要的表现在于零售企业可以在一段较长且不断动态变化的时间中，能够不间断地提供某些特色服务，从实质上表现为一种动态服务创新能力，这将为企业财务绩效和竞争优势带来积极影响。所以，基于资源基础理论、企业能力理论等分析，可以得出服务创新能够为零售企业带来持续的绩效改善，包括重视结果的概念创新和重视过程的传递创新，都会对零售企业绩效增长作出贡献。

进一步地，分析服务创新中的概念创新和传递创新二者的关系，服务的概念创新率先提出后，传递创新通常则紧跟其后，其目的在于支持新服务概念的成功开发以及市场的运用，例如针对国内附加险中的意外险市场，新华人寿保险公司创新推出了"多保通"，"多保通"医疗费决定理赔金的理赔方式就是其概念创新，随后成立了博海新青年营销团队，进行"多保通"市场测试等活动，就表现为传递创新。当然，传递创新也可独立于概念创新而发生，如埃森哲中国公司曾为浙江某电信公司提供的工程咨询项目，设计并提供的 BSS 系统整合项目服务。由于该服务是市场上已出现的服务，因此并没有概念创新活动。但该公司在对计费系统的数据进行迁移过程中，引入97IBS接口，从而完成了数据从旧系统平稳迁移到新系统的目的，实现了服务过程中的传递创新。零售企业中，如北京黄金地段王府井的 apm 购物中心，在不少零售企业费尽心思期望能让每平方米面积都产生租金的大环境下，却反其道而行之，对校尉胡同临街的两层店铺进行了全新设计，打造出了一个独立出租车站，配有风扇、凳子、电视机等服务设施，并每天还推出与星级酒店相同的服务流程，在此空间以帮助消费者解决其打车难、等车难和等车辛苦等难题。这个设计，实现了概念创新"独立出租车站"和传递创新"星级酒店才会有的服务流程"的有机结合，企业顾客的忠诚度大大提升，促进了企业业绩。当然，北京 apm 还引入了外籍服务台礼仪大使，双语礼仪的聘用，能很好地提升外国顾客对 apm 的满意度。这种做法就属于纯粹的传递创新，因为服务台礼仪服务流程是已有的概念了。

需要注意的是，传递创新受技术进步的影响较大，许多服务行业中传递系统的变革都受到了当下信息技术重大变革的冲击，这其中最典型的就是互联网技术的日益普及，使得很多服务企业与目标顾客间的交互关系，从传统的面对面进而转变为借助网络实现，甚至与供应商的关系也通过该技术进行直接互动，往往被称为数字化服务的开展，因此服务企业中，不容忽视对服务创新的研究，这已成为服务创新的重要内容。但从整体上看，服务创新中的概念创新和传递创新二者密切相关，分别实现对顾客价值的直接贡献和间接贡献，进而促进了顾客满意度、忠诚度的提升，最终实现了企业绩效的较快增长。所以，零售企业的服务创新研究中，要关注概念创新和传递创新及其二者的关系。

3.1.2　环境动态性、服务创新与零售企业绩效的关系

20 世纪 60 年代，在研究管理和组织的过程中，管理理论开始展现了一种新的研究思路，日益强调环境因素对管理中组织形式影响的重要性，这就是管理理论中的权变理论。1967 年劳伦斯和洛什（Lawrence & Lorsh，1967）发表了《组织与环境》一书，提及环境因素的影响作用，此后开始，学术界解释不同的管理现象中，权变理论（contingency theory）就被看作为一种基础的管理理论。权变理论的核心理念是，世界上从来没有一成不变的管理模式，也就是说当企业、领导团队或者组织在制定决策过程中，就根本没有所谓的最好办法。组织形式、领导风格或者决策方式等，都依赖于组织内部的或外部的环境约束而形成的。因此，在管理实践中，必须因地制宜、因时制宜地处理各种管理问题。

　　有学者进一步分析了该理论，指出其基本思路是，需要研究环境变量与管理变量二者的内在关系。提出可从外部和内部角度划分环境变量，并且从宏观环境和微观环境角度来划分外部环境。宏观环境是指对企业系统的影响虽非直接，但却影响非常大的环境，主要包括社会环境、经济环境、技术环境、政治法律环境、自然环境等；微观环境是指对企业系统的运营有着直接的影响，是与企业的生产、营销、物流等有直接关系的环境。而企业内部环境主要包括企业文化、组织结构、资源条件、核心能力和价值链等因素。

　　结合国外研究，可以总结出权变理论的核心思想体现在以下三点。第一，组织会受到社会大系统中环境因素的影响，是个开放的子系统。因此，组织为了保持对环境的最佳适应，必须考虑在社会大系统中的作用和处境，实施相应的组织管理办法与措施。第二，组织活动趋向组织目标的过程是在不断变化的条件下，并以反馈形式所实现的，因此，结合组织当时的条件以及近远期目标，组织需要采取依势而定的管理方式。第三，管理功效的实现，是在管理活动与组织各要素之间相互作用的过程中得到的，因而组织在确定不同的管理方式时，必须考虑组织各要素间的关系类型，以及组织各要素与管理活动二者相互作用的影响关系。普费弗和萨兰奇（2003）进一步指出，权变理论所体现出来的最基本信念，就是企业的战略不应僵化不变，而是应该及时与所面临的环境或者情境相适应，以更好实现组织的预期目标。并且，学术界已有相关学者研究证据表明，企业的战略、创新能力以及企业绩效的关系中，环境特性具有显著的作用，如扎赫拉和博格纳（2000）、罗宾逊和麦克杜格尔（Robinson & McDougall，2001）等的研究成果。从上述理论分析和经验证据结果可以看出，研究企业外部环境特征对零售企业服务创新与企业绩效关系的影响过程中，考虑从权变理论的视角分析，具有一定的理论和实践意义。

　　战略学者研究中，通常把环境因素作为一个重要的权变变量，用于界定理论适用的边界条件。这是因为企业组织属于一个开放的系统，它需要不断地从环境中获取各种投入（即资源），并将这些投入转换为产出，而这些产出又被分配到环境中，企业组织与环境持续地产生着交互作用。但是彼得夫和巴尼（Peteraf & Barney，2003）指出，企业资源、能力和企业绩效之间的关系并非简单的因果关系，还会受很多其他因素的影响，这其中环境特征的影响尤其突出。本书研究中，将环境的变化分为市场动态性、竞争动态性、技术动态性和政策动态性四个维度，分别指顾客和竞争者的变化速度及可预测程度，以及技术环境和行业创新政策的变化速度及可预测程度。学者的研究指出，在动态环境下，由于消费者的偏好以及竞争对手的营销活动，还有技术和行业内创新政策的变化等影响，导致了市场份额的转移；这样的动态环境就要求企业能够敏捷地重新分配已有资源，并积极地从事创新活动来促进抓住新兴的市场机会；企业就要通过创造新的产品和服务适应市场环境的变化，来满足新市场的要求，这样就能获得超级绩效。

动态环境的特点是改变了顾客的偏好和市场的要求。蒂斯（2007）指出，在环境高度动态的条件下，企业成功的基础发生了明显的变化，传统的体现企业成功的一些要素，如保持质量、激励的匹配性、最优化存货、拥有无形资产、控制成本等，只是企业表现出持续高绩效的必要条件，但不是充分条件。企业要想获得成功，主要取决于对机会的发现和开发利用，对来自企业内外部各种发明的有效组合，对企业内和企业间各种类别技术转移和知识产权的有效保护、对流程的不断升级、对新商业模式的不断创造、能作出无偏差的决策以及对竞争者的模仿与复制进行有效防御等。而企业的动态能力可以实现对服务创新的影响，并进而通过服务创新来开发企业的关键成功要素，在一定时期内可能形成竞争企业难以模仿与复制的本企业自有的关键成功要素，而这些独特的关键成功要素会给本企业带来一定的竞争优势，从而产生较高的绩效。

进一步来说，当各种环境出现变化时，企业为了寻找各种新的知识和机会，很可能会改变自身的经营目标，并调整做事的先后次序。扎赫拉和萨皮恩扎等（Zahra & Sapienza et al.，2006）认为，当产业内出现了大的革新性事件，例如数码相机等全新技术的引入，或如双薪家庭的出现导致的市场细分与顾客偏好的剧烈变化，都会刺激企业不断开发和运用好动态能力，以改变或重构自身的实质能力等。在此，零售企业服务创新就能得以实现，进而适应变化了的环境要求。而且，动态能力影响企业服务创新，就可以帮助零售企业及时发现甚至提前预测机会，制定灵活的决策办法，以构建、整合和重构零售企业已有的各种资源和能力，形成特色的资源位势，进而为企业带来持久的竞争优势，实现较高的绩效。因而，在激烈动态的环境条件下，服务创新对零售企业发展的价值更能得以体现。莫特扎和侯赛因等（Morteza & Hossein et al.，2020）研究了不确定环境下的服务创新与企业绩效的关系，得出在稳定的环境下，服务创新通过服务质量和顾客满意度间接影响企业绩效，但考虑了环境不确定性后，服务创新除了间接影响外，还对企业绩效产生直接影响。

从零售企业的创新实践来看，随着顾客需求偏好的变化，外部市场竞争的激烈，技术革新的不断进行，以及行业政府政策的调整，使得零售企业唯有创新来适应变化。一般来说，外部环境越动态化，就越能促使零售企业更好地进行革新变化，通过提供服务价值，促使目标顾客满意度提升，进而顾客忠诚度提高，实现企业销售收入的增长和市场地位的增强。也就是赫斯基特和施莱辛格（Heskett & Schlesinger，1994）发表在哈佛商业评论上的服务利润链理论的内涵。我国学者肖灵机（2009）指出，服务利润链所强调的内部服务质量以及使员工满意、忠诚，对我国服务业的管理同样具有很好的借鉴意义，我国企业产生的许多宝贵管理思想和经验，在服务业经营管理实践中与服务利润链理论有机结合起来，必将对企业管理产生更好的效果。因此，环境动态性会影响服务创新（包括概念创新、传递创新）与零售企业绩效的关系，并在服务创新与零售企业绩效关系中起到调节作用。

3.1.3 理论模型的构建

在上述理论与文献分析的基础上，可知服务创新（概念创新和传递创新）会对企业短期绩效和长期绩效产生影响；并且概念创新和传递创新的交互作用也会对企业短期绩效和长期绩效产生影响；同时，由市场动态性、竞争动态性、技术动态性和政策动态性共同构成的环境动态性，会对服务创新与企业绩效关系产生调节作用。因此，可以得出如图3-3所示的服务创新、环境动态性和零售企业绩效的概念模型。

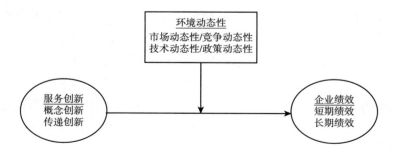

图3-3 服务创新、环境动态性与零售企业绩效关系概念模型

资料来源：笔者根据理论文献分析绘制。

进一步地，可以将图3-3概念模型中的研究变量具体化，以明晰研究关系，为此，本书绘制出影响路径详细概念的模型，如图3-4所示。

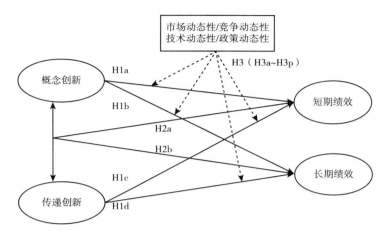

图3-4 服务创新及环境动态性影响零售企业绩效的研究路径详细概念模型

资料来源：笔者根据理论文献分析绘制。

3.2 理论假设的提出

3.2.1 服务创新对零售企业绩效影响的理论假设

服务创新按照本书研究的分类，划分为概念创新和传递创新，所以，服务创新对零售企业绩效影响的理论假设，按创新类别分别来提出。

1. 概念创新对零售企业绩效的影响

本书的概念创新是指能够为顾客提供一种全新的或改进的服务方式或内容的创新，这种服务创新形式可能是对已有服务方式或内容的革新，也可能是对原有服务方式或内容的改进或提高，或者通过拆分或重组原有服务方式或内容而实现新的服务方式或内容。已有对服务创新的研究中，大多数学者从服务的自有特性切入，将其分为产品创新、过程创新和传递创新或者将其分为概念创新、传递系统创新和界面创新等类型。学者们对于产品或概念创新是没有争议的，在赫托格等提出的服务创新分类中，服务的概念创新对应于迈尔斯提出的产品创新。因此，这种概念创新包含的范围最狭窄，对创新对象的描述也最准确，是一种全新的或改进的服务概念、内容或功能，与制造业的产品创新非常相似，但区别在于其往往并不表现为有形物品。例如，法国欧尚超市在中国的大卖场都配有几千平方米的露天广场式停车场或地下停车场，使并不住在卖场周边的消费者能驾车来购物，这一创新举措和超级停车场服务为欧尚超市吸引了很多潜在的消费者，表现出了明显的概念创新特点。

如同制造企业的产品创新会对制造企业带来显著的绩效一样，服务创新的概念创新也有助于服务企业绩效的提升。徐健和汪旭晖（2010）实证研究了零售企业创新活动对自主创新能力及市场绩效的影响，研究表明，服务创新对于提高零售企业自主创新能力也有着非常重要的影响，服务创新是零售业创新的重要方面，关系到企业创新的成败。徐文洪（2009）研究指出，服务创新的首要目标在于直接改善和提高服务的收益率，吸引更多新顾客，以此改善企业的形象与市场竞争力，并借助于消费者心目中企业形象的改善以获取市场竞争中全业务优势，最终实现企业的财务绩效和非财务绩效的提高。还有学者指出服务创新的贡献，主要体现在财务收益、战略成功和顾客价值三方面，服务创新的根本目的是通过创新来塑造企业的核心竞争力。由美国哈佛商学院的詹姆斯·赫斯基特等五位教授所提出的服务利润链模型，也揭示了服务创新能够塑造企业核心竞争力的这一特点。可以说，服务创新对企业的生存与发展至关重要，它决定着企业的经济绩效和获取市场份额的竞争力，它已成为服务企业获得持久竞争优势的一种创新利器。作为一种重要的创新类型，概念创新发挥的作用十分显著，会对零售企业的财务绩效和非财务绩效产生显著作用。全球零售实践中，如德国麦德龙未来商店项目，着力于更好地满足用户的需求。通过零售商、产品制造商、服务商和 IT 厂商等强大合作伙伴的配合，麦德龙在全球唯一的未来商店内应用与零售业相关的高新技术，能够使购物更加方便、快捷和舒适。并且采用无线射频技术（RFID）等高新技术的应用，使制造商与零售商的联系更加紧密，零售业的运用更加高效。麦德龙集团的未来超市项目推动了未来零售业的革命。日本便利店7-11公司在概念创新方面，采取了干脆走出固定店面，为顾客服务到门的创新方式。7-11公司加强了配送服务，针对购物金额达到 500 日元以上的顾客，即提供免费送货上门的新服务，大大方便了老年人的一日三餐需求以及家庭主妇照顾幼儿的需要。这些创新做法都得到了顾客的高度满意，这些零售企业的收益和市场地位进一步增强。随着行业竞争环境越来越激烈，及早进行服务的概念创新，也是企业获取生存发展的一条有效途径。王国顺和何芳菲（2013）指出，离线商务模式（online to offline，O2O）即网络购物、实体提货的方式，越来越成为传统零售商与纯网络零售商竞争的有力武器，值得零售企业在服务创新中高度关注。李雷和赵先德等（2012）研究也指出，服务创新活动的开展，特别是新服务的持续开发，日益成为企业获取竞争优势的一个十分重要来源。2019 年，我国 5G 商用时代正式开启，依托 5G 及物联网、大数据、区块链等新技术，"新零售"服务可以帮助消费者在不同的时间和地点享受到同一高品质的服务。对此，赵树梅和李银清（2019）分析认为 5G 时代零售企业需要不断吸取新的科技成果，不断优化服务理念和服务质量，才能跟上时代节奏获得持续发展。

基于上述关于概念创新与零售企业绩效关系的理论推演和已有实证分析，本书认为，概念创新能够促进零售企业的短期绩效和长期绩效的提升。因此，本书提出假设如下：

H1a：概念创新对零售企业短期绩效具有正向影响。

H1b：概念创新对零售企业长期绩效具有正向影响。

2. 传递创新对零售企业绩效的影响

本书的传递创新是指为了提高零售企业服务运作效率而进行内在服务流程的创新，以提升顾客满意度为目的，并通过企业服务运作流程改变来提高效率满足顾客需求。可以看出，传递创新在顾客获得的核心服务功能方面没有改变，而是通过服务提供和传递的流程的改变，或与顾客交互的方式的改变等途径，期望使服务的效率和效果得以改进，从而影响企业经济效益。前面分析指出，关于已有服务创新的研究中，对服务创新的分类主要是产品创新、过程创新和传递创新，或者分为概念创新、传递系统创新和界面创新等种类。本书所提出的传递创新的范畴，拟涵盖已有学者的过程创新、界面创新等术语内容，这是由以下两种原因决定的。其一，在服务内容开发与管理过程中，顾客不是旁观者，而是如米尔斯和莫里斯（Mills & Morris，1986）所说的"兼职雇员"，这是由服务业的特殊性所决定的，也就是说，服务企业进行服务创新时，顾客这个外部对象已然作为企业内部成员参与该过程，因此，过程创新与传递创新二者是密切关联的，并且相互交织和相互支持。本质上看，过程创新仍然是传递创新的一个有机组成部分，而传递创新要包含从服务生产到服务提供的整个传递过程。其二，界面创新只是传递创新中的一个特例，并不是服务创新中完全独立的一类。所谓界面，本身就属于传递和交互过程的一个组成部分，而交互界面发生的任何改变，会直接影响到服务传递的效果，因此说界面创新属于传递创新的一种特定方式，是为了保障服务传递顺利而进行的创新。更具体地说，界面的表现大致存在两种情况：一是无法分离的状况，如在一般的服务业中，服务的生产过程与提供过程是交织在一起的，这时进行的界面创新侧重于服务中沟通、互动方式的改变，而这种沟通、互动方式的改变又往往是和传递方式、交互方式的改变相互交融在一起的，因此两者无法分离；二是具体形式的状况，如在网上商店、自动售货机等服务创新中，界面就是以具体形式出现的，依靠网络信息技术以及第三方网络信息服务，这种界面使服务的提供商与客户交互平台发生了改变，这类界面改变的实质，则是采用了一种较新的技术手段应用在了服务传递的过程中，因此可以说，这种界面创新本质仍属于传递创新的一个组成部分。

在对传递创新概念辨析清楚的基础上，分析传递创新对零售企业绩效的影响。首先从企业资源基础理论来分析。企业能够通过传递创新整合自身所拥有的大量资源。零售企业服务创新中，除了传统的实体形式外，近年来网络商店、电话购物等非实体形态也发展迅速，并引起了传统零售企业纷纷效仿。而这些不同于以往实体业态的新零售形态，为更好满足顾客进行服务创新需要大量新资源。例如，需要信息技术开发人员，进行包括企业网页的制作与维护、客户管理、数据库管理、订单管理等工作，以及相关的各种软硬件支持方面的专业技术人员；还需要网站的推广人员，以及网络营销和网站运营维护人员；此外，也还需要大量的资金投入以及相应的硬件设备资源等。这些资源的有效使用，必然涉及对顾客服务过程的流程优化、互动增强等。并且，基于此，很多传统实体店逐渐变成了"试衣间"和"体验店"，为实施这种创新的零售企业带来了显著的经济价值，体现在，一方面，借助零售服务的自动化与非人化，零售企业自身的经营突破了服务地域以及零售物理网点的限制，加快了"无分支机构"的企业规模扩张；另一方面，顾客也不再被迫受限于零售企业已有的地理环境、上班时间，可以随性购物，突破了物体媒介和空间距离的限制，真正实现了"足不出户、放心方便购物"的梦想。

其次从企业能力理论的视角进行分析。传递创新的过程也是一种企业内部知识的积累和学习。阿威和松伊普等（Wai & Songip et al.，2013）提出，零售企业可以通过创新来改进知识积累过程和组织学习来增加企业竞争能力，进而促进企业竞争优势的建立。贝尔和蒙居奇等（Bell & Mengüç et al.，2010）认为，零售企业销售人员的学习，通过合理化建议和对策增强了组织学习能力，进而促进组织对销售方式等方面做出改变，而这些变革导致了企业绩效的提高。汪涛和牟宇鹏等（2013）指出企业采用顾客战略导向使企业内部的产品知识得到强化，企业新产品开发的多样性得到提升，导致顾客满意度的提高。而零售企业采取以顾客为导向的传递创新，会促进内部商品经营知识的学习，进而不断优化运营过程，增强创新能力和企业实力。从企业角度看传递创新的经济性，传递创新会强化现有企业的组织能力，其投入低，周期短，技术风险较小，对企业近期的发展影响相对于长期来说要较大一些。宋子昂和孙艳聘（2019）在研究零售服务创新、顾客融入与消费满意度关系时，得出顾客在融入零售服务创新与顾客满意之间起到中介效应。总的来说，零售企业传递创新的实现，增强了企业的内部运作流程和效率，从而更好地满足顾客需求，也就能够为企业带来更多机会，提高了企业的竞争能力。

基于上述关于传递创新与零售企业绩效关系的理论推演和相关分析，本书认为传递创新能够促进零售企业短期绩效和长期绩效的提升。因此，本书提出如下假设：

H1c：传递创新对零售企业短期绩效具有正向影响。

H1d：传递创新对零售企业长期绩效具有正向影响。

3.2.2 服务创新类别之间的交互作用对零售企业绩效影响的理论假设

前面理论模型分析指出，服务创新中的概念创新和传统创新两者的关系是，传递创新通常紧跟在服务的概念创新之后，用来支持新的服务概念的成功开发和市场运用；当然，传递创新完全可以不依赖于概念创新而独立发生。但从零售企业的实际来看，更多的情况是二者的紧密结合。许庆瑞和吕飞（2003）从服务创新的特性角度出发，分析指出服务在本质上就是一个过程，它具有"无形性""易逝性""生产和消费的同时性""不可储存性"等特性，并提出服务创新过程中，首先是对流程进行改造，特别是应用新技术对旧流程进行的改造，以形成新的流程，同时进一步加强、改进和完善新流程，然后才是进行服务产品的创新。也就是说，对零售企业而言服务创新过程中，概念创新和传递创新二者不可偏废其一，需要通过这两种创新的协同以提高企业当前运营效率，增加当期和长远的绩效水平。

先从概念创新来说，这种创新是面向顾客，以满足顾客需求为导向，提供全新的服务内容或改进的服务内容。从企业资源基础理论来看，增添新的服务内容必然涉及对企业外部资源的获得，但是具有了资源，不一定能够实现服务内容的成功。许多研究学者将创新与竞争优势的研究结合起来，认为创新能产生独特竞争力，有利于建立竞争优势。而在一个组织的创新过程中，学习的速度和转化能力，可能成为其竞争优势的可持续源泉。零售企业只将创新点放在概念创新上，已有的经验往往会只关注熟悉的领域而排除相隔较远或更有价值的发明，也就是局限于路径依赖。这会导致新服务难以发挥真正的作用，因此，仅仅关注概念创新对零售企业来说是不够的。

再从传递创新来说，这种创新是改变企业内部为顾客提供服务与传递服务的流程，或者是改善企业与顾客交互的方式，属于运作效率提高方面的创新。盖格和马克里（Geiger & Makri，2006）提出，零售企业期望转变盈利模式，实现长久竞争优势的建立，都离不开系统的服务创新，需要从服务的概念、服务的传递系统、顾客界面、零售技术和零供关系等多个方面进行协调与创新，才能打造自身所独特的盈利模式。赫里斯托夫和雷诺兹（Hristov & Reyonlds，2007）指出，零售企业的服务创新过程具有交互频繁、管理混杂的特点。我国学者李飞和陈浩等（2010）也证实，由于零售商的各个部门都可以进行相关的零售创新，并且零售部门之间、个人之间以及零售部门与个人之间，都存在着较为复杂的交互作用，所以创新的交互作用值得关注。多曼（Dorman，2013）则分析了全渠道零售整合的理念下，在线运营服务和实体运营服务的关系，指出二者是相互补充的，并实证分析证实二者的较好融合会为企业带来更高的市场份额。我国学者汪旭晖和张其林（2013）则以苏宁公司为例，分析得到苏宁易购服务的运用，并没有妨碍实体店的发展，反而苏宁实体店无论是销售额还是门店数量都保持了高速发展。宁靓和孙晓云（2020）在分析互联网下传统零售企业战略转型研究时，认为未来传统零售企业应遵循明确战略定位、加强线上线下全渠道融合、构建零售商业生态系统的转型路径，抓住行业发展机遇，实现自身转型升级。基于这些研究可知，服务中传递创新的开发，也需要和概念创新相结合，以共同促进企业绩效的提升。

可见，零售企业面向顾客进行的服务创新中，概念创新和传递创新二者是密切相关的，它们分别生产新服务和新流程，共同对企业的已有经营知识作出贡献，而新增加的服务运营知识又能促进概念创新和传递创新的产生，二者在企业运营中相互支持。概念创新拉动了传递创新的产生，整合了企业的已有资源和效力，而传递创新的实施，提高了顾客的满意度和企业核心能力，更能进一步促进概念创新的提出。

基于上述关于概念创新和传递创新的交互作用分析，以及对零售企业绩效影响的理论推演和相关实证分析，本书认为零售企业服务创新中，概念创新和传递创新的交互作用能够促进零售企业短期绩效和长期绩效的提升。因此，本书提出假设如下：

H2a：概念创新和传递创新密切相关，二者的交互作用对零售企业短期绩效具有正向影响。

H2b：概念创新和传递创新密切相关，二者的交互作用对零售企业长期绩效具有正向影响。

3.2.3　环境动态性在服务创新与零售企业绩效关系中的理论假设

步入 21 世纪以来，全球经济的联系日益密切，网络通信信息等技术发展飞速，消费者需求也更加个性化和差异化，企业发展面临的外部环境因而产生了显著变化，过去较为稳态、可控的环境逐渐向不断动态、复杂和不可预料的环境模式转变，其中环境最主要的特征就是动态性。德斯和彼尔德（Dess & Beard，1984）已指出动态性是对企业所处外部环境的变化速度以及不可预测性的描述，具体来说包括市场环境的复杂多样和外部经营技术的多变，前者表现为市场交易环境发生变化时的不可预测，即顾客市场需求变化的不确定以及竞争对手市场行为的不确定，后者表现在竞争对手在生产、研发和服务活动上的快速改变与不可预测。詹森和范登博斯等（Jansen & Van Den Bosch et al.，2006）认为，动态环境是以顾客偏好的差别、技术的变化以及原料供应或产品需求的波动为特征的，因而容易使现有的产品和服务遭到淘汰，企业必须发展新的产品和服务以应对这种威胁。罗斯和克莱恩（Roth & Klein，1993）指出，零售业态的发展也是如此，必须与社会环境的变化相适应，每产生一种新的零售业态都要受到外部环境变化的威胁，包括消费者行为、竞争、技术和法律政策等，那些能够适应外部环境变化的业态，就会继续生存发展下去，否则可能就被淘汰。中国零售企业正处于转型经济过程中，环境动态性是零售企业实施服务创新的重要影响因素。零售企业服务创新能否成功商业化，服务创新的成果能否满足顾客需求并获得市场的认可，都将受到环境动态性的影响，从而具有较高的不确定性。因此探索在动态环境下，零售企业应该如何通过服务创新来提高绩效这一问题显得尤为重要。按照本书对环境动态性的分类，分别从市场动态性、竞争动态性、技术动态性和政策动态性角度，提出在服务创新与零售企业绩效关系中的理论假设。

1. 市场动态性在零售企业服务创新与企业绩效关系中的影响

市场动态性是指客户构成和客户偏好的变化程度，贾沃斯基和科利（1993）的研究指出，随着市场动态程度的不断提高，这种动态性可能会对企业创新策略与企业绩效产生一定的影响。瓦拉达拉扬（Varadarajan，1986）研究指出，通过获取客户业务和需求的秘密知识，企业能够建立自己的市场竞争优势。伍蓓和陈劲等（2010）指出，从环境状况来看，在稳定的环境下，企业可以方便地对顾客的需求以及个人偏好作出判断，不需要与客户频繁接触，企业就能获取关于顾客需求的各种信息，例如企业通过查阅产业咨询报告或产业研究，就能获取顾客详尽的需求知识和信息。相反，在快速变化的环境下，企业想及时、准确地获取顾客需求和偏好等知识将变得十分困难，企业将面临较大程度的需求不确定性风险。因此，相对于动态的环境来说，零售企业服务创新所建立的紧密顾客关系，在稳定的环境中所起到的作用较小。但是，动态的环境中，由于企业很难获取到顾客需求和偏好等各类信息，进而由于信息的缺乏导致企业对市场作出准确判断的难度也在增加，并为企业绩效最终带来不利影响。

在这一情况下，零售企业实施概念创新，推出全新服务内容或改进服务内容，所建立的顾客关系将会变得更有价值。赫托格和布劳威尔（Hertog & Brouwer，2000）认为，可以从两方面分析，一方面，零售企业面向顾客推出的新服务，会使得与顾客建立更为紧密的关系，从而更便于零售企业得到更具价值的顾客各类需求知识；另一方面，顾客在寻求零售商提供的服务时，为了更便捷地获取零售商的帮助，会直接"告诉零售商他们独特的需要"，而这些新的有价值的顾客需求知识能够帮助零售企业对自身服务内容予以改进，从而较快地提供新的各类商品与服务组合，以先于竞争对手调整其商品和服务，从而更好地满足顾客需要。张晓霞（2011）认为零售企业能够通过服务概念创新超越现有需求范围，找到新的市场"利基"，有利于企业生存发展。米勒（Miller，1987）指出动态环境会激发企业对当前惯例的"忘记"，利用新的市场需求提供新服务方案，为企业创造一定的机会。可见，零售企业进行概念创新，能够有效降低市场动态性所产生的负面影响，从而进一步增强企业市场竞争的优势。例如，葛建华（2006）指出的，苏宁电器为代表的民营零售企业，面对顾客需求变化，利用较好的市场定位和灵活的经营管理，逐渐形成了自己独特的概念服务模式，现已成为我国零售业中的强势企业，市场份额也逐年提高。这些大型家电连锁企业不断推动服务创新内容向深层次发展，它将使企业的管理更专业，运营效率更高，个性化的需求更突出，在行业或供应链中的差异化更强，从而为企业带来新的竞争优势，企业也将从服务内容的创新和变革活动中获取持续发展动力。因此，在市场环境变动程度高时，零售企业的概念创新对企业绩效的正向影响更为显著。

传递创新所重视的是改变服务的提供和传递的流程或与顾客的交互方式，在市场环境变化比较稳定的情况下，通过整合和优化内部资源，有助于挖掘内部经验知识，并进而带给顾客更好的购物体验，表现为一种企业内部渐进的服务创新形式。詹森和范登博斯等（Jansen & Van Den Bosch et al.，2005）的研究指出，这种创新关注于本地搜索，关注于熟悉的运营过程，但是在高度动态的市场环境中，实施传递创新，则会因为消费者偏好的频繁变化，导致零售商现有的商品和服务很容易因为过时而被市场所淘汰。从核心能力上看，刘江云（2012）认为由于随着环境的变化企业先前所积累的经验知识可能会过时，原有的核心能力此时就可能成为阻碍企业进一步发展的"核心刚性"。例如，我国一些以经营实体店为主的百货零售企业，面对顾客网络购物需求变化时，应对迟钝。王健和方计国等（2013）的研究指出，这些百货店尽管还在一直进行内部环境、商品和售后服务的改良，但所起到的效果并不如意，企业销售额受到网络销售的冲击，经营状况日渐下滑。这种情况下，零售企业亟待改变服务创新思路，进行概念创新，如汪旭晖和张其林（2013）对苏宁公司的研究，指出苏宁已开始转向店网融合式经营，一方面开展网上销售，利用现有货源的采购优势自主建立网站进行销售；另一方面开展实体宣传，利用现有的实体店网络进行品牌形象宣传、商品展示和实物的调拨配送。于昊（2019）分析国美的战略转型，指出国美 App、线下门店、美店的"三端合一"，用互联网模式对自身进行改造，转型成为"家·生活"整体方案提供商、"家·生活"服务解决商，实现国美的"弯道超车"。各大零售企业的这种做法将外部冲击的弱势变为优势，形成了线上线下融合经营的新业态，通过富有竞争力的做法，提供给顾客更好的服务。因此，在市场环境变动程度高时，零售企业的传递创新对企业绩效的正向影响将减弱。

基于上述分析，本书提出如下假设：

H3a：概念创新对零售企业短期绩效的作用受到市场动态性的调节，随着市场环境变动程度的增加，概念创新对零售企业短期绩效的作用将增强。

H3b：概念创新对零售企业长期绩效的作用受到市场动态性的调节，随着市场环境变动程度的增加，概念创新对零售企业长期绩效的作用将增强。

H3c：传递创新对零售企业短期绩效的作用受到市场动态性的调节，随着市场环境变动程度的增加，传递创新对零售企业短期绩效的作用将减弱。

H3d：传递创新对零售企业长期绩效的作用受到市场动态性的调节，随着市场环境变动程度的增加，传递创新对零售企业长期绩效的作用将减弱。

2. 竞争动态性在零售企业服务创新与企业绩效关系中的影响

竞争动态性的内涵，贾沃斯基和科利（1993）认为主要是指企业所面临同行竞争的激烈程度。随着竞争强度日益增加，企业原有的竞争优势会因为竞争对手的争相模仿或创新而被大大削弱，所以表现为竞争强度越大，企业面临的生存和发展也就越困难。零售企业为了消除这种不利影响，可以通过实施服务创新活动进行经营改善。

从概念创新来分析，亨特和摩根（1995）指出伴随着竞争强度的不断增加，企业借助自己独特的、难以复制的有形资源和无形资源来实现竞争优势，就显得更为重要。零售企业已有服务难以更好满足顾客需要时，企业就应该及时实施概念创新，通过增加新服务或改进已有服务内容，使零售企业与顾客的高质量关系得以建立，这种长期较为稳定的顾客—企业关系会增加顾客的转换成本，降低顾客转换到其他零售企业的意愿，从而有效地减缓竞争压力。概念创新不但能够更好地创造顾客需求，与顾客建立更深层次的紧密合作关系，更为重要的是借助开发新的服务方案这种创新实践，会促进企业内部创造出大量的关于"如何开发新服务"的程序性知识，这会有效促进企业各种资源的发展。而这些隐秘的、难以在不同企业间互相送递和复制的独特资源，张和法里斯等（Zhang & Farris et al.，2010）认为不仅能够对阻止竞争者的模仿行为，而且也能够帮助零售企业创造出更有特色的服务形式，以探索、适应和满足变化着的市场需求，导致与常规的按部就班的零售企业之间产生更大的差异，最终增加了与竞争者之间的差异化程度，因此在激烈的竞争中变得更有优势。因此，在竞争环境变动程度高时，零售企业的概念创新对企业绩效的正向影响更为显著。

从传递创新来看，零售企业的传递系统或传递媒介在面临竞争对手较强冲击时，也需要进行及时调整和创新，包括与顾客交互的界面的变化。例如面对同行的激烈竞争，一些儿童用品专业店或大型百货店的儿童专区开辟专门的场地提供玩具的自由试用，在增加儿童和陪同父母满意度的同时，巧妙地增加销售成功的概率。短期来看，这些创新举措会促成企业销售的一定增长，长期来看，则获得了顾客的忠诚和持续惠顾。孟利锋和刘元元等（2013）指出，一般而言，顾客忠诚度增加5%，利润可以增长25%～85%，所以对企业绩效的作用十分显著。虽然，在低度竞争的环境中，传递创新的开展也能够促进企业获得明确的、可预期的收益。但高度竞争带来的压力则会更强，杨燕与高山行（2011）研究认为这种竞争压力会更驱使企业大力进行自主创新，掌握知识产权以及技术学习的机会与空间，使企业在快速变化和激烈竞争环境中不断创造和维持竞争优势。并且进一步降低内部流程的不足，革新服务传递的效率，降低企业运作的成本，提高顾客的满意度，更有利于企业的长期发展。因此，在竞争环境变动程度高时，零售企业传递创新对企业绩效的正向影响更为显著。

基于上述分析，本书提出如下假设：

H3e：概念创新对零售企业短期绩效的作用受到竞争动态性的调节，随着竞争环境变动程度的增加，概念创新对零售企业短期绩效的作用将增强。

H3f：概念创新对零售企业长期绩效的作用受到竞争动态性的调节，随着竞争环境变动程度的增加，概念创新对零售企业长期绩效的作用将增强。

H3g：传递创新对零售企业短期绩效的作用受到竞争动态性的调节，随着竞争环境变动程度的增加，传递创新对零售企业短期绩效的作用将增强。

H3h：传递创新对零售企业长期绩效的作用受到竞争动态性的调节，随着竞争环境变动程度的增加，传递创新对零售企业长期绩效的作用将增强。

3. 技术动态性在零售企业服务创新与企业绩效关系中的影响

技术动态性的内涵，按照贾沃斯基和科利（1993）的定义，则是指技术环境的变化速度及可预测程度，也就是企业所感知的产业技术变革或技术发展的速度。利希滕塔勒（Lichtenthaler，2009）认为技术动态程度的不断提高，也会对创新策略与企业绩效的关系产生影响。当前，世界范围内科学技术飞速发展，而且技术进步与技术变革日益迅猛，不同技术领域的交叉与融合也日益增强，在中国经济制度深度转型和零售业全面开放的情境下，跨国零售公司广泛进入，它们凭借自身拥有大量先进的零售技术和经营理念，对行业技术产生了重大影响。同时，为应对各种零售技术竞争，中国本土零售企业纷纷重视技术本地化改造、加大研发以及新业态开发和投入的强度，也使得外部环境的技术动态性变化迅速。盛亚（2007）研究指出，零售行业主要应用五大新技术，即信息技术、物流技术、储存技术、防损技术和防盗技术。无论国内还是国外零售企业，对各种技术的运用，以及技术的动态性都为零售企业创造和利用各种机会提供了便利条件，使得技术动态性也成为零售企业目前生存、发展和壮大所必须考虑的关键外部因素之一。

由于零售业对技术的应用有别于制造企业，本书采用服务创新研究中的一个重要研究流派的核心理论——逆向产品生命周期模型，进行技术动态变化对零售业创新影响分析。该学派的代表人物是美国学者巴拉斯，他通过大量实证研究得到了在服务业中存在着与制造业相反的产品生命周期，并称之为"逆向产品生命周期"（reverse product cycle，RPC）模型。巴拉斯（1990）指出该理论的研究假设基础为新技术首先是在技术供应商部门，例如制造业部门中被开发出来的，随后被引入服务业并引起了服务业的相应变化，也就是说在服务业中引入新技术导致了逆向产品周期结果的出现。该理论研究认为，服务业采用了计算机等信息技术设备，使渐进式过程创新首先出现，改善了服务提供的效率；进而又使根本性的过程创新随后出现，提高了服务质量；根本性的产品创新却是在产品周期的最后阶段才出现。蔺雷与吴贵生（2004）指出，从实质上分析，"逆向产品周期"理论并不是一种真正的服务创新理论，而是由于在服务业中采用了制造业的技术创新活动所产生的服务扩散理论，但这对零售业创新也同样适合。李程骅（2006）以沃尔玛公司为例，指出该公司自身号称不仅仅是商贸公司而且更是高科技公司，凸显了技术在零售企业经营活动中的重要性。这个理论反映了技术变动首先会引起零售企业内部传递创新的发生，最终会促使根本性概念创新的产生。

从概念创新来看，服务顾客的内容变化，离不开零售技术的支持。零售服务的变迁，既是零售组织创新的结果，又是零售技术创新模式的体现。一种新服务的产生，既是市场需求变迁的反映，又是技术创新应用阶段的深入。特别是在信息技术不断发展的支撑下，持续的若干主要信息技术的应用不断提升零售商对信息技术的渴望，会导致零售商自我创新能力的提升，进而共同促成新信息技术背景下业态的跃迁，构成创新经济学意义上的"长波"。特别是电子商务的应用，在网络经济学意义上极大丰富了零售技术创新的模式，出现了网络服务这一新概念。罗森布什和鲍斯奇等（Rosenbusch & Bausch et al.，2007）提出，技术动态性通过为企业在新的技术轨迹内创造和利用机会而提供了条件，使企业能够获得新的成长和盈利空间。加格和沃尔特斯等（Garg & Walters et al.，2003）指出企业现有的技术、经验和知识会受到高技术动态性的影响而快速过时，企业为了实现长期的成功，避免在日益频繁的技术变革和产品创新中落后导致销售额的降低，则必须不断地进行各种新技术和新知识的识别、获取、利用乃至创造。乌特贝克和金（Utterback & Kim，1986）明确指出，高技术动态性在企业对根本性产品技术的开发方面能够产生激励作用，帮助企业不断吸引顾客、获取市场份额实现自身利润的提高。科贝格和德蒂恩等（Koberg & Detienne et al.，2003）依据复杂性理论以及信息处理理论得出，高环境动态性会使企业的组织能力惯性与管理惯性得到降低，让企业在更为广阔的创新空间中选择，促进企业创新活动的持续开展，推动企业的不断成长和发展。因此，在技术环境变动程度高时，零售企业的概念创新对企业绩效的正向影响更为显著。

同时，传递创新的实施中，技术环境的高度变化，客观上也为企业内部流程的改进和与顾客界面良好交互提供了新科技支撑，能更有效率地为顾客提供核心服务。回顾中国零售业的几次显著创新，都和技术动态变革有密切关系，如百货商店向现代百货转型的标志，实现了服务过程的创新；电子商务使无店铺销售节省交易费用的优势得以发挥，实现了顾客交互界面的创新。而每次服务创新都大大地促进了零售业的发展，推动了零售组织流程的优化以及零售实践的进化，突破了零售企业之间，以及与供应商、竞争者、消费者之间的组织边界，实现了零售企业绩效的改进，开辟了零售商业领域的新天地。高技术动态性则通常意味着全新的或者是前沿的科学知识、技术知识和工程知识的不断出现，导致新技术和新知识的供给迅速增加，为企业内部决策与实施提供了很好的历史机遇，为制造企业探索和研发新技术、新产品打开了新的视角，最终也为零售企业利用乃至创造先进技术推动自身的快速成长提供了宝贵的机会，有利于零售企业赢利的增长。奥勒（2010）专门系统地研究了日本零售业50年来的创新历程，指出日本零售企业的创新呈现三个显著阶段，从引进新技术开始到发展了一大批零售业态，再到20世纪末日本零售业态越来越多地得到完善体系的支持与补充，从而巩固了零售商在制造商和消费者之间的价值链中的地位，凸显了技术变动的重要作用。所以，在技术环境变动程度高时，零售企业的传递创新对企业绩效的正向影响更为显著。

基于上述分析，本书提出如下假设：

H3i：概念创新对零售企业短期绩效的作用受到技术动态性的调节，随着技术环境变动程度的增加，概念创新对零售企业短期绩效的作用将增强。

H3j：概念创新对零售企业长期绩效的作用受到技术动态性的调节，随着技术环境变动程度的增加，概念创新对零售企业长期绩效的作用将增强。

H3k：传递创新对零售企业短期绩效的作用受到技术动态性的调节，随着技术环境变动程度的增加，传递创新对零售企业短期绩效的作用将增强。

H3l：传递创新对零售企业长期绩效的作用受到技术动态性的调节，随着技术环境变动程度的增加，传递创新对零售企业长期绩效的作用将增强。

4. 政策动态性在零售企业服务创新与企业绩效关系中的影响

在本书的概念界定中所提出的环境动态性中的政策，是专指政府的创新政策。对零售企业而言，零售创新政策就是一个国家或地区的政府、行业等组织所采取的一系列政策与措施的总和，其目的在于促进零售企业创新活动的开展、创新效率的提高，以及创新能力的增强，推动该国或地区零售产业的整体竞争力。所以政策动态性就是指，一定时期内国家创新政策的针对性、有效性和及时性的变化程度。对于企业组织来说，国家和地方政府出台的各种创新政策的动态变化，对企业发展来说至关重要，甚至决定着企业的市场命运。中国零售创新政策的变化对零售企业的创新活动具有突出的影响，对提高中国零售产业的竞争力，乃至实现中国经济持续高速的发展都有重要作用。

先从零售企业的概念创新来分析。徐大可和陈劲（2004）指出，我国创新政策设计的关键内容主要包括三类：一是面向创新主体的创新政策，其目的在于激发创新主体的活动、增强主体创新能力；二是面向创新界面的创新政策，其目的在于加强企业与客户的交互作用，促进创新扩散；三是面向创新基础设施的创新政策，其目的在于为创新活动提供全面宏观支持。从零售行业来看，随着我国各级政府对零售产业管制的不断放松以及零售业私有化进程的加快，特别是近年来"零售创新"、建设"创新型国家"和"创新型企业"以及"数字商务"的相继提出和全面深化实施，政府采取了一系列配套措施，如财政补贴、税收减免、贷款优惠等，为零售企业在获取、利用和开发一些突破性的新兴技术和前沿技术方面，提供了强劲的动力，促进了零售企业在为顾客提供核心服务内容方面的持续创新。无论是出于激励、引导、保护还是协调等目的而推出的创新政策，均对零售企业发展导向具有重大影响作用。而且零售企业采取概念创新导致的绩效变化程度，会随着国家创新政策的变化速度加快而增大，这是因为政策的频繁变化，会推动企业为适应这样的政策环境不断进行创新，从而促进企业的绩效得到进一步提高。如杨宜苗和郭岩（2013）研究了零售企业成长模式，指出苏宁公司、大商集团和百联集团都在各级政府政策和行业政策引导下，持续进行了不同程度的服务创新活动，对自身财务绩效和竞争优势的建立起到了积极作用。所以，在政策环境变动程度高时，零售企业的概念创新对企业绩效的正向影响更为显著。

再从传递创新的角度分析政策环境变化对创新与企业绩效的影响。李和阿图阿赫纳吉马（Li & Atuahene-Gima，2001）研究认为政府对企业资源获取甚至企业的生存与发展具有决定性影响作用。创新政策的不断提出，目的在于促进企业自主创新能力的增强，使整个行业发展能更有效率，增强企业在国内国际的市场竞争地位。因而，当创新政策变动不大时，零售企业持续进行内部的传递创新，围绕核心服务而加强流程优化和顾客交互方式改进，实现二者关系的进一步密切，从而提高企业财务绩效和在市场的竞争地位。但是当创新政策变动较大时，零售企业还依然只做好内部环境优化等工作，未能在提升和革新服务内容、优化企业核心服务能力方面做出新创造，自然无法获得政府资源的给予。彭和海尔斯（Peng & Heath，1996）研究认为，通过制度设计与管制规范，政府能够为企业提供资金、技术、信息和政策等方面的大力支持，但前提是企业创新发展要和政策政策期望的方向一致。企业创新与创新政策目标一致时，企业会得到快速的发展，若不一致或有偏差时，那么政府就不会为企业发展赋予更多资源，甚至会限制企业的发展。劳德（Lord，2000）甚至将企业与政府机构之间的关联提升到政治战略的高度，并将其作为正式契约的替代来降低市场交易成本和风险。赵树梅和李银清（2019）研究指出，5G 时代"新零售"服务的创新发展得到政府高度重视和支持，零售企业必须适应政策导向并加快转型发展。因此，从资源基础理论角度来说，适应创新政策变化要求，会促进零售企业获取相关资源，推动企业发展。所以，在政策环境变动程度高时，零售企业传递创新对企业绩效的正向影响将减弱。

基于上述分析，本书提出如下假设：

H3m：概念创新对零售企业短期绩效的作用受到政策动态性的调节，随着政策环境变动程度的增加，概念创新对零售企业短期绩效的作用将增强。

H3n：概念创新对零售企业长期绩效的作用受到政策动态性的调节，随着政策环境变动程度的增加，概念创新对零售企业长期绩效的作用将增强。

H3o：传递创新对零售企业短期绩效的作用受到政策动态性的调节，随着政策环境变动程度的增加，传递创新对零售企业短期绩效的作用将减弱。

H3p：传递创新对零售企业长期绩效的作用受到政策动态性的调节，随着政策环境变动程度的增加，传递创新对零售企业长期绩效的作用将减弱。

3.3 理论假设汇总

在理论模型图 3－2 和图 3－4 的基础上，本书将提出的全部 22 条理论假设与研究问题相对应，便于更清楚地理解本书所要解决的问题，如表 3－2 所示。

表 3－2　　　　　　　　　　理论假设与研究问题的对应

研究问题	假设层次		具体假设描述
服务创新对零售企业绩效的影响	H1	H1a	概念创新对零售企业短期绩效具有正向影响
		H1b	概念创新对零售企业长期绩效具有正向影响
		H1c	传递创新对零售企业短期绩效具有正向影响
		H1d	传递创新对零售企业长期绩效具有正向影响
服务创新类型之间的交互作用对零售企业绩效的影响	H2	H2a	概念创新和传递创新密切相关，二者的交互作用对零售企业短期绩效具有正向影响
		H2b	概念创新和传递创新密切相关，二者的交互作用对零售企业长期绩效具有正向影响

续表

研究问题	假设层次		具体假设描述
环境动态性在服务创新与零售企业绩效之间的影响	H3	H3a	概念创新对零售企业短期绩效的作用受到市场动态性的调节，随着市场环境变动程度的增加，概念创新对零售企业短期绩效的作用将增强
		H3b	概念创新对零售企业长期绩效的作用受到市场动态性的调节，随着市场环境变动程度的增加，概念创新对零售企业长期绩效的作用将增强
		H3c	传递创新对零售企业短期绩效的作用受到市场动态性的调节，随着市场环境变动程度的增加，传递创新对零售企业短期绩效的作用将减弱
		H3d	传递创新对零售企业长期绩效的作用受到市场动态性的调节，随着市场环境变动程度的增加，传递创新对零售企业长期绩效的作用将减弱
		H3e	概念创新对零售企业短期绩效的作用受到竞争动态性的调节，随着竞争环境变动程度的增加，概念创新对零售企业短期绩效的作用将增强
		H3f	概念创新对零售企业长期绩效的作用受到竞争动态性的调节，随着竞争环境变动程度的增加，概念创新对零售企业长期绩效的作用将增强
		H3g	传递创新对零售企业短期绩效的作用受到竞争动态性的调节，随着竞争环境变动程度的增加，传递创新对零售企业短期绩效的作用将增强
		H3h	传递创新对零售企业长期绩效的作用受到竞争动态性的调节，随着竞争环境变动程度的增加，传递创新对零售企业长期绩效的作用将增强
		H3i	概念创新对零售企业短期绩效的作用受到技术动态性的调节，随着技术环境变动程度的增加，概念创新对零售企业短期绩效的作用将增强
		H3j	概念创新对零售企业长期绩效的作用受到技术动态性的调节，随着技术环境变动程度的增加，概念创新对零售企业长期绩效的作用将增强
		H3k	传递创新对零售企业短期绩效的作用受到技术动态性的调节，随着技术环境变动程度的增加，传递创新对零售企业短期绩效的作用将增强

续表

研究问题	假设层次		具体假设描述
环境动态性在服务创新与零售企业绩效之间的影响	H3	H3l	传递创新对零售企业长期绩效的作用受到技术动态性的调节，随着技术环境变动程度的增加，传递创新对零售企业长期绩效的作用将增强
		H3m	概念创新对零售企业短期绩效的作用受到政策动态性的调节，随着政策环境变动程度的增加，概念创新对零售企业短期绩效的作用将增强
		H3n	概念创新对零售企业长期绩效的作用受到政策动态性的调节，随着政策环境变动程度的增加，概念创新对零售企业长期绩效的作用将增强
		H3o	传递创新对零售企业短期绩效的作用受到政策动态性的调节，随着政策环境变动程度的增加，传递创新对零售企业短期绩效的作用将减弱
		H3p	传递创新对零售企业长期绩效的作用受到政策动态性的调节，随着政策环境变动程度的增加，传递创新对零售企业长期绩效的作用将减弱

资料来源：笔者根据理论假设研究整理绘制。

3.4 本章小结

本章在服务创新、环境动态性和零售企业绩效等文献研究的基础上，结合服务创新理论、资源基础理论、企业能力理论和权变理论等，进一步分析零售企业服务创新（概念创新和传递创新）、环境动态性（市场动态性、竞争动态性、技术动态性和政策动态性）对零售企业绩效（短期绩效和长期绩效）的影响机制。围绕本书的研究目的和研究内容，本章进行了更为深入的理论分析，并通过构建理论模型（见图3-3）来解释和论述服务创新、环境动态性与零售企业绩效之间的深层次关系，以及各变量相应要素之间的影响路径（见图3-4）。

通过理论推导论证，本书认为，服务创新中的概念创新和传递创新均会对零售企业短期绩效及长期绩效产生正向影响；并且概念创新与传递创新之间的交互作用也会对零售企业短期绩效和长期绩效产生正向影响；同时，环境动态性对服务创新与零售企业绩效关系会产生调节作用，但调节方向会因环境的类型而有所差异，其中，竞争环境和技术环境均对零售企业的服务创新（概念创新和传递创新）与企业绩效（短期绩效和长期绩效）关系产生正向调节作用；市场环境和政策环境均对零售企业的概念创新与企业绩效（短期绩效和长期绩效）关系产生正向调节作用，而对零售企业的传递创新与企业绩效（短期绩效和长期绩效）关系产生负向调节作用。

第 4 章

研究方法与设计

　　为了对零售企业的服务创新与企业绩效的关系以及环境动态性的影响机制进行深入有效的分析，本书除了应用规范的理论推理提出理论模型与研究假设外，还采用了定量的研究方法来对理论模型以及研究假设予以实证验证。本书研究对象是零售企业，其中涉及的服务创新、环境动态性和企业绩效等变量数据，无法从公开资料中直接获得，因此为了收集到所需要的数据，采用较大范围的专门针对零售企业问卷调查的方法来获取数据，并对变量测量、研究对象选取、调查问卷设计与优化、数据收集过程、数据分析方法等方面进行阐述。

4.1　变量测量

4.1.1　服务创新的测量

1. 测量维度

　　在服务创新分类上，依据不同标准，不同学者之间存在着差异。国外学者巴拉斯的逆向产品周期模型，在研究服务产业中服务产品生命周期的不同阶段时，是分别用产品创新与过程创新来表征的。迈尔斯和卡斯特里诺斯等（1995）则根据服务创新的特性，分别从产品创新、过程创新与传递创新进行分类。伊万杰利斯塔和西里利（Evangelista & Sirilli，1998）研究指出，意大利国家统计局与意大利国家研究委员会在 1997 年合作开展了一项针对该国国内服务部门创新活动的调查，得出服务业中，从企业层面上进行产品创新和过程创新的区分是可行的。在针对四个服务行业的创新调查研究中，豪威尔斯和泰特（1998）从产品创新、生产过程创新以及传递过程创新对服务创新进行了分类。而由桑德博和加洛伊主持的 SI4S 创新调查，从产品创新、组织创新、过程创新、结构创新和市场创新这 5 类，对所有服务业的服务创新进行了划分。"四维度模型"是由赫托格和比尔德贝克（2000）提出的，该模型运用结构化方法将服务创新的内容划分为 4 类，包括新服务概念、新传递系统、新顾客界面和新技术选择，并指出这 4 个维度的综合作用经常导致创新的发生。加洛伊和温斯坦（1997）则从服务创新的动态特征属性出发，将服务创新分为了突破式创新、渐进式创新、改良型创新、专门化创新、形式化创新与重组创新这 6 种类型。杜普斯（2000）则将服务创新类型区分为概念创新、组织创新、流动创新和结构创新这 4 种。国内学者蔺雷和吴贵生（2007）将服务创新划分为 9 种，包括产品创新、组织创新、过程创新、市场创新、传递创新、技术创新、重组创新、形式化创新、专门化创新。王琳和魏江等（2009）将服务创新划分为两类：概念创新与传递创新。胡蕾（2010）将零售企业创新类型分为产品创新、市场创新、技术创新、传递创新、专门创新 5 种。盛亚（2007）将零售服务创新类型分为 5 种，包括传递创新、过程创新、重组创新（又称"结构创新"）、形式化创新和专门化创新。

当前零售企业服务创新的研究中，学者们关于创新类型的划分还不统一，本书对零售企业服务创新的概念限定，特指狭义角度的服务创新，即顾客服务。并且，考虑零售企业属于特定服务行业的特性，本书对零售企业服务创新的分类，综合借鉴国内外学者伊万杰利斯塔和西里利、王琳等的研究成果，从概念创新和传递创新角度将零售企业服务创新方式进行区分，并展开对零售企业绩效的影响研究。

2. 测量题项

对创新的测度历来就是困扰学者们的一个难题，虽然很多指标的有效性受到质疑，但学者们对创新测度的兴趣却越来越浓厚。这是因为，借助于创新测度，一方面，人们可以对一个国家、一个地区或一个产业的创新活动状况从整体上予以把握，从而为创新政策与其他相关政策的制定提供可靠的参考和依据；另一方面，通过对创新数据的分析，人们能更好地对企业创新活动的规律予以把握，从而为企业的创新活动提供各种切实的指导。

目前，企业的服务创新活动非常频繁，针对服务创新的研究也日渐增多。欧洲一些国家以及美国等的统计组织已开始进行对服务部门的技术与创新活动的相关工作，包括数据的搜集、定义、分类与统计分析等，这些为企业服务创新活动的测度与研究奠定了扎实的基础。如伊万杰利斯塔和西里利（1998）做的意大利国内服务部门创新活动的调查、桑德博和加洛伊主持的 SI4S（1998）创新调查等。而针对如何测量企业服务创新的内容题项方面，学者们作了很多探索。阿夫罗尼蒂斯和帕帕斯塔索普罗等（2001）从"市场上的新服务""企业内的新服务""新的传递过程""服务改进""服务扩展""服务重新定位"6个方面进行服务创新的测量。贝里和尚卡尔等（2006）则从"提供灵活的解决方案""提供便利的设施""提供舒适的服务""有好的服务方式"4个方面进行衡量。崔海云、施建军（2013）的研究中，从"本企业经常推出新的服务项目""本企业经常在行业中首个推出新服务""新服务较原有服务变化较大""本企业的服务传递过程改进了"和"本企业的服务方式改进了"5个方面进行服务创新的衡量。赖然（2014）从服务企业"改进自身原有的服务""引进其他企业有而自身没有的服务""开发某项服务，仅涉及人员服务""开发某项服务，涉及人员和新设备（从市场中获得）""开发某项服务，涉及人员和新设备（需自主开发）"5个方面进行服务创新的衡量。姜铸和李宁（2015）从服务概念创新、顾客界面创新、组织流程创新、技术选择创新4个维度进行度量。

综合以上学者的分析，本书结合零售企业服务创新的实践，对零售企业服务创新中的概念创新采用6个题项进行测量，分别是"本企业越来越关注顾客各种需求""本企业提供的商品质量越来越高""本企业不断开发和引进更符合顾客需要的新商品""本企业经常推出新的顾客服务项目""本企业推出的新服务较原有顾客服务变化较大""本企业经常在行业中率先推出新的顾客服务项目"；对零售企业服务创新中的传递创新采用5个题项进行测量，分别是"本企业的服务环境不断改善""本企业的商品展示越来越有特色""本企业的退换货服务更为方便""本企业人员响应顾客的需求越来越及时准确""本企业人员为顾客提供的帮助越来越令顾客满意"。具体测量维度与测量题项及依据如表4-1所示。

表4-1　　　　　　　　　　零售企业服务创新维度划分与测量

测量维度	测量题项	测量依据
概念创新	本企业越来越关注顾客各种需求	阿夫罗尼蒂斯和帕帕斯塔索普罗等（2001）；贝里和尚卡尔等（2006）；崔海云和施建军（2013）；赖然（2014）
	本企业提供的商品质量越来越高	
	本企业不断开发和引进更符合顾客需要的新商品	
	本企业经常推出新的顾客服务项目	
	本企业推出的新服务较原有顾客服务变化较大	
	本企业经常在行业中率先推出新的顾客服务项目	
传递创新	本企业的服务环境不断改善	
	本企业的商品展示越来越有特色	
	本企业的退换货服务更为方便	
	本企业人员响应顾客的需求越来越及时准确	
	本企业人员为顾客提供的帮助越来越令顾客满意	

资料来源：笔者根据相关文献整理绘制。

4.1.2　环境动态性的衡量

1. 测量维度

在现有环境动态性维度衡量的研究中，学者大部分集中于从市场环境动态和技术环境动态两方面进行考察。米勒（1987）在研究外部环境与企业战略二者间关系时，从动态性、敌对性和异质性三个维度对外部环境进行了维度划分。维尔沃特和克拉克（1992）进一步认为，企业所处环境动态性的范畴中，应该包括技术发展动态性以及人口统计学动态性这两个特性。而在研究环境对战略导向中的市场导向和企业绩效二者间关系的影响时，韩和金等（Han & Kim et al.，1998）从市场动态性和技术动态性将环境动态性进行了划分，对此，国内学者谢洪明（2005）也是认可的，在其研究中也是从"市场变动"和"技术变动"两个方面将环境变动进行了划分。詹森和维拉等（2009）认为环境动态性的主要特征，包括顾客喜好的变化、技术的变革或衰退、原材料供给和产品需求的波动等。在研究外部环境对组织学习和组织绩效关系的影响时，陈国权和王晓辉（2012）也是从"市场需求动态性"和"技术发展动态性"两个方面将环境进行了划分。刘刚和刘静（2013）则进一步扩大了对环境动态性的研究，从技术动态性、市场动态性和政策法律社会动态性这三个方面进行了全面的考察。薛宪方和郭晗等（2020）从竞争对手的行动、数量、产品需求、客户需求以及大环境下经济、政治、技术等方面的影响进行测量。

综合以上学者的研究，本书把环境动态性分为市场动态性、竞争动态性、技术动态性和政策动态性（特指创新政策）四个方面，并进行相应的测量。

2. 测量题项

在对环境动态性的测量方面，有许多研究者的成果可以借鉴。如米勒（1987）用"产品/服务技术的变化""成长机会""行业的R&D""行业产品、服务和流程创新的比率"这4个指标对环境动态性进行测量；环境的异质性主要用"迎合消费者而要在生产和营销方法上采取多样化"来测量；环境的敌对性主要用"重要竞争者市场活动的敌对性""重要竞争者市场活动的不可预测性""有竞争领域的数量（涉及价格、质量、服务等方面）""政治、经济或法律方面的限制"这4个题项测量。韩和金等（1998）在测量市场的动态性方面，用"顾客偏好变化的频率""环境中市场动态性的程度""对市场机会的反应能力""降低市场不确定性的能力"这4个题项测量；在测量技术动态性方面，分别用"产品/流程创新的领先性""环境中技术动态性的程度""对研发与计划的资源分配""新技术对运营的影响"这4个题项测量。陈国权和王晓辉（2012）测量环境动态性时，用"市场和客户的需求变化""竞争对手的行为变化""合作伙伴的行为变化""行业产品或服务的类型变化""整个行业发展变化""技术发展变化"和"政府部门的政策与要求变化"这7个题项来衡量。奥和特奥等（2012）研究了零售情境下的环境动态性，从"经营环境变化""行业环境变化""顾客产品偏好变化""产品营销活动变化"和"新产品引入频率"5个题项来衡量环境动态性。刘刚和刘静（2013）衡量市场动态性时，主要用"产品（供给）、顾客（需求）和竞争者等多个市场因素的变化"这方面的题项；衡量技术动态性时，主要用"行业技术更新的速度和频率"这方面的题项；衡量政策法律社会动态性时，主要用"政府部门、行业政策的变化以及社会文化环境的变化"这方面的题项，三个方面共设计了11个题项予以测度。钱和曹等（Qian & Cao et al.，2013）在测量竞争不确定性时，使用"市场需求可预测性""产品和/或过程中的技术可预测性""竞争者行动的可预测性""顾客需求和购买行为的可预测性""联盟伙伴目标和行动的可预测性"以及"获得所需要人才的可预测性"这6个题项。阎婧和刘志迎（2016）利用管理者对环境的主观感知来测量环境动态性，有3个题项，典型题项为"企业所在行业的市场需求变化较快"。

在综合以上学者对环境动态性不同维度测量的基础上，本书在环境动态性的市场动态性维度测量方面，使用"市场中顾客偏好变化的速度非常快""顾客总是趋向新商品和服务""新顾客来源于企业商品和服务改善"这 3 个题项来测量；在竞争动态性维度测量方面，使用"竞争对手变化的不可预测性""所处行业经常发生促销战""所处行业每天都有新的竞争"这 3 个题项来测量；在技术动态性维度的测量方面，用"行业内技术变化十分频繁""行业技术变化对产品/服务影响程度突出""行业技术变化的不可预测性"这 3 个题项来测量；在创新政策的动态性维度测量方面，使用"行业创新政策变化非常快""不同时期行业创新政策目标差异程度大""企业难以预测行业创新政策的变化趋势"这 3 个题项来测量。具体测量维度与测量题项及依据如表 4-2 所示。

表 4-2　　　　　　　　　环境动态性维度划分与测量

测量维度	测量题项	测量依据
市场动态性	在企业所在的零售市场中，顾客的偏好变化非常快	米勒（1987）；贾沃斯基和科利（1990）；韩和金等（1998）；谢洪明（2005）；陈国权和王晓辉（2012）；奥和特奥等（2012）；冯军政（2012）；钱和曹等（2013）
市场动态性	顾客总是趋向于寻求新的商品和服务	
市场动态性	新顾客的出现主要来源于企业商品和服务的改善	
竞争动态性	竞争对手的变化非常不可预测	
竞争动态性	企业所处零售行业经常发生"促销战"	
竞争动态性	企业所在零售行业几乎每天都能听说新的竞争行动	
技术动态性	零售行业内，技术经常连续变化	
技术动态性	零售行业内，由于技术突破性发展，导致新产品/服务大量产生	
技术动态性	零售行业的技术变化非常不可预测	
政策动态性	企业所处行业的创新政策变化非常快	
政策动态性	在不同的时期或阶段，政府行业创新政策目标差异很大	
政策动态性	企业很难预测政府行业创新政策的变化趋势	

资料来源：笔者根据相关文献整理绘制。

4.1.3　企业绩效的测量

1. 测量维度

威金斯和瑞弗利（Wiggins & Ruefli，2002）指出，企业绩效是企业管理领域研究的最重要的结果变量，也是企业之间竞争优势结果的表现。理论上可以使用主观方法或客观方法来测量企业绩效，但是对大多数企业来说，锡蒂马拉康和哈特（Sittimalakorn & Hart，2004）指出若使用客观的企业数据可能会涉及企业商业秘密问题，因而第一手的企业绩效实际数字信息是很难得到的。因而，马刚（2006）认为采用主观问卷方法来测量企业绩效就成为学者使用的一种主要方法，以此反映企业经营业绩水平。文卡特拉曼和拉马努贾姆（Venkatraman & Ramanujam，1986）指出，在营销管理以及战略管理领域中，企业自我报告的相对绩效一般都具有比较稳定的可靠性和效度，并且以往的研究证明主观绩效与客观度量二者之间存在很强的相关关系。同时，由于零售企业主或企业的中高层管理者是本书研究中测量问卷的主要填答人，他们对有关本企业和主要竞争对手的绩效情况都比较熟悉，其填答不会存在较大的误差。因此，本书在零售企业绩效方面的数据采选，就使用了填答人自我报告的相对绩效方法，相对绩效是指填答人以行业的平均水平作为比较标准，判定自身的绩效水平。

服务创新活动的绩效评价指标研究方面，学者们通过经验研究提出了各不相同的绩效评价维度。斯帕诺斯和柳卡斯（Spanos & Lioukas，2001）提出用财务绩效和市场绩效来综合反映企业的绩效。而库珀和克莱因施密特（1987）在要素分析的基础上，提出了用财务绩效、市场影响、机会窗口这三个相互独立的绩效指标衡量新服务的开发。布伦塔尼（Brentani，1989）在要素分析基础上，进一步识别出销售和市场份额、成本、竞争力、其他推动因素这四个相互独立的绩效指标。库珀（Cooper，1994）又进而提出财务绩效、市场发展和关系增强这三个相互独立的绩效指标。科尔德罗（Cordero，1990）在服务创新绩效评价指标上，认为应该对整体业务绩效、商业绩效和技术绩效进行区分。格里芬和佩奇（Griffin & Page，1993）则对目前所有的绩效测度指标系统分类，提出企业的整体利益、产品水平利益、项目水平利益、财务利益及顾客接受利益等。蔺雷和吴贵生（2007）针对新服务开发给企业带来的绩效指出，除了要从财务方面考虑外，还要考虑如改善企业形象、开拓新市场以及实现多样化利益等。因而可以从产品效益和企业效益分析新服务开发给企业带来的绩效，所谓"产品效益"只是衡量单个产品带来的效益，是以财务效果和销售效益为基础的效益，而"企业效益"是指除了"产品效益"以外的更广泛的企业效益。恰克拉瓦西（Chakravarthy，1986）认为，财务比率往往不能抓住企业战略计划的总体效果，因而其作用是有限的，并且传统的财务性绩效评价对企业过去经营成果的衡量较为倚重，往往会导致企业忽视长期价值创造而专注于急功近利。为此，赛义德和哈萨布—埃尔纳比等（2003）指出，与财务指标相比，一些非财务指标如市场占有率与创新、顾客与员工的满意程度等，能够更好地反映企业未来财务绩效的变化趋势。波特（2005）提出企业的创新策略成功的主要判断依据应该是企业长期的增值能力。薛宪方和郭晗（2020）认为企业绩效评估需将企业的财务指标和非财务指标相结合，能够比较客观地评价服务创新对企业绩效的影响作用。综合以上研究，可知对服务创新的研究虽然是从多个研究视角与研究内容开展的，但基本都是从财务绩效和非财务绩效角度进行企业绩效的测量。结合服务创新已有研究，本书对零售企业服务创新的绩效也从财务绩效和非财务绩效两个方面进行测量，分别称为短期绩效和长期绩效。

2. 测量题项

当前服务创新影响下的企业绩效方面的测量题项的研究成果较多，可以借鉴。例如，斯帕诺斯和柳卡斯（2001）提出财务绩效的测量题项包括"企业的投资回报率""企业的净利润""企业的销售利润率""销售量""企业的销售量增长率"5 个；企业的市场绩效包括"企业占有的市场份额""企业的市场份额增长率"2 个。库珀和克莱因施密特（1987）认为财务绩效题项包括"利润率""投资回报期"2 个，非财务绩效有"某一新产品为企业在产品或市场方面提供的新机会""国内市场份额"和"国际市场份额"3 个。科尔德罗（Cordero，1990）的财务绩效题项包括"新产品销售占企业总体销售的比例""销售收入增长率""财务利润"3 个，非财务绩效包括"创新所需输入资源"和"输出资源的质量"2 个。焦豪（2011）将企业绩效分为短期绩效和长期绩效，其中短期绩效用财务绩效来衡量，采用"投资回报率""资产回报率""销售回报率""利润增长率"4 个题项予以测量；长期绩效用竞争优势来衡量，采用"对市场的反应速度""客户对产品/服务价值的评价"和"创新的速度"3 个题项进行测量。奥和特奥等（2012）用相对于主要竞争对手的主观指标"市场份额""净利润""收入增长""投资收益率"和"资产收益率"5 个题项来测度企业绩效。蔺雷和吴贵生（2007）衡量产品效益时用"销售绩效""收益率绩效"2 个题项，衡量企业效益时用"改善和提高其他产品收益率""提高顾客忠诚度""吸引新顾客""为未来的新产品提供开发平台""开发新的市场""改善企业形象""竞争力的改善"7 个指标予以测量。阎婧和刘志迎（2016）采用主观评价法，即以净利润率、投资回报率、销售增长率 3 个相对财务指标来测量企业绩效，典型题项为"贵公司近 3 年的平均利润率比同行主要竞争对手高"。薛宪方和郭晗（2020）从财务绩效、顾客绩效、学习与成长、内部营运4个维度共16个题项对企业绩效进行测度。

从以上学者研究可以看出，在衡量企业短期绩效时，更常用的财务指标包括"资本收益率""销售收益率"和"股权收益率"；长期绩效衡量方面，常见的指标有"市场增长""品牌知名度""产品与过程创新""企业形象与声誉""顾客满意度"和"社会责任承担"等，如曹和多拉塔什（Cao & Dowlatshahi，2005）的研究。

综合以上学者的研究观点，考虑本书是以我国零售企业为调研对象，并且是以企业主或企业中高层管理者为问卷填答人的特点，故从短期绩效和长期绩效两个方面对零售企业绩效进行分类，并采用主观评价的相对数据进行分析。并且短期绩效主要从"资产回报率""销售增长率"和"现金流量"等方面来衡量，长期绩效主要从"产品服务满意度""公众形象满意度"和"市场优势地位"等方面来衡量。具体测量维度与测量题项及依据如表4-3所示。

表4-3 零售企业绩效维度划分与测量

测量维度	测量题项	测量依据
短期绩效	零售企业对资产回报率的满意度	斯帕诺斯和柳卡斯（2001）；库珀和克莱因施密特（1987）；科尔德罗（1990）；赛义德和哈萨布—埃尔纳比（2003）；格里芬和佩奇（1993）；焦豪（2011）；奥和特奥等（2012）；蔺雷和吴贵生（2007）
	零售企业对销售增长率的满意度	
	零售企业对企业现金流量的满意度	
长期绩效	零售企业对经营商品和服务质量的满意度	
	零售企业对自身公众社会形象的满意度	
	零售企业对自身市场竞争优势地位的满意度	

资料来源：笔者根据相关文献整理绘制。

4.1.4 控制变量的测量

本书在研究零售企业服务创新对企业绩效的影响中，还需要对几个较重要的变量进行控制，这些变量包括企业年龄、企业规模及企业性质等。在学者的研究中，阎婧和刘志迎（2016）指出，需要将企业规模、企业成立年限、企业所有制性质作为控制变量。这是因为虽然这些变量并非本书的研究核心，但是在零售企业的服务创新与企业绩效关系中可能会产生一定的影响，所以有必要在模型中对这些变量予以控制。

企业年龄会对企业的服务创新和企业绩效产生影响作用，因为能够经营较长时期的企业一般都会积累较多的资金和实力，会在企业实施服务创新策略时提供帮助，进而使得企业的绩效状况也可能更好，所以在研究中需要作为控制变量。本书研究中零售企业的年龄是自企业成立起至实施调研问卷时候所持续经营的年份。

企业规模作为影响企业决策和行为的重要变量，纳德勒和图什曼（Nadler & Tushman，1988）认为企业规模也是与企业绩效相关的一个变量。零售企业的规模越大，在服务创新过程中，越可能具备更多的资源和能力去实施概念创新，而规模较小的零售企业，可能更多的是实施传递创新。企业规模较大，一般较容易获取规模效应以及声誉优势，进而能取得较好的绩效。在本书研究中，借鉴佩尔图萨—奥尔特加和莫利纳—阿索林等（Pertusa-Ortega & Molina-Azorín et al.，2010）的研究，使用企业员工人数表征企业规模，并且考虑到企业规模的影响作用可能是递减的，所以采用企业员工人数的自然对数值，作为代理变量对企业规模进行测度。

此外，影响零售企业的服务创新和绩效产生的因素中的企业性质也不能忽视，也有必要进行相应的控制。企业性质是我国市场经济转型过程中，影响企业作出创新决策的一个重要变量，借用已有焦豪（2011）的方法，本书将企业性质进行分类，分为国有企业、集体企业、民营企业和三资企业四种。

4.2 研究对象选取、问卷设计与优化

4.2.1 对象选取

本书期望深入了解零售企业服务创新的不同类型对企业绩效的影响作用，以及外部动态环境对服务创新类型与零售企业绩效的影响，所以本次问卷调查选择各种规模的零售企业作为调查对象，有利于全面考察上述关系。本书调查所采用的问卷充分考虑到零售企业的实际情况，涵盖了服务创新、环境动态性和企业绩效等诸多方面，且本书所使用的变量涵盖了问卷的一部分。

本书的调查对象主要是零售企业的高级管理者，选择高级管理者作为调查对象是有原因的，格雷沙姆（Gresham，1999）指出在企业的创新和绩效方面，高级管理者拥有更多的知识，胡贝尔和鲍尔（Huber & Power，1985）也指出，

避免数据误差的最好办法是选择最了解所研究问题的人作为调研对象。柯林斯（Collins，2000）指出企业组织的能力可以看作是成员能力的函数，从知识管理的视角分析，虽然西蒙斯（Simons，1991）认为知识的创造是在个人的头脑中发生的，但是，野中（Nonaka，1994）指出企业所提供的社会环境却能促进知识的交换、知识的组合以及知识的创造。所以，采用企业为分析单位可以综合反映企业员工的知识创造能力，以及本企业特有的知识开发和利用能力。结合本书研究对象，顾客服务是零售企业最重要的工作，因此需要能够熟悉企业顾客服务各个方面的综合管理人员，同时因为需要调研企业环境动态感知和企业绩效情况，也需要能够全面了解企业运营情况的高级管理者。因此，本书问卷调查选择零售行业中各种规模企业的高级管理者作为调查对象，有利于全面考察服务创新、环境动态性和零售企业绩效之间的关系。

4.2.2　问卷设计过程与内容

1. 问卷设计过程

为了保证研究的信度和效度，一个重要的前提就是保证合理的研究构思和问卷设计。因此为使问卷更可靠，本书在进行问卷设计时，遵循李怀祖（2004）所说的问卷设计"要尽可能简明，便于回答和有吸引力"的总原则；按照孙国强（2007）提出的"语言精练准确""满足研究需要""考虑被调查者""与资料分析方法相结合""考虑具体调查方式"的问卷基本设计原则，进行问卷的具体设计。问卷设计的具体过程如下。

首先，通过检索服务创新类型（概念创新和传递创新）、环境动态性（市场动态性、竞争动态性、技术动态性和政策动态性）和企业绩效（短期绩效和长期绩效）相关文献，尽量基于已有研究中使用的成熟测量量表，来形成初步的调查问卷。

其次，向自己的导师、学术团队中三名副教授和十多名博士生，就测量题项的合理性和用词准确性等方面进行了征询；另外，笔者还和西安交通大学、西安理工大学市场与商贸流通领域的数位专家和学者进行了探讨，讨论问卷内容的关联性、简洁性、准确性等。

再次，选择西安地区部分有代表性的零售商贸企业进行现场访谈。利用参与西安市社会科学基金课题研究的契机，笔者对西安地区的 5 家零售商贸企业进行了深入的考察调研和访谈（访谈提纲见附录 1）。访谈主要目的是为了验证初始的研究思路，检验问卷中各变量的测度是否与实际相符合，是否还需要增加题项，以及判断不同管理者对同一题项的理解是否具有一致性。

最后，对修改后的调查问卷进行预调研，小样本数据回收并修正测量题项，最终确定了正式问卷。通过小样本试发及对问卷的各个测度题项进行检验，以删除不合理选项，形成最终的测度问卷。预调研的范围主要选择西安、成都、武汉、郑州等地的 50 多家企业。

2. 问卷设计内容

本书的问卷设计主要围绕服务创新类型（概念创新和传递创新）、环境动态性（市场动态性、竞争动态性、技术动态性和政策动态性）和零售企业绩效（短期绩效和长期绩效）的关系机制展开。根据前面章节提出的概念模型与研究假设，详细确定了问卷量表中所需要测量的变量，本书所设计的调查问卷包括了下列内容：

（1）零售企业的基本信息，主要包括调查的零售企业的创立年限、企业的规模、企业性质以及采用的主力业态等信息。

（2）零售企业服务创新的实际情况，包括概念创新和传递创新。

（3）零售企业环境动态性的情况，包括对市场动态性、竞争动态性、技术动态性和政策动态性的感知。

（4）零售企业绩效的实际情况，包括短期绩效和长期绩效。

3. 问卷测量题项修订

马庆国（2002）认为，没有人能够通过把自己单独关在屋子里，进行思考来一次性设计好问卷。所以，本书根据相关文献所获得的量表，虽然尽可能保证科学，但由于应用于中国零售情境，所以需要通过小规模的访谈，以修订完善问卷测量题项。在访谈的过程中，通过对被访谈者进行分类和描述，能够为访谈者提供更多信息；确保量表题项与研究目标是相关的，以保证问卷的内容效度；判定变量之间的关系与实际情境是否符合，是否符合企业实际；通过对题项的分析，避免出现冗余的题项；检测所设置的题项能否得到真实、准确应答，对于没有得到真实和准确应答的题项，需要通过小规模访谈，探寻合适的提问方法，以求得到被试者客观、真实的回答，保证量表题项能够有效测量构念以及实现内容效度，检验题项内容能否被很好理解，同时对于题项设置不充分的题项进行补充。

为此，在形成正式量表前，本书选取西安的 5 家知名零售企业进行深入访谈（问卷设置中测量题项修订的访谈见附录 2）。在访谈过程中，请求被访者对各变量的内涵，对量表题项设置的合理性、充分性、表述准确性、易懂性发表意见，并对题项设计不充分的变量提出补充题项。基于访谈结果，对量表的题项设置进行修订。随后，再次邀请零售管理研究领域的专家教授进行判断，请求他们对新修订量表的科学性、充分性和准确性提出建议，进一步完善量表。

对零售企业的访谈以及与教授的讨论结果表明，对概念模型中构念进行初始测量的量表能够较好地反映构念的内涵，量表具有较高的内容效度。从整体上看，量表题项设置较为充分，能够有效测度各构念。访谈对象和讨论者对量表题项的用语、表述方式提出了完善意见。关于服务中的概念创新构念，访谈对象认为原来第 4 个题项"本企业经常推出新的顾客服务项目"表达不到位，应该改为"本企业经常推出新的顾客服务项目以满足顾客需求"。建议对服务中传递创新的测量题项加入一项内容，即"本企业内部服务流程优化越来越简洁高效"，访谈对象认为，传递创新除了直接面向顾客的商品展示和人员服务外，也有内部优化服务流程来提高顾客服务效率的因素，所以建议增加这一项。除此之外，对企业短期绩效和长期绩效的测量题项语言表达，提出应该明确直观，用主语来体现，对此意见完全采纳，并进行问卷的多人阅读和更正。

基于企业访谈和讨论结果，本书对测量量表进行修订，修订后的各变量测量量表如表 4 -4 所示。

表 4 -4　　　　　　　　　　修订后的各变量测量量表

变量		测量题项		题项依据
编号	变量名	编号	题项内容	
1	概念创新	SCI1	本企业越来越关注顾客各种需求	阿夫罗尼蒂斯和帕帕斯塔索普罗等（2001）；贝里和尚卡尔等（2006）；崔海云和施建军（2013）；赖然（2014）
		SCI2	本企业提供的商品质量越来越高	
		SCI3	本企业不断开发和引进更符合顾客需要的新商品	
		SCI4	本企业经常推出新的顾客服务项目以满足顾客需求	
		SCI5	本企业推出的新服务较原有顾客服务变化较大	
		SCI6	本企业经常在行业中率先推出新的顾客服务项目	
2	传递创新	STI1	本企业的服务环境不断改善	
		STI2	本企业的商品展示越来越有特色	
		STI3	本企业的退换货服务更为方便	
		STI4	本企业人员响应顾客的需求越来越及时准确	
		STI5	本企业人员为顾客提供的帮助越来越令顾客满意	
		STI6	本企业内部服务流程优化越来越简洁高效	企业访谈

变量		测量题项		题项依据
编号	变量名	编号	题项内容	
3	短期绩效	SFP1	我们对企业资产回报率满意	斯帕诺斯和柳卡斯（2001）；库珀和克莱因施密特（1987）；科尔德罗（1990）；赛义德和哈萨布—埃尔纳比（2003）；格里芬和佩奇（1993）；焦豪（2011）；奥和特奥等（2012）；蔺雷和吴贵生（2007）
		SFP2	我们对企业销售增长率满意	
		SFP3	我们对企业现金流量满意	
4	长期绩效	LCA1	我们对企业经营商品和服务质量满意	
		LCA2	我们对企业公众社会形象满意	
		LCA3	我们对企业自身市场竞争优势地位满意	
5	市场动态性	MDC1	在企业所在的零售市场中，顾客的偏好变化非常快	米勒（1987）；贾沃斯基和科利（1993）；韩和金等（1998）；谢洪明（2005）；陈国权和王晓辉（2012）；奥和特奥等（2012）；冯军政（2012）；钱和曹等（2013）
		MDC2	顾客总是趋向于寻求新的商品和服务	
		MDC3	新顾客的出现主要来源于企业商品和服务的改善	
6	竞争动态性	CDC1	竞争对手的变化非常不可预测	
		CDC2	企业所处零售行业经常发生"促销战"	
		CDC3	企业所在零售行业几乎每天都能听说新的竞争行动	
7	技术动态性	TDC1	零售行业内，技术经常连续变化	
		TDC2	零售行业内，由于技术突破性发展，导致新产品/服务大量产生	
		TDC3	零售行业的技术变化非常不可预测	
8	政策动态性	PDC1	企业所处零售行业的创新政策变化非常快	
		PDC2	在不同的时期或阶段，政府零售行业创新政策的目标差异很大	
		PDC3	企业很难预测政府零售行业创新政策的变化趋势	

资料来源：笔者根据相关文献整理绘制。

4.2.3 预调研及数据分析

1. 预调研数据分析方法

在对概念模型中所涉及的变量进行初始测量并修订后，还需要收集小样本数据，进行预调研，分析和评价变量测量量表的有效性。依据分析结果，对量表测量题项进行修正或删除。在此基础上，形成正式问卷，用以大规模发放，获取数据以进行下一步统计分析。测量量表有效性的主要评价指标包括两种：

信度评价和效度评价。

信度按照李怀祖（2004）给出的定义，是指对于同样的对象，运用同样的观测方法得出同样观测数据（结果）的可能性。常用的信度指标有稳定性、等值性和内部一致性这三类，以判断调查对象是否认真填写调查问卷。内部一致性评价通常采用 3 种方法，即折半法、KR（Kuded Richardson）20 法和克朗巴哈（Cronbach's α）系数法。折半法适合测试项目折半分类的测量工具，KR20 法适用于测量答案只能二选一的测量工具，而克朗巴哈系数法常用于定距尺度的测试量表，如李克特量表。本书研究的概念模型中所有变量均采用李克特 5 点计分法测量，因此信度评价主要针对测量题项的内部一致性展开，应根据 Cronbach's α 系数进行评价。关于信度分析的评价标准，李怀祖等多数学者认为 0.7 是比较合适的标准阈值，即当变量的 Cronbach's α 数值大于 0.7 时，认为量表具有良好的信度；当变量的 Cronbach's α 小于 0.7 时，认为量表信度欠佳。本书采用该标准对预调研量表的内部一致性程度进行评价，进而判断量表的信度。

效度是指实际测量值反映试图测量对象特征的程度。测量效度评价的指标主要包括内容效度和结构效度。

内容效度是指量表测量题项的设置是否具有代表性和综合性，题项的有效程度主要取决于测量题项产生的实际背景。通常采用文献分析和访谈法对变量测量的内容效度进行评价，以评估测量题项的代表性和综合性程度。本书拟借鉴已有方法，通过文献分析和访谈法对量表内容效度进行评价，具体程序如下：

首先，在对概念模型中的构念进行测量时，充分参考已有文献，采用成熟量表，以保证测量题项的代表性和综合性。其次，通过借鉴已有量表对构念进行初始测量后，预调研收集小样本数据进行测试，对测量题项进行修订和完善，预调研对象为零售企业部门高级管理人员以及零售管理研究领域博士研究生，并征求零售管理研究领域专家的意见。经过以上两个步骤，可以认为，概念模型中各构念的测量量表题项具有较高的代表性和综合性，能够有效测量各构念，各量表具有较高的内容效度。

结构效度是指量表测量题项与被研究对象理论概念一致性的程度。结构效度关注的是所设置的测量题项方向是否一致，能否形成一个整体。结构效度包括收敛效度和区分效度两方面。收敛效度是指测量同一构念的不同题项之间的一致性。通过检验收敛效度，能够剔除"垃圾题项"，减少测量题项的多因子现象，提高测量因子的解释能力。区分效度是指不同变量测量之间所出现的差异化程度。检验区分效度所采用的主要方法就是探索性因子分析法，通过检查测量题项的因子载荷进行评价。

按照上述做法，采用探索性因子法检验量表结构效度。具体做法是：在进行探索性因子分析之前，首先进行变量（题项）间相关性分析，判断进行因子分析是否适合。变量间相关性检验方法主要包括 KMO 样本测度和巴特利特（Bartlett）球形检验两种。KMO 样本测度通过计算变量间简单相关系数平方和与偏相关系数平方和，并比较二者的大小，判断各变量是否适合进行因子分析。KMO 统计量的取值介于 0 和 1。统计学家凯撒（Kaiser）给出的 KMO 判断标准是：如果 KMO 值大于 0.9，表明各变量是非常适合作因子分析；如果 KMO 值大于 0.8，而小于 0.9，表明各变量适合作因子分析；如果 KMO 值大于 0.7，而小于 0.8，表明各变量适合作因子分析的程度为一般；如果 KMO 值大于 0.6，而小于 0.7，表明各变量不太适合作因子分析；如果 KMO 值小于 0.5，表明各变量是不适合作因子分析。Bartlett 球形检验中统计量的计算，则是根据相关系数矩阵的行列式进行的。如果该统计量较大，且相伴概率的值小于用户心目中的显著性水平，则拒绝原假设，即认为相关系数矩阵不可能是单位阵，也就是原始变量之间是存在相关性，表明进行因子分析是适合的。相反，如果该统计量比较小，且相伴概率值大于用户心目中的显著性水平，则不能拒绝原假设，即认为相关系数矩阵可能就是单位阵，表明作因子分析是不适合的。在本书研究中，同时采用了 KMO 样本测度与 Bartlett 球形检验这两种方法，并根据相关标准，判断各构念测量题项是否适合作因子分析。如果各构念测量题项适合进行因子分析，进一步提取公共因子，通过相关标准，对量表结构效度进行评价。

参照已有研究的主要做法，提取公共因子时一般采用的是主成分分析法，以选择特征值大于 1 的公共因子，并在因子载荷矩阵旋转时采用方差极大法。参照吴航（2014）的研究，在对量表结构效度进行评价时，也遵循以下三项原则：一是删除自成一个因子的题项，因为其没有内部一致性；二是题项在所属因子的载荷值须大于 0.5，则其具有收敛效度，否则予以删除；三是题项在其所属因子上的载荷值须接近 1，但在其他因子上的载荷须接近于 0，这样表明区分效度良好。因此，如果题项在两个或两个以上因子上的载荷值均小于 0.5，或者在两个或两个以上因子上的载荷值均大于 0.5，属于横跨因子现象，应予以删除。上述标准保证了每一构念测量的单因子性，同时避免了测量题项出现横跨因子现象。经过上述分析后，不同变量测量题项之间的区分效度将得以提高，并可保证量表的收敛效度，从而保证量表结构效度。

2. 预调研数据的收集

本书研究中的预调研主要集中在西安、成都、武汉、郑州等地的 50 多家企业进行。预调研数据收集主要采取了上门拜访、纸质邮寄和电子邮件这三种不同方式，答卷者都是零售企业的部门负责人员以及中高级管理者。在西安商业联合会的帮助下，笔者上门拜访了西安地区的 10 家零售企业，现场回收了填写好的 10 份问卷；对成都、武汉、郑州有关零售企业，采用了纸质邮寄和电子邮件的方式，发出问卷 60 份。本次预调研共计发出问卷 70 份，回收问卷 61 份，其中，回答不完整的有 5 份问卷，填答区分度始终全部相同的有 4 份问卷，非企业家或企业高层填答的有 3 份问卷，将这 12 份问卷予以剔除，最后获得实际有效问卷 49 份。

格宾和安德森（Gerbing & Anderson，1988）指出，一般认为，进行探索性因子分析所需的最低样本量为变量数的 5 ~ 10 倍。本书研究中需要处理的变量数为 8 个，则预调研测试收集的 49 份有效问卷可以满足要求，并且有效回收率为 70%，因此本次问卷回收未答复偏差也可以忽略不计。预调研问卷发放、回收、地区与有效问卷等分布情况如表 4 - 5 所示。

表 4 - 5　　　　　　　　　　　　预调研问卷情况一览

预调研地区	上门拜访			纸质邮寄			电子邮件			总计		
	发放	回收	有效	发放	回收	有效	发放	回收	有效	发放	回收	有效
西安	10	10	10	—	—	—	—	—	—	10	10	10
成都	—	—	—	8	5	4	12	11	9	20	16	13
武汉	—	—	—	6	4	4	14	14	10	20	18	14
郑州	—	—	—	9	8	5	11	9	7	20	17	12
总计	10	10	10	23	17	13	37	34	26	70	61	49

资料来源：笔者根据回收问卷分析整理绘制。

3. 预调研数据的信度和效度分析

本书以预调研收集到的 49 份有效问卷对概念模型中构念测量量表进行信度和效度分析，具体遵循以下程序。首先，使用探索性因子分析法，对变量测量量表进行结构效度评价，根据相关准则，剔除不合格题项；其次，在上一步基础上，计算剩余题项的 Cronbach's α 系数值，判定内部一致性检验量表的信度。

如果量表剩余题项的 Cronbach's α 系数值大于 0.7，则表明量表的信度良好。

（1）效度分析。

本书概念模型中共 8 个变量，在此，运用探索性因子分析法，对这 8 个变量进行效度分析，对题项进行净化处理。在对各量表的测量题项进行因子分析前，先进行 KMO 检验与 Bartlett 球形检验，判断各变量的测量题项是否适合作因子分析，检验结果如表 4－6 所示。

表 4－6　　　　　预测试中变量的 KMO 检验与 Bartlett 球形检验

编号	变量	检验方法			
		KMO 检验	Bartlett 球形检验		
			近似χ²值	自由度	相伴概率
1	概念创新	0.856	489.056	10	0.000
2	传递创新	0.909	1142.415	10	0.000
3	短期绩效	0.723	452.198	3	0.000
4	长期绩效	0.697	537.716	3	0.000
5	市场动态性	0.702	256.639	3	0.000
6	竞争动态性	0.775	889.883	3	0.000
7	技术动态性	0.689	1299.639	3	0.000
8	政策动态性	0.762	770.374	3	0.000

资料来源：笔者根据 KMO 检验与 Bartlett 球形检验结果绘制。

检验结果表明，除长期绩效和技术动态性两个变量外，其余 6 个变量的 KMO 值均大于 0.7。同时，这 8 个变量的 Bartlett 球形检验的相伴概率均为 0.000，通过了 Bartlett 球形检验，表明对这 8 个变量作因子分析是适合的。虽然长期绩效和技术动态性两变量 KMO 值小于 0.7，然而这两个变量均通过了 Bartlett 球形检验（P＜0.001），可以认为，这两个变量也适合进行因子分析。

随后进行各变量的探索性因子分析，结果分别如表 4－7 至表 4－14 所示。其中，仅提取一个公共因子的变量，各题项的载荷均大于 0.5。对于提取出两个公共因子的变量，运用方差极大法进行因子载荷矩阵旋转后，同属一个变量公共因子测量题项的最大载荷具有聚积性，表明量表具有较高的收敛效度，即相对于其他因子而言，同一变量的测量题项在相应因子上的载荷值均大于 0.5。同时，这些测量题项在其他公共因子上的载荷值均小于 0.5，表明各构念测量量表具有良好的区分效度。

表 4 – 7 预调研中概念创新构念的探索性因子分析结果

编号	变量	题项号	因子载荷	
			因子 1	因子 2
1	概念创新	SCI1	0.015	1.000
		SCI2	0.989	0.049
		SCI3	0.897	-0.019
		SCI4	0.983	0.018
		SCI5	0.867	0.036
		SCI6	0.954	0.025
特征值			3.932	1.001
方差贡献率（%）			98.246	

资料来源：笔者根据 SPSS 软件探索性因子分析结果绘制。

从表 4 – 7 预调研中概念创新构念的探索性因子分析结果能够看出，共提取出来两个公共因子，除了 SCT1 题项得到的因子载荷值之外，其他题项的因子载荷值在因子 1 上的最小值为 0.867，均大于 0.5，并且这些题项在因子 2 上的载荷值最大为 0.049，也小于 0.5，基于此可以判断 SCT2 至 SCT6 等题项可以较好地进行概念创新的测度，题项之间具有良好的区分效度。

从表 4 – 8 预调研中传递创新构念的探索性因子分析结果能够看出，共提取出来两个公共因子，除了 STI1 题项得到的因子载荷值之外，其他题项的因子载荷值在因子 1 上的最小值为 0.879，均大于 0.5，并且这些题项在因子 2 上的载荷值最大为 0.038，也小于 0.5，基于此可以判断 STI2 至 STI6 等题项可以较好地进行传递创新的测度，题项之间具有良好的区分效度。

表 4 – 8 预调研中传递创新构念的探索性因子分析结果

编号	变量	题项号	因子载荷	
			因子 1	因子 2
2	传递创新	STI1	0.012	0.999
		STI2	0.923	0.038
		STI3	0.879	0.020
		STI4	0.965	-0.016
		STI5	0.905	0.037
		STI6	0.948	0.034
特征值			3.946	1.003
方差贡献率（%）			98.178	

资料来源：笔者根据 SPSS 软件探索性因子分析结果绘制。

从表 4-9 预调研中短期绩效构念的探索性因子分析结果能够看出，提取出来一个公共因子，且各题项的因子载荷值最小值为 0.874，最大值为 0.923，所有值均大于 0.5，基于此可以判断这些题项可以较好地进行短期绩效的测度，题项之间具有良好的区分效度。

表 4-9　　　　　　　预调研中短期绩效构念的探索性因子分析结果

编号	变量	题项号	因子载荷
3	短期绩效	SFP1	0.895
		SFP2	0.874
		SFP3	0.923
特征值			2.519
方差贡献率（%）			80.794

资料来源：笔者根据 SPSS 软件探索性因子分析结果绘制。

从表 4-10 预调研中长期绩效构念的探索性因子分析结果能够看出，提取出来一个公共因子，且各题项的因子载荷值最小值为 0.989，最大值为 0.994，所有值均大于 0.5，基于此可以判断这些题项可以较好地进行长期绩效的测度，题项之间具有良好的区分效度。

表 4-10　　　　　　　预调研中长期绩效构念的探索性因子分析结果

编号	变量	题项号	因子载荷
4	长期绩效	LCA1	0.991
		LCA2	0.989
		LCA3	0.994
特征值			2.947
方差贡献率（%）			98.607

资料来源：笔者根据 SPSS 软件探索性因子分析结果绘制。

从表 4-11 预调研中市场动态性构念的探索性因子分析结果能够看出，提取出来一个公共因子，且各题项的因子载荷值最小值为 0.978，最大值为 0.992，所有值均大于 0.5，基于此可以判断这些题项可以较好地进行市场动态性的测度，题项之间具有良好的区分效度。

表 4 – 11 　　　　　　　　预调研中市场动态性构念的探索性因子分析结果

编号	变量	题项号	因子载荷
5	市场动态性	MDC1	0.981
		MDC2	0.992
		MDC3	0.978
特征值			2.957
方差贡献率（%）			98.684

资料来源：笔者根据 SPSS 软件探索性因子分析结果绘制。

　　从表 4 – 12 预调研中竞争动态性构念的探索性因子分析结果能够看出，提取出来一个公共因子，且各题项的因子载荷值最小值为 0.977，最大值为 0.992，所有值均大于 0.5，基于此可以判断这些题项可以较好地进行竞争动态性的测度，题项之间具有良好的区分效度。

表 4 – 12 　　　　　　　　预调研中竞争动态性构念的探索性因子分析结果

编号	变量	题项号	因子载荷
6	竞争动态性	CDC1	0.981
		CDC2	0.992
		CDC3	0.977
特征值			2.948
方差贡献率（%）			98.384

资料来源：笔者根据 SPSS 软件探索性因子分析结果绘制。

　　从表 4 – 13 预调研中技术动态性构念的探索性因子分析结果能够看出，提取出来一个公共因子，且各题项的因子载荷值最小值为 0.872，最大值为 0.961，所有值均大于 0.5，基于此可以判断这些题项可以较好地进行技术动态性的测度，题项之间具有良好的区分效度。

表 4 – 13 　　　　　　　　预调研中技术动态性构念的探索性因子分析结果

编号	变量	题项号	因子载荷
7	技术动态性	TDC1	0.959
		TDC2	0.961
		TDC3	0.872
特征值			2.734
方差贡献率（%）			92.416

资料来源：笔者根据 SPSS 软件探索性因子分析结果绘制。

从表4-14预调研中政策动态性构念的探索性因子分析结果能够看出，提取出来一个公共因子，且各题项的因子载荷值最小值为0.907，最大值为0.937，所有值均大于0.5，基于此可以判断这些题项可以较好地进行政策动态性的测度，题项之间具有良好的区分效度。

表4-14　　　　　　预调研中政策动态性构念的探索性因子分析结果

编号	变量	题项号	因子载荷
8	政策动态性	PDC1	0.912
		PDC2	0.937
		PDC3	0.907
特征值			3.826
方差贡献率（%）			79.593

资料来源：笔者根据SPSS软件探索性因子分析结果绘制。

综合以上各表格探索性因子分析结果，依据前述的结构效度评价规则，发现其中共有2个题项由于自成一个因子，使得因子间构成题项没有实现内部一致性，故将其进行删除，具体如下：删除概念创新构念的测量题项SCI1，删除传递创新构念的测量题项STI1。其余的题项予以全部保留。

（2）信度分析。

在进行上述效度的分析后，对保留下来的构念测量题项再进行信度分析，并通过Cronbach's α系数检验量表的内部一致性，得到的检验结果如表4-15所示。

表4-15　　　　　　　　预调研中各变量的信度检验

编号	变量	题项个数	Cronbach's α 系数值
1	概念创新	5	0.968
2	传递创新	5	0.971
3	短期绩效	3	0.902
4	长期绩效	3	0.895
5	市场动态性	3	0.914
6	竞争动态性	3	0.925
7	技术动态性	3	0.947
8	政策动态性	3	0.954

资料来源：笔者根据SPSS软件信度检验结果绘制。

从表 4 - 15 结果可以看出，得到的各变量的 Cronbach's α 系数值最小为 0.895，最大为 0.971，所有量表的 Cronbach's α 系数值均大于 0.7，位于理想范围内，表明量表题项间具有良好的内部一致性，量表具有较高的信度，从而为实施本书后续的大样本检验打好了基础。

经过上述效度分析和信度分析，删除了变量测量量表中的冗余题项，从而形成正式测量量表，如附录 3 所示。① 基于这些正式量表，通过大样本调查收集数据，运用统计方法进行实证检验，并对研究结果进行讨论。

4.3　数据准备与收集

4.3.1　样本选取

为了使数据质量从源头上得到保证，根据研究问题需要和访谈研究的情况，本书明确了研究取样的标准。由于本书的中心是中国零售企业服务创新和企业绩效以及动态环境感知影响等关系，因此本书以从事零售活动的企业为样本，即这些零售企业是指为最终消费者个人或社会集团出售生活消费品或非生产性消费品及相关服务，以供其最终消费使用的专门的、独立中间商。因此，专门从事非物质商品的服务零售以及进行商贸批发的零售企业不包括在内。

由于零售企业面临的各种内外部环境十分不稳定，内部服务创新活动的开展需要不断培育和激活，所以样本零售企业至少要存活一段时间，也就是需要经营一定的年限，为此，本书选择正式成立并至少正常运营 1 年以上的零售企业为样本。同时，由于零售企业不分企业规模大小，或多或少地都进行着服务创新，因此本研究对样本企业特征方面没有特殊的要求。但是根据便利性、代表性和可行性原则，选择的样本零售企业必须是一个完整的独立经营实体。

同时，考虑到研究目的和零售活动在我国实施的地域差异，为了能较全面地反映零售企业服务创新对企业绩效影响情况以及环境动态性因素的作用，本书借助企业黄页和亲戚朋友社会关系，分别在东部（北京、上海、大连）、中部

---

① 附录 3 中第二部分"零售企业管理各变量的测量"表格的编号是预调研进行题项删减调整后的新编号，即重新对题项排序的编号，为避免和预调研的题项编号不一致从而在理解上给读者造成困扰，故作此说明。

（郑州、太原、武汉）和西部（成都、西安、兰州）选取了研究样本。这些零售企业销售的商品范围广泛，如食品、副食、生鲜、百货、服饰、家具、建材、办公、电器、图书、玩具和体育健身器械等。

此外，由于本调研问卷涉及的内容有一定综合性，为使填写问卷者能够具备充足的概念和知识背景来填答问卷，本书进行零售企业调查时候，选择零售企业总裁、总经理和其他高层管理人员（如副总、总监、董事会秘书、战略发展部经理或事业部经理等）进行填写。这些人员由于熟悉企业情况，对企业的服务创新以及环境动态性均有认知，并始终关注企业短期绩效和长期竞争状况，因此能够获得可信的样本数据。

4.3.2　样本数据收集

为了确保问卷内容能被很好地理解，尽可能获得有效数据，本书对数据收集过程进行了相应的设计。一方面，在问卷指导语中明确说明了问卷调查的结果不会用于商业用途，而仅用于学术研究；调查对象自己所填写的答案都没有正确和错误之分，仅反映调查对象对相关问题的认识；问卷不记名，填写的信息予以保密等，以打消调查对象疑虑，尽可能减少填写偏差。并且在问卷发放过程中通过电话、电子邮件等方式与被调查对象保持联系，并对问卷中学术名词的含义进行解释。另一方面，借鉴前期预调研的经验，进一步改进问卷发放手段。利用之前与西安市商业联合会合作成功主持西安市社科基金项目的基础，进一步加强双方合作并委托与其他城市的商业联合会进行沟通，整理出各样本选取城市内的零售企业名单。西安市的零售企业选择现场上门发放，其他城市的零售企业依托当地商业联合会的帮助，进行问卷发放。另外对一些没有列在商业联合会提供名单上，但从当地企业黄页可以查到的零售企业，寻求当地的同学和朋友帮助进行问卷的发放。

本次问卷发放具体情况是：首先，西安的零售企业采取上门发放，由于有前期课题合作和预调研的基础以及西安市商业联合会的推荐，所以双方信任度较高，这些问卷全部回收，通过这种方式共发放问卷 40 份，全部有效；其次，依靠各城市商业联合会的帮助，在属于会员的零售企业中共发放问卷 320 份，回收问卷合计 199 份，其中有效问卷 187 份；最后，对没有出现在商业联合会会员名单中但企业黄页中有的，利用同学朋友关系以及导师团队成员之间的人际关系，通过邮寄和电子邮件两种途径进行问卷发放，向相关零售企业共发放 160 份问卷，回收问卷合计 79 份，其中有效问卷 69 份。所以，利用三种不同方式共发放问卷 520 份，回收问卷合计 318 份，其中有效问卷为 296 份，有效问卷的回收率为 56.92%，具体如表 4 – 16 所示。

表 4 – 16　　　　　　　　　　问卷发放及回收情况一览

问卷发放及回收方式	发放数量（份）	回收数量（份）	回收率（%）	有效数量（份）	有效率（%）
零售企业上门发放	40	40	100	40	100
商业联合会代为发放	320	199	62.19	187	58.44
朋友、同学代为发放	160	79	49.38	69	43.13
合　计	520	318	61.15	296	56.92

资料来源：笔者根据问卷发放与回收结果统计绘制。

4.4　数据分析方法

4.4.1　描述性统计

描述性统计就是对收集到的原始数据进行分类和整理，以筛选出各种有效的数据，也就是各种有意义的信息或者统计量。并且可以采用次数分布表、分布图进行数据的显示，还可以通过数据的各项统计量进行表现。薛薇（2007）指出，不同的变量尺度具有截然不同的表现方式，类别型变量或次序型变量显示时，通常以次数分布表或者图示的形式表示，如箱体图、饼状图，而连续型变量显示时，一般是以统计量或者图示的形式表示，如柱状图、折线图等。

本书的描述性统计分析主要对样本企业的基本特征进行统计分析，包括零售企业的年龄、企业规模、企业性质以及经营的主力业态等，具体描述样本的类别、特性以及比例分配等状况。

4.4.2　相关分析

客观事物之间的关系可能存在一种非一一对应的关系，即当一个变量 x 取一定值时，另一变量 y 无法依据确定的函数取唯一确定的值。统计将这种关系划分为线性相关关系和非线性相关关系，并且用正线性相关以及负线性相关来区分线性相关。相关分析能有效地揭示事物之间统计关系的强弱程度，一般通过数值和图形两种方式予以体现（薛薇，2007）。而以数值方式能精确地反映两个变量间线性相关的强弱程度，被称为相关系数。常用的相关系数有皮尔森（Pearson）简单相关系数、肯德尔等级（Kendall τ）相关系数和斯皮尔曼（Spearman）等级相关系数。

本书采用 Pearson 相关分析法，来研究零售企业的服务创新（概念创新、传递创新）、环境动态性（市场动态性、竞争动态性、技术动态性和政策动态性）和企业绩效（短期绩效、长期绩效）等变量以及相关控制变量的相关系数矩阵。利用 SPSS 软件自动计算 Pearson 简单相关系数、t 检验统计量的观测值和对应的概率 p 值。

4.4.3　方差分析

方差分析则是从对观测变量的方差进行分解入手，通过推断控制变量各水平下各观测变量总体的均值是否存在显著性差异，分析控制变量是否给观测变量带来了显著影响，进而再对控制变量各个水平对观测变量影响的程度进行剖析，包括单因素方差分析和两因素方差分析。而单因素方差分析则是用来研究一个控制变量的不同水平变化，是否会对观测变量产生显著的影响作用。其操作步骤是，首先明确观测变量和控制变量，然后剖析观测变量的方差，最后比较观测变量总离差平方和与各部分的比例，从而推断控制变量是否给观测变量带来了显著影响。

本书研究中，在分析服务创新对企业绩效的影响时，确定是否把控制变量放进结构方程模型之前，需要先进行单因素方差分析检验，以确定是否要将全部或部分控制变量放入。

4.4.4　信度和效度检验

信度是指对于同样的对象，使用同样的观测方法，得出同样观测数据或结果的可能性。常用的信度指标有稳定性、等值性和内部一致性这三类，以判断调查对象是否认真填写调查问卷。内部一致性的评价通常采用 3 种方法，其中 Cronbach's α 系数法适用于定距尺度的测试量表，如李克特量表。本书概念模型中所有变量均采用李克特5点计分法测量，因此应根据 Cronbach's α 系数进行评价。关于信度分析的评价标准，大多数学者认为 0.7 是比较适合的标准阈值。本书也采用该标准对预调研量表的内部一致性程度进行评价，进而判断量表的信度。

效度是指实际测量值反映试图测量对象特征的程度。检验效度的常用方法有三种：内容效度、准则效度和结构效度。在文中的量表是基于学者文献开发的，所以本书研究中不进行准则效度的检验，只检验内容效度和结构效度。内容效度衡量量表中测量题项的设置是否具有综合性和代表性，而题项的有效程度主要受制于测量题项产生的实际背景。变量测量的内容效度的评价通常是采用文献分析和访谈法进行，进而评估测量题项的综合性和代表性程度。本书借鉴已有方法，也通过文献分析和访谈法对量表的内容效度予以评价。

结构效度是指量表测量题项与被研究对象理论概念的一致性程度。结构效度关注的是所设置的测量题项方向是否一致，能否形成一个整体。结构效度包括收敛效度和区分效度两方面。收敛效度是指测量同一构念的不同题项之间的一致性。通过检验收敛效度，能够剔除"垃圾题项"，减少测量题项的多因子现象，提高测量因子的解释能力。而区分效度是指不同变量测量之间的差异化程度。检验区分效度的主要方法是探索性因子分析法，通过检查测量题项的因子载荷进行评价。本书主要检验区分效度，应用因子分析来检验零售企业服务创新、环境动态性和企业绩效等变量的区分效度。

4.4.5 结构方程模型

1. 结构方程模型的一般理论

结构方程模型是起源于心理计量学和经济计量学等学科的一种统计方法学，它将因素分析与路径分析两种统计方法进行了整合，是基于变量协方差矩阵来分析变量之间关系的一种方法，也被学者们称为协方差结构分析。邱皓政和林碧芳（2009）指出这种方法既可以分析潜在变量之间的结构关系，也能够分析处理测量误差。结构方程模型有两个基本的模型：一个是结构模型，是求出潜变量与潜变量之间关系的模型；另一个是测量模型，是求出观察变量与潜变量之间关系的模型。并且结构方程模型优点突出，侯杰泰和温忠麟等（2004）指出其表现在：可以同时处理多个因变量；容许自变量和因变量含测量误差；可以同时估计因子结构和因子关系。

利用结构方程建立模型的一般步骤主要包括，结构方程模型的设定、识别、拟合、评价以及修正。而模型的拟合程度是结构方程分析的核心，即研究人员所提变量间的关联模式与实际数据是否拟合，以及拟合的程度如何。借鉴侯杰泰和温忠麟等（2004）的研究，本书在模型评价时，将综合运用绝对拟合指数和相对拟合指数，并选取这几类广为认可及应用的指标，如 χ^2/df、TLI、CFI、NFI、IFI 等作为评价模型的拟合指数，每个指标的具体判别标准如表4-17所示。

表 4-17　　　　　　　常见的结构方程模型拟合指数判定准则

结构方程拟合指数		指标数值范围	理想的指标数值
分类	名称		
总体拟合优度指标	χ^2 值	显著性概率值 P 值为 0~1	>0.05，接近 1 非常好
	卡方自由度比（χ^2/df）	大于 0	2~5，≤2 非常好
	拟合优度指数（GFI）	0~1	≥0.9，接近 1 非常好
	调整的拟合优度指数（AGFI）	0~1	≥0.9，接近 1 非常好
	近似误差均方根（RMSEA）	大于 0	<0.1，<0.05 非常好
比较拟合优度指标	标准拟合指数（NFI）	0~1	≥0.9，接近 1 非常好
	比较拟合指数（CFI）	0~1	≥0.9，接近 1 非常好
	增值拟合指数（IFI）	0~1	≥0.9，接近 1 非常好
	非标准拟合指数（TLI）	0~1，也可能有负值	≥0.9，接近 1 非常好

资料来源：笔者根据侯杰泰和温忠麟等（2004）、邱皓政和林碧芳（2009）、吴明隆（2010）文献整理绘制。

本书将使用结构方程模型的方法，进一步检验零售企业服务不同创新类型对企业绩效的作用路径，并对整体结构模型进行拟合分析和假设检验。并且，对服务创新不同类型对零售企业绩效的交互作用，采用下面的潜变量交互效应建模原理。

2. 潜变量交互效应建模原理

很多情况下管理学领域所研究的变量中，潜变量之间也可能存在交互效应，展开对潜变量交互效应的分析，有助于探讨管理问题发生的机制，进一步明确各个变量的作用方向和效度，方便对企业绩效的实现进行及时控制。目前温忠麟和侯杰泰（2004）总结提出分析潜变量交互效应的方法主要有四种：一是用潜变量的因子得分作回归分析；二是分组线性结构方程模型；三是加入乘积项的结构方程模型；四是两步最小二乘回归分析。综合起来就是两种回归方法和两种结构方程模型方法。两种回归方法均是两步估计，存在着较大误差。结构方程模型的方法分析出的结果比较准确。而国内吴艳和温忠麟（2009）分析了产生均值结构的根源，提出了无均值结构的潜变量交互效应模型，方便了实际应用工作者。本书采用其思想进行潜变量的交互效应模型构建及分析。

设 ξ_1 是外生的潜变量，并有三个观测变量，分别是 x_1、x_2 和 x_3，ξ_2 是另外一个外生的潜变量，同时也有三个观测变量 x_4、x_5 和 x_6。η 是内生的潜变量，并设有两个观测变量 y_1 和 y_2。并假设 ξ_1 和 ξ_2 之间存在着交互效应，它们不仅可以独立影响 η，而且两者间的交互项也能影响 η，其模型路径图如下：

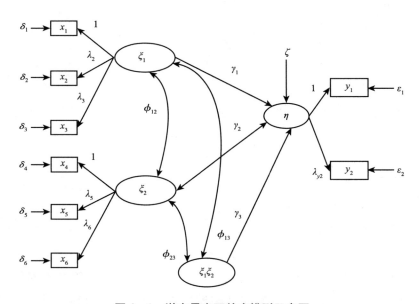

图 4 – 1   潜变量交互效应模型示意图

资料来源：笔者根据结构方程的模型原理绘制。

在图 4 – 1 中，交互项的表示是通过对 ξ_1 和 ξ_2 的乘积项 $\xi_1\xi_2$ 来体现的，并且将其看作是 η 的第三个外生的潜变量。吴艳和温忠麟等（2009）提出的无均值结构的结构方程模型，可以表示为如下。

假设所有指标都中心化，有关 x 指标（外生潜变量与其指标的关系）的测量方程为：

$$x_1 = \xi_1 + \delta_1 \tag{4.1}$$

$$x_2 = \lambda_2 \xi_1 + \delta_2 \tag{4.2}$$

$$x_3 = \lambda_3 \xi_1 + \delta_3 \tag{4.3}$$

$$x_4 = \xi_2 + \delta_4 \tag{4.4}$$

$$x_5 = \lambda_5 \xi_2 + \delta_5 \tag{4.5}$$

$$x_6 = \lambda_6 \xi_2 + \delta_6 \tag{4.6}$$

假设所有指标都中心化，有关 y 指标（内生潜变量与其指标的关系）的测量方程为：

$$y_1 = \eta + \varepsilon_1 \tag{4.7}$$

$$y_2 = \lambda_{y2} \eta + \varepsilon_2 \tag{4.8}$$

则结构方程为：$\eta = \gamma_1 \xi_1 + \gamma_2 \xi_2 + \gamma_3 [\xi_1 \xi_2 - E(\xi_1 \xi_2)] + \zeta \tag{4.9}$

其中，系数 γ_1 和 γ_2 代表主效应，γ_3 代表交互效应。该模型有关 x 指标的测量方程和模型假设及参数估计都与普通结构方程模型相似，不同的是有关 y 指标的测量方程。

交互项的形成是将两个外生潜变量 ξ_1 和 ξ_2 相乘得到，用新的外生潜变量 $\xi_1 \xi_2$ 来进行表示，对该潜变量测量指标也就是观测变量如何形成，学者们一般的做法就是利用乘积来产生测量指标。现有做法有全部交叉乘积指标、配对乘积指标和单一乘积指标三种办法，马什和温（Marsh & Wen，2007）在考虑了模型的简洁性、模型拟合指数、估计偏差和精确度等综合因素后，指出配对乘积指标最好，并且配对的原则是"大配大、小配小"，即载荷大的指标应当配对相乘。并且采用无均值结构的交互效应模型时，交互项的指标就是中心化后的配对乘积指标，然后对交互项进行相应的测量。随后是进行模型的评价，具体包括总体评价和部分评价两种。从结构方程模型整体上判断所设定模型与所采集数据是否匹配以及匹配程度的评价就是总体评价，如果设定模型与数据的拟合效果不好，那么就要采用部分评价，具体来说就是对模型中的变量、参数、个别方程式等进行单独评价。

本书采用这种潜变量交互项结构方程建模的方法，对服务创新不同类型（概念创新和传递创新）对零售企业绩效的交互效应进行检验，并对模型的拟合进行分析和所提假设予以验证。

4.4.6　层次回归分析法

层次回归分析法可以用来进行调节变量的效应检验。本书采用刘军（2008）

的分析，以 x_2 影响 x_1 与 y 之间的关系为例来分析调节效应的检验。这里 x_2 充当调节变量的角色，用数学公式表现出来，即 $\Delta y / \Delta x_1 = m x_2 + n$，要使得公式有意义，则 $m \neq 0$，这样，含有调节效应的公式就表示为 $y = b_0 + b_1 x_1 + b_2 x_2 + b_3 x_1 x_2 + \varepsilon$，要证明 x_2 在 x_1 与 y 之间具有调节效应，只要证明 b_3 显著不等于 0 即可。

调节效应的检验通常分为三个步骤：第一步，先把自变量 x_1 放入回归方程中，看它的决定系数 R_1^2 的大小，即 x_1 对因变量 y 的解释程度；第二步，再把调节变量 x_2 放入回归方程中，这时看决定系数的变化程度 ΔR^2（即 $R_2^2 - R_1^2$），判断 x_2 对因变量 y 的独特贡献力；第三步，最后把交互项 $x_2 \times x_1$ 放入回归方程中，这时看决定系数的变化程度，$x_2 \times x_1$ 的独特贡献就是 $R_3^2 - R_2^2$。这样就获得了"排除自变量和调节变量对因变量变异解释"之外的"独特贡献力"。

本书采用层次回归分析法的上述原理，分析服务创新与零售企业绩效中环境动态性这个变量的调节效应。具体操作过程中，首先验证零售企业的服务创新（概念创新和传递创新）对企业绩效的解释程度，然后逐步代入环境动态性中的市场动态性、竞争动态性、技术动态性和政策动态性四个调节变量，判断调节变量对零售企业绩效的独特贡献力，最后把服务创新和调节变量的交互项放入，判断调节变量对服务创新与零售企业绩效之间关系的调节效应。

4.4.7　数据分析软件

1. SPSS 社会科学统计软件

社会科学统计软件（Statistical Package for the Social Science，SPSS），是由美国斯坦福大学的三位研究生于 20 世纪 60 年代末最早研发的统计分析软件，随后很多统计学者和研发人员对 SPSS 的功能不断完善，基于可操作性和准确性，自然科学、社会科学和技术科学等各个领域都很快采用了 SPSS 软件。作为一种社会科学统计软件，SPSS 软件目前在 Windows 操作平台系统上的使用最为普及，本书研究采用的 IBM SPSS Statistics 19 是由 IBM 公司出品的较新的一种版本。SPSS 软件包的功能十分强大，能实现包括数据管理、统计分析、图表分析、输出管理等基本功能，还可以满足论文研究对数据的描述性统计、均值分析比较、相关分析、因子分析等高级功能需求，可以方便地将数据转化为各种统计图形。而且，SPSS 软件包还具备与 Excel、Visual Foxpro 等软件交换数据的接口，使得在研究中通过不同途径收集并输入的数据能与 SPSS 软件包进行交换。

　　基于上述原因，本书研究选用 SPSS 软件包 IBM SPSS Statistics 19 这一较新版本作为研究中的数据分析工具，一是用于对零售企业服务创新影响企业绩效问卷中获得的调查数据的情况汇总和描述统计分析，二是用在对本书服务创新调查问卷各个题项的具体分析，以及问卷的信度、效度和单因素方差等分析工作。

　　2. AMOS 结构方程分析软件

　　矩结构分析（analysis of moment structures，AMOS）是 IBM SPSS Statistics 统计软件包中的一个独立产品，也是比较有效的结构方程（SEM）建模的工具之一。AMOS 软件通过对传统的回归、因子分析、相关性分析和方差分析等多元分析方法予以扩展，弥补了传统统计工具方法的不足，为理论研究提供更多的构建模型统计分析的支持。在 AMOS 软件环境下，可以在非常直观的路径图下指定模型、估计模型、评估模型乃至重新设定模型，以显示理论假定的各变量之间的关系，方便地建立能够真实反映复杂关系的模型。AMOS 软件能够快速创建模型，对变量之间的相互影响及其原因进行检验，通过一次性地验证复杂模型的因果关系，并用标准方法以及在此基础上扩展的方法进行多元分析，AMOS 能够提供更为精确、丰富的统计分析结果。所以，AMOS 结构方程分析软件的应用非常广泛和普及，在社会科学以及经济、市场、管理等研究领域被研究人员所广泛使用。

　　根据 AMOS 结构方程模型分析软件包所拥有的特点和内在优势，结合本书研究问题的逻辑关系，这些功能完全能够满足本书研究中对结构方程模型的统计分析以及变量关系验证的需要。因此，在本书零售企业服务创新不同类型以及交互作用影响企业绩效的结构模型的研究中，采用 AMOS 软件包对其进行统计分析和模型验证，AMOS 软件包的版本为 IBM SPSS Statistics 软件包中的 AMOS 19.0。

4.5　本章小结

　　本章从变量测量、对象选取与问卷设计优化、数据收集以及数据分析方法等方面出发，对本书的研究方法进行了全面阐述。在参阅大量相关研究的基础上，本书结合已有文献中对相关变量的测量方法，对概念模型中各变量的初始测量量表予以确定。随后确定了问卷对象，并在问卷设计中，为最大限度排除相关因素的干扰，尽可能采用科学合理的步骤和方法。在数据收集过程中，先对初始量表进行了企业预调研，并根据专家及受访者的意见对问卷进行了反复的调整，然后进行预调研的小样本测试，进而评价量表的信度和效度，获得修正后的测量量表，便于在大样本实证研究中采用。在大样本数据的收集中，为确保所获数据的可靠性和有效性，本书对问卷发放和回收等过程采取了多种方式进行管理。最后，对研究中所涉及的主要方法与参照标准作了描述。本部分的研究，为大样本实证研究进一步提供了方法论和操作基础。在下一章，本书将基于已获取的调查数据，采用上述分析方法与标准对第 3 章所提出的研究假设进行实证检验。

第 5 章

数据分析与假设检验

　　本章对大样本数据进行有效性分析和描述性统计，随后进行数据的信度和效度检验，确保测量的有效可信，分析变量间的相关关系，并在此基础上分别采用结构方程模型进行拟合分析，采用层次回归分析方法分析调节效应，全面检验所提的研究假设是否成立。

5.1　样本数据基本统计分析

5.1.1　样本数据合并的有效性分析

　　本研究采用了多种数据收集方法，如企业上门现场直接发放、委托商联会行业组织和亲朋好友以及采用邮件发送的方式，在进行结构方程模型分析之前，必须对不同样本来源可能存在的差异性进行检验，从而检验不同来源样本合并的有效性。

　　表 5 - 1 显示了现场发放和委托发放两种途径所收集的样本数据，从企业绩效测度指标评价值上的方差齐性检验结果看，各指标 Levene 统计值的显著性概率值都大于 0.05，表示不同途径所搜集的样本企业绩效测度指标的评价值是具有方差齐性。

表 5 - 1　　　　　　　　　不同途径样本的方差齐性检验结果

内容描述	Levene 统计值	df1	df2	显著性
对企业资产回报率满意	0.216	1	294	0.813
对企业销售增长率满意	0.421	1	294	0.636
对企业经营过程中的现金流量满意	0.197	1	294	0.735

续表

内容描述	Levene 统计值	df1	df2	显著性
对企业自身产品和服务质量满意	2.358	1	294	0.069
对企业自身公众与社会形象满意	0.073	1	294	0.804
对企业自身竞争优势和市场地位满意	0.035	1	294	0.912

资料来源：笔者根据 SPSS 软件方差齐性检验结果绘制。

针对现场发放和委托发放这两种不同途径所收集的样本企业绩效测度指标，其评价值上的方差分析结果汇总如表 5 – 2 所示。从表中可以看出，各指标的 F 统计值的显著性概率值都大于 0.05，反映出不同途径所收集的样本企业绩效测度指标的评价值没有显著差异，表明将样本合并分析是可以的。

表 5 – 2　　　　　　　　　　不同途径方差分析结果

内容描述	方差来源	平方和	自由度	均方和	F 值	显著性
对企业资产回报率满意	组间	0.142	1	0.142	0.079	0.841
	组内	428.629	294	2.134		
	总数	428.771	295			
对企业销售增长率满意	组间	1.297	1	1.297	0.694	0.417
	组内	502.114	294	2.176		
	总数	503.411	295			
对企业经营过程中的现金流量满意	组间	0.389	1	0.389	0.161	0.698
	组内	549.083	294	2.201		
	总数	549.472	295			
对企业自身产品和服务质量满意	组间	0.581	1	0.581	0.407	0.635
	组内	366.793	294	2.092		
	总数	367.374	295			
对企业自身公众与社会形象满意	组间	0.002	1	0.002	0.002	0.996
	组内	361.307	294	2.088		
	总数	361.309	295			
对企业自身竞争优势和市场地位满意	组间	3.902	1	3.902	2.118	0.157
	组内	511.683	294	2.181		
	总数	515.585	295			

资料来源：笔者根据 SPSS 软件方差检验结果绘制。

从表 5 – 2 中可以看出，对企业资产回报率满意、对企业销售增长率满意、对企业经营过程中的现金流量满意、对企业自身产品和服务质量满意、对企业自身公众与社会形象满意、对企业自身竞争优势和市场地位满意等各指标的 F 统计值检验发现，其显著性概率值都大于 0.05，反映出不同途径所收集的样本企业绩效测度指标的评价值没有显著差异，表明将样本合并分析是可以的。

5.1.2　样本数据描述性统计分析

描述性统计分析是通过对零售企业的年龄、规模、性质等指标予以分析，获得样本的分布情况，说明各变量的样本数以及百分比等，从而描述样本的基本构成情况。具体从表 5 - 3 中可以看出。

表 5 - 3　　　　　　　　　　样本基本特征的分布情况统计

项目	类别	样本数（份）	构成比（%）
企业年龄	5 年以下	32	10.81
	6 ~ 10 年	97	32.77
	11 ~ 15 年	102	34.46
	16 ~ 20 年	38	12.84
	20 年以上	27	9.12
企业规模	50 人及以下	18	6.08
	51 ~ 100 人	32	10.81
	101 ~ 500 人	63	21.28
	501 ~ 1000 人	119	40.21
	1001 人及以上	64	21.62
企业性质	国有企业	87	29.39
	集体企业	69	23.31
	民营企业	98	33.11
	三资企业	42	14.19
主力业态	百货商店	74	25.00
	超级市场	85	28.72
	专业店/专卖店	64	21.62
	便利店	39	13.18
	网上商店	18	6.08
	其他	16	5.40

资料来源：笔者基于问卷整理绘制。

从企业年龄分布情况来看，成立时间在 10 年及以下的企业累积百分比为 43.58%，而成立时间在 20 年及以上的企业仅占到样本数的 9.12%，体现出大部分零售企业都比较年轻，这反映了我国全面放开零售业，引入竞争机制后极大地推动了零售业的发展，很多新兴业态的零售企业开始大量涌现，同时也说明了零售企业所处的市场结构竞争较为激烈，企业的发展面临较大的淘汰性，总体来看样本情况比较符合中国零售企业的特点。再从企业规模来看（即分析企业的员工人数），员工人数在 500 人以下的企业有 113 家，占样本总数的 38.17%，员工人数在 501～1000 人的企业有 119 家，占样本总数的 40.21%，而大于 1000 人的企业有 64 家，占样本总数的 21.62%，印证了当下零售企业所具有的劳动密集型特点，零售企业的规模得到了较为准确的反映，因此，可以认为该研究样本具有较好的覆盖性。接着从企业性质来看，国有企业占比 29.39%，集体企业占比 23.31%，而民营企业占比最大，达到了 33.11%，三资企业占比 14.19%，说明零售行业国企份额有所下降，市场的开放程度较高，市场竞争机制得到了充分发挥。最后从企业的主力业态来看，超市业态发展迅猛，占比达 28.72%，随后是百货店业态，占比 25%，专业店/专卖店业态占比 21.62%，这三者占有主要比重；便利店占比 13.18%，新兴的网上商店也达到了 6.08%，还有其他业态类型占比 5.4%，可以看出目前零售企业形成了以实体店铺形态为主、兼顾网络店铺形态的线上线下相结合的格局，较全面地反映了当前我国零售业态的实际情况。

5.2 量表信度与效度检验

5.2.1 服务创新的信度、效度与验证性因子分析

开展量表的信度和效度检验时，本书先对零售企业服务创新这个解释变量进行信度分析，具体有概念创新和传递创新，其结果如表 5－4 所示。

表 5 – 4　　　　　　　　服务创新量表的信度检验结果 （N = 296）

变量	题号	题项（简写）	题项—总体相关系数	删除该题项后的 α 值	Cronbach's α 值
概念创新	SCI1	本企业提供的商品质量越来越高	0.639	0.792	0.829
	SCI2	本企业不断开发和引进更符合顾客需要的新商品	0.590	0.805	
	SCI3	本企业经常推出新的顾客服务项目以满足顾客需求	0.692	0.776	
	SCI4	本企业推出的新服务较原有顾客服务变化较大	0.624	0.796	
	SCI5	本企业经常在行业中率先推出新的顾客服务项目	0.591	0.807	
传递创新	STI1	本企业的商品展示越来越有特色	0.821	0.915	0.931
	STI2	本企业的退换货服务更为方便	0.800	0.919	
	STI3	本企业人员响应顾客的需求越来越及时准确	0.835	0.912	
	STI4	本企业人员为顾客提供的帮助越来越令顾客满意	0.839	0.911	
	STI5	本企业内部服务流程优化越来越简洁高效	0.793	0.920	

资料来源：笔者根据 SPSS 软件信度分析结果绘制。

从表 5 – 4 中可以看出，该变量所有的题项—总体相关系数中最小值为 0.590，最大值为 0.839，所有值均大于 0.35，同时各变量的 Cronbach's α 系数均大于 0.70，而且如果删除其他任何一个题项都将降低一致性指数，因此服务创新解释变量通过了信度检验，说明每个变量的题项之间具有较好的内部一致性。

在信度分析完成后，接着对服务创新不同类型进行验证性因子分析，测量模型及拟合结果分别如图 5 – 1 和表 5 – 5 所示。

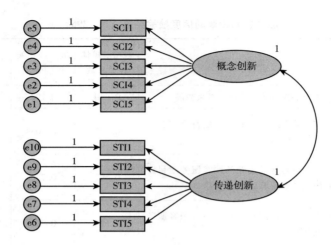

图 5 - 1　服务创新的测量模型

资料来源：笔者根据 AMOS 软件原理绘制。

对零售企业服务创新测量模型的拟合情况展开分析，得到的具体输出结果如表 5 - 5 所示。

表 5 - 5　　　　　　　　　　服务创新测量模型的拟合结果（N = 296）

项目	标准化路径系数	路径系数	S. E.	C. R.	P
SCI5 <---- 概念创新	0.72	1.017	0.086	11.825	***
SCI4 <---- 概念创新	0.65	0.965	0.076	12.713	***
SCI3 <---- 概念创新	0.79	1.129	0.076	14.846	***
SCI2 <---- 概念创新	0.70	0.908	0.078	11.686	***
SCI1 <---- 概念创新	0.66	0.999	0.076	13.116	***
STI5 <---- 传递创新	0.86	1.192	0.069	17.151	***
STI4 <---- 传递创新	0.83	1.252	0.066	18.894	***
STI3 <---- 传递创新	0.87	1.254	0.067	18.684	***
STI2 <---- 传递创新	0.88	1.163	0.067	17.361	***
STI1 <---- 传递创新	0.83	1.206	0.067	18.134	***
χ^2	df	χ^2/df	NFI	TLI	CFI	IFI	RMSEA
15.416	34	0.453	0.991	0.987	1.000	0.964	0.018

注：*** 表示 P < 0.001。

资料来源：笔者根据 AMOS 软件拟合结果绘制。

从图 5 - 1 和表 5 - 5 的拟合结果可以看出，χ^2 值为 15.416（自由度值为

34），χ^2/df 值为 0.453，小于 5；NFI 为 0.991，TLI 为 0.987，CFI 为 1.000，IFI 为 0.964，均大于 0.9；RMSEA 值为 0.018，小于 0.1；在 P < 0.001 的水平上各路径系数均通过了显著性检验。因此，该模型拟合效果良好。并且，各因子之间的两两相关系数加减两倍标准误（即相关系数的 95% 置信区间）均不包含 1，显示了较好的区分效度（Gerbing & Anderson，1988）。

5.2.2　环境动态性的信度、效度与验证性因子分析

本书进一步对环境动态性这个调节变量进行信度分析。结果如表 5 - 6 所示，该变量所有的题项—总体相关系数值最小为 0.595，最大为 0.964，均大于 0.35，同时各变量的 Cronbach's α 系数均大于 0.70，并且删除其他任何一个题项都将降低一致性指数，因此环境动态性通过了信度检验，说明各变量的题项之间具有较好的内部一致性。

表 5 - 6　　　　　环境动态性量表的信度检验结果 （N = 296）

变量	题号	题项（简写）	题项—总体相关系数	删除该题项后的 α 值	Cronbach's α 值
市场动态性	MDC1	所在的市场中，顾客的偏好变化非常快	0.639	0.694	0.785
	MDC2	顾客总是趋向于寻求新的商品和服务	0.595	0.741	
	MDC3	新顾客主要来源于企业商品/服务的改善	0.647	0.692	
竞争动态性	CDC1	竞争对手的变化非常不可预测	0.885	0.937	0.951
	CDC2	企业所处零售行业经常发生"促销战"	0.902	0.925	
	CDC3	所在行业几乎每天都听说新的竞争行动	0.904	0.923	
技术动态性	TDC1	零售行业内，技术经常连续变化	0.964	0.953	0.976
	TDC2	零售行业内，由于技术突破性发展，导致新产品/服务大量产生	0.934	0.974	
	TDC3	零售行业的技术变化非常不可预测	0.946	0.966	
政策动态性	PDC1	所处零售行业的创新政策变化非常快	0.893	0.890	0.937
	PDC2	在不同的时期政府行业创新政策目标差异大	0.863	0.914	
	PDC3	很难预测政府零售行业创新政策的变化趋势	0.854	0.921	

资料来源：笔者根据 SPSS 软件信度分析结果绘制。

在信度分析后，接着对环境动态性进行验证性因子分析，其测量模型及拟合结果分别如图5-2和表5-7所示。

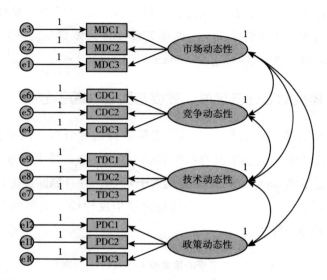

图5-2　环境动态性的测量模型

资料来源：笔者根据 AMOS 软件原理绘制。

环境动态性测量模型的拟合结果如表5-7所示。

表5-7　　　　　　　　　　环境动态性测量模型的拟合结果（N=296）

项目	标准化路径系数	路径系数	S. E.	C. R.	P
MDC3 <--- 市场动态性	0.75	0.952	0.068	13.980	***
MDC2 <--- 市场动态性	0.70	0.963	0.078	12.320	***
MDC1 <--- 市场动态性	0.78	1.054	0.079	13.297	***
CDC3 <--- 竞争动态性	0.91	1.262	0.059	21.328	***
CDC2 <--- 竞争动态性	0.94	1.227	0.058	21.233	***
CDC1 <--- 竞争动态性	0.94	1.209	0.059	20.331	***
TDC3 <--- 技术动态性	0.99	1.290	0.057	22.523	***
TDC2 <--- 技术动态性	0.95	1.203	0.055	21.834	***
TDC1 <--- 技术动态性	0.96	1.254	0.053	23.549	***
PDC3 <--- 政策动态性	0.95	1.161	0.060	19.292	***
PDC2 <--- 政策动态性	0.90	1.221	0.062	19.699	***

续表

项目	标准化路径系数	路径系数	S. E.	C. R.	P
PDC1 <--- 政策动态性	0.89	1.277	0.060	21.410	***

χ^2	df	χ^2/df	NFI	TLI	CFI	IFI	RMSEA
55.366	49	1.130	0.984	0.997	0.998	0.998	0.021

注：*** 表示 P < 0.001。

资料来源：笔者根据 AMOS 软件拟合结果绘制。

从图 5-2 和表 5-7 拟合结果可以看出，χ^2 值为 55.366（自由度值为 49），χ^2/df 值为 1.130，小于 5；NFI 为 0.984，TLI 为 0.997，CFI 为 0.998，IFI 为 0.998，均大于 0.9；RMSEA 值为 0.021，小于 0.1；各路径系数均在 P < 0.001 的水平上通过了显著性检验。因此，该模型拟合效果良好。并且，各因子之间的两两相关系数加减两倍标准误（即相关系数的 95% 置信区间）均不包含 1，显示了较好的区分效度。

5.2.3　企业绩效的信度、效度与验证性因子分析

本书最后对零售企业绩效这个被解释变量进行信度分析。结果如表 5-8 所示，该变量所有的题项—总体相关系数值最小为 0.699，最大为 0.818，均大于 0.35，同时各变量的 Cronbach's α 系数均大于 0.70，并且删除其他任何一个题项都将降低一致性指数，因此零售企业绩效通过了信度检验，说明各变量的题项之间具有较好的内部一致性。

表 5-8　　　　　　　　企业绩效量表的信度检验结果（N = 296）

变量	题号	题项（简写）	题项—总体相关系数	删除该题项后的 α 值	Cronbach's α 值
短期绩效	SFP1	对资产回报率的满意度	0.761	0.808	0.870
	SFP2	对销售增长率的满意度	0.796	0.777	
	SFP3	对企业现金流量的满意度	0.699	0.864	
长期绩效	LCA1	对经营商品和服务质量的满意度	0.753	0.885	0.895
	LCA2	对自身公众社会形象的满意度	0.818	0.830	
	LCA3	对自身市场竞争优势地位的满意度	0.811	0.835	

资料来源：笔者根据 SPSS 软件信度分析结果绘制。

在信度分析后，最后对零售企业绩效进行验证性因子分析，测量模型及拟合结果分别如图 5 - 3 和表 5 - 9 所示。

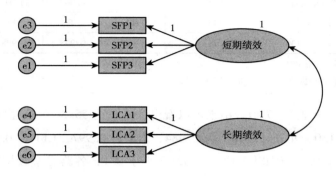

图 5 - 3　企业绩效的测量模型

资料来源：笔者根据 AMOS 软件原理绘制。

零售企业绩效测量模型的拟合结果如表 5 - 9 所示。

表 5 - 9　　　　　　　企业绩效测量模型的拟合结果 （N = 296）

项目	标准化路径系数	路径系数	S. E.	C. R.	P
SFP3 <—— 短期绩效	0.84	1.071	0.074	14.452	***
SFP2 <—— 短期绩效	0.90	1.273	0.069	18.428	***
SFP1 <—— 短期绩效	0.75	1.227	0.073	16.813	***
LCA3 <—— 长期绩效	0.80	1.231	0.067	18.464	***
LCA2 <—— 长期绩效	0.90	1.268	0.067	18.870	***
LCA1 <—— 长期绩效	0.88	1.112	0.069	16.055	***

χ^2	df	χ^2/df	NFI	TLI	CFI	IFI	RMSEA
2.768	8	0.346	0.997	0.998	0.998	0.997	0.009

注：*** 表示 P < 0.001。

资料来源：笔者根据 AMOS 软件拟合结果绘制。

从图 5 - 3 和表 5 - 9 的拟合结果可以看出，χ^2 值为 2.768 （自由度值为 8），χ^2/df 值为 0.346，小于 5；NFI 为 0.997，TLI 为 0.998，CFI 为 0.998，IFI 为 0.997，均大于 0.9；RMSEA 值为 0.009，小于 0.1；各路径系数均在 P < 0.001 的水平上通过了显著性检验。因此，该模型拟合效果良好。并且，各因子之间

的两两相关系数加减两倍标准误（即相关系数的 95% 置信区间）均不包含 1，
显示了较好的区分效度。

5.3　变量间相关性检验

在运用 AMOS 软件对整体结构模型进行拟合分析以及假设检验之前，首先
对概念模型中 8 个变量间的相关性进行检验，以判断变量间是否存在显著相关
关系，对第 4 章所提研究假设进行初步检验。变量间 Pearson 相关系数及其显著
水平如表 5 - 10 所示。

表 5 - 10　　　　　　　　　　　　变量间相关性检验

	SCI	STI	SFP	LCA	MDC	CDC	TDC	PDC
SCI	1							
STI	0.302(**)	1						
SFP	0.332(**)	0.437(**)	1					
LCA	0.436(**)	0.259(**)	0.246(**)	1				
MDC	0.418(***)	-0.088(**)	0.080(**)	0.101(**)	1			
CDC	0.367(**)	0.442(**)	0.307(**)	0.124(**)	0.096(*)	1		
TDC	0.106(*)	0.033	0.037(**)	0.106(*)	0.263(**)	0.055	1	
PDC	0.393(**)	-0.270(**)	0.320(**)	0.201(**)	0.378(**)	0.286(**)	0.128(*)	1

注：*** 代表 $P < 0.001$；** 代表 $P < 0.01$；* 代表 $P < 0.05$。
资料来源：笔者根据 SPSS 软件相关性检验结果绘制。

由表 5 - 10 可知：自变量概念创新（SCI）、传递创新（STI）与因变量短期
绩效（SFP）和长期绩效（LCA）的相关系数均在 0.01 显著水平上显著，初步
证实了研究假设 H_1 和 H_2。同时，市场动态性（MDC）、竞争动态性（CDC）和
政策动态性（PDC）与零售企业概念创新（SCI）和传递创新（STI）的相关系
数均在 0.05、0.01 和 0.001 显著水平上显著，技术动态性（TDC）与零售企业
概念创新（SCI）的相关系数在 0.05 的显著水平上显著，但与传递创新（STI）
的相关系数不显著；这些环境动态性与短期绩效（SFP）和长期绩效（LCA）相

关系数均在 0.01 和 0.05 显著水平上显著，表明环境动态性在服务创新和企业绩效之间存在显著的影响作用，初步验证了假设 H₃ 中的大部分。

通过以上分析可知，变量之间相关关系显著，说明变量之间存在显著的相互影响关系。这初步为研究的假设预期提供了相关证据支持，但是相关关系只是反映了变量之间是否存在关系，却不能说明变量之间是否具有相应的因果关系以及影响作用的大小。因此，本书后面的研究将逐步采用结构方程、层次回归分析法对变量之间关系进行进一步验证。

5.4　结构方程模型分析与假设检验

5.4.1　初步数据分析

在运用结构模型对数据进行分析之前，首先需要对数据的合理性以及有效性进行检验。按照丁和维勒塞尔等（Ding & Velicer et al. , 1995）的研究，指出使用极大似然法（ML）对结构模型进行估计时，所需要的样本容量最少为 100 ~ 150 份。本研究的样本数量为 296 份，达到了最低样本容量的要求。同时，使用极大似然法进行结构方程模型估计，还要求所使用的数据能够服从正态分布。一般地，当样本数据满足中值和中位数比较相近，而偏度小于 2 同时峰度小于 5 的条件时，就可以认为其服从正态分布。本书使用 SPSS 软件对样本数据的偏度和峰度作了分析，表明各题项的样本数据均符合正态分布要求。

所研究样本数据的信度和效度指标已分别进行了检验。检验结果表明样本数据的容量、分布状态、信度与效度等均达到了结构方程建模的要求。此外，在构建结构方程模型前，还需对结构方程涉及的所有变量进行简单相关性分析，如表 5 - 10 所示，概念创新、传递创新、环境动态性、零售企业绩效之间均有显著相关关系。

5.4.2　服务创新影响零售企业绩效的初始模型构建

基于服务创新与零售企业绩效关系的概念模型，本书设置了初始结构方程模型，如图 5 - 4 所示，以验证假设 H1a ~ H1d。

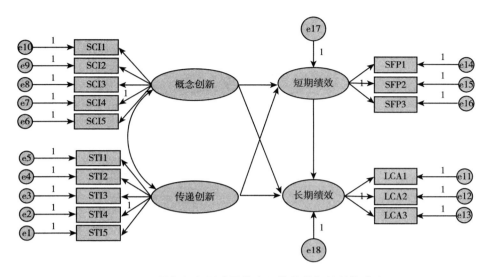

图 5 - 4　服务创新影响零售企业绩效的初始结构方程

资料来源：笔者根据 AMOS 软件原理绘制。

　　假设 H1a 和 H1b 提出概念创新会正向影响零售企业短期绩效和长期绩效，而假设 H1c 和 H1d 提出传递创新会正向影响零售企业短期绩效和长期绩效。图 5 - 4 的结构方程模型共有 10 个外生显变量，分别用于测量概念创新和传递创新这两个外生潜变量，同时设置 6 个内生显变量，对零售企业短期绩效和长期绩效这两个内生潜变量分别进行测度。由于从问卷得出的指标值难免会存在一定的误差，因而要想实现指标值与模型完全匹配几乎是不可能的，按照吴明隆（2010）所提出的，必须要引入残差变量才能使概念模型得到验证。因此，除了潜变量和显变量外，模型中还存在着 16 个显变量的残差变量以及 2 个内生潜变量的残差变量（即 e17 和 e18），这些残差变量路径系数默认值均为 1。完成这些工作后，将对模型中设定的零售企业服务创新的不同类型与企业绩效不同维度之间所存在影响关系的四条假设路径进行验证。

5.4.3　服务创新影响零售企业绩效的模型拟合

　　初始结构方程模型的分析运算中，本书使用 AMOS 软件进行并得到拟合结果，具体如图 5 - 5 所示。

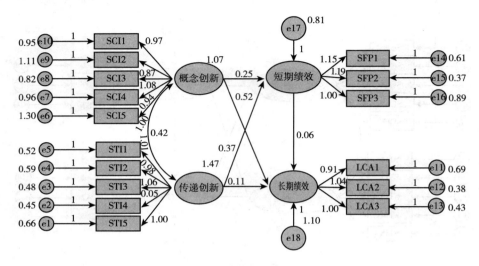

图 5 - 5　服务创新影响零售企业绩效模型的拟合结果

资料来源：笔者根据 AMOS 软件拟合结果绘制。

进一步地，服务创新影响零售企业绩效模型的拟合结果汇总如表 5 - 11 所示。

表 5 - 11　　　　服务创新影响零售企业绩效模型的拟合结果 （N = 296）

项目	标准化路径系数	路径系数	S. E.	C. R.	P
短期绩效 <--- 概念创新	0.24	0.252	0.069	3.645	***
长期绩效 <--- 概念创新	0.44	0.523	0.089	5.894	***
短期绩效 <--- 传递创新	0.41	0.370	0.059	6.251	***
长期绩效 <--- 传递创新	0.11	0.109	0.070	1.553	0.120

χ^2	df	χ^2/df	NFI	TLI	CFI	IFI	RMSEA
43.983	98	0.449	0.984	0.996	0.999	0.997	0.001

注：*** 表示 P < 0.001。

资料来源：笔者根据 AMOS 软件拟合结果绘制。

可以看出，结构方程模型总体拟合指数 χ^2 值为 43.983 （自由度 df = 98），χ^2/df 值为 0.449 小于 5；RMSEA 的值为 0.001 小于 0.05；比较拟合指数 NFI、TLI、CFI、IFI 的值分别为 0.984、0.996、0.999、0.997，均大于 0.9 趋向于 1。对照第 4 章对结构方程模型的拟合指数的评价标准，总体拟合指标中的 χ^2/df 处于拟合较好的范围内，RMSEA 也处于可以接受的范围内；同时比较拟合指标也均在拟合可以接受的范围内。

根据表 5-11 的模型拟合结果，可以看出，变量之间有 3 条路径均显著，分别为："短期绩效←概念创新"（b = 0.252，P < 0.001）；"长期绩效←概念创新"（b = 0.523，P < 0.001）；"短期绩效←传递创新"（b = 0.370，P < 0.001）。并且所有路径系数相应的 C. R. 值均大于 1.96，结构方程的标准化路径系数都为正值，因此反映了这些路径所代表的变量之间都存在着正向影响关系，研究假设 H1a、H1b、H1c 均通过检验。变量之间有 1 条路径不显著，为"长期绩效←传递创新"（b = 0.109，P = 0.120），且路径系数相应的 C. R. 值小于 1.96，虽然反映出传递创新对长期绩效是正向影响作用但不显著，假设 H1d 没有得到验证。同时，在对零售企业绩效的短期和长期影响中，通过对两种不同类型服务创新作用显著程度及路径系数大小的对比可以发现：一是对零售企业短期绩效而言，传递创新的作用要略强于概念创新（路径系数 0.370 > 0.252）；二是对零售企业的长期绩效而言，概念创新的作用要大于传递创新（路径系数 0.523 > 0.109）。并且单从概念创新自身对零售企业短期绩效和长期绩效的作用对比来看，概念创新对零售企业长期绩效影响更大，远高于短期绩效（路径系数 0.523 > 0.252），凸显了概念创新对零售企业长远发展的重要性。

5.4.4　服务创新各类型之间的交互作用对零售企业绩效影响的实证检验

基于服务创新类型（概念创新和传递创新）之间的交互作用与零售企业绩效关系的理论分析，本书设置了服务创新各类型之间交互作用影响零售企业绩效的潜变量交互效应结构方程模型。特别是针对反映交互效应的新潜变量测量指标，也就是概念创新和传递创新乘积项的观测变量的形成，采用马什所提出的载荷大的指标应当配对相乘，载荷小的指标互相配对相乘的原则，对概念创新的 5 个标准化处理后的测量项目（SCI1、SCI2、SCI3、SCI4 和 SCI5）和传递创新的 5 个标准化处理后的测量项目（STI1、STI2、STI3、STI4 和 STI5）考察载荷系数大小后，形成这样的配对测量项目，即 STI1SCI4、STI2SCI5、STI3SCI1、STI4SCI3 和 STI5SCI2，用以测量交互效应的潜变量。具体交互效应模型如图 5 – 6 所示，以验证假设 H2a 和 H2b。假设 H2a 和 H2b 提出概念创新和传递创新的交互作用会正向影响零售企业的短期绩效和长期绩效。

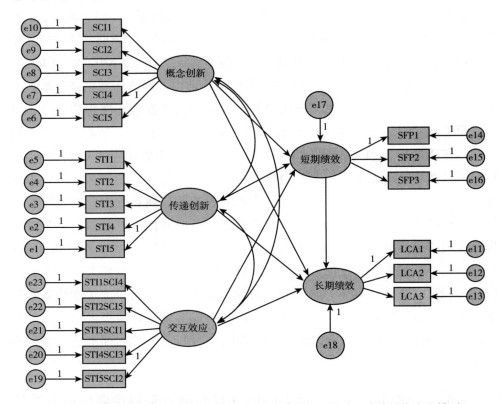

图 5 – 6　服务创新各类型之间的交互作用对零售企业绩效影响的结构方程模型

资料来源：根据 AMOS 软件拟合结果绘制。

对服务创新交互效应的结构方程模型利用软件进行分析运算，所得拟合结果如图 5 – 7 所示，并绘制表 5 – 12 进行详细说明。

结构方程模型总体拟合指数 χ^2 值为 283. 501（自由度 df = 179），χ^2/df 值为 1. 584 小于 5；RMSEA 的值为 0. 044 小于 0. 1；比较拟合指数 NFI、TLI、CFI、IFI 分别为 0. 925、0. 966、0. 971、0. 971 均大于 0. 9 趋向于 1。参照第 4 章关于评价结构方程模型的拟合指数的标准，可知总体拟合指标中的 χ^2/df 处于拟合较好的范围内，RMSEA 处于可以接受的范围内；同时各项比较拟合指标也均在可以接受的拟合范围内。

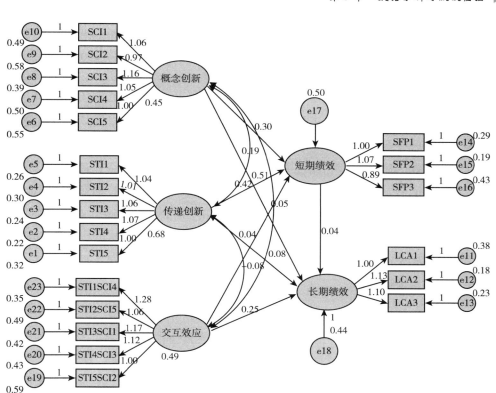

图 5 - 7 服务创新交互效应影响零售企业绩效模型的拟合结果

资料来源：根据 AMOS 软件拟合结果绘制。

表 5 - 12　　　　　　　服务创新类型之间的交互作用与企业绩效关系

模型的拟合结果（N = 296）

	标准化路径系数	路径系数	S. E.	C. R.	P
短期绩效 <--- 概念创新	0.23	0.303	0.083	3.640	***
长期绩效 <--- 概念创新	0.46	0.512	0.088	5.789	***
短期绩效 <--- 传递创新	0.38	0.416	0.066	6.332	***
长期绩效 <--- 传递创新	0.06	0.083	0.065	1.282	0.200
短期绩效 <--- 交互效应	0.03	0.043	0.070	2.012	***
长期绩效 <--- 交互效应	0.24	0.251	0.069	3.655	***

χ^2	df	χ^2/df	NFI	TLI	CFI	IFI	RMSEA
283.501	179	1.584	0.925	0.966	0.971	0.971	0.044

注：*** 表示 P < 0.001。

资料来源：根据 AMOS 软件拟合结果绘制。

根据表 5 - 12 的模型拟合结果，可以看出，交互效应变量之间的 2 条路径均在 P < 0. 001 以上的水平上显著，分别为："短期绩效←服务创新各类型之间的交互效应"（b = 0. 043，P < 0. 001），"长期绩效←服务创新各类型之间的交互效应"（b = 0. 251，P < 0. 001）。并且所有路径系数相应的 C. R. 值均大于 1. 96，方程的标准化路径系数都为正值，说明这些路径所代表的变量间均有正向影响关系，研究假设 H2a、H2b 均通过检验。并且对比服务创新不同类型之间交互效应对企业绩效的显著程度和路径系数大小，可以发现对零售企业而言，开展各类服务创新的交互效应长期收益要高于短期收益，即对企业长期绩效作用更为突出。表 5 - 12 的结果还进一步印证了 5. 4. 3 节中所研究的服务创新影响企业绩效的研究假设，即 H1a、H1b、H1c 这些研究假设均得到了验证，而研究假设 H1d 没有得到验证，所以更好地完成了本书关于服务创新不同类型对零售企业绩效影响的实证研究。

5.5　环境动态性调节效应的层次回归分析

5.5.1　回归分析的前提性判断

回归分析的前提是所研究的变量存在一定程度的相关性，已经对变量间相关性进行了检验，计算了各研究变量两两之间的简单相关系数，如表 5 - 10 所示。该结果已经表明，零售企业的环境动态性与服务创新及企业绩效等变量之间，均具有显著的相关关系，为研究假设预期初步提供了相关证据。但是，马庆国（2002）指出，在进行多元回归分析时，要想得出科学的结论，则必须恰当地解决多重共线性、异方差、序列相关等问题。因此，在进行层次回归分析之前，本书对此三大问题先分别进行检验。

一是多重共线性问题。所谓多重共线性是指解释变量之间存在着线性相关，即多个解释变量具有共同的变化趋势。判断多重共线性问题时，学者们通常采用的是方差膨胀因子指数（VIF）。一般来说，当 0 < VIF < 10 时，不存在多重共线性；当 10 < VIF < 100 时，存在较强的多重共线性；当 VIF > 100 时，则存在严重的多重共线性。经分别检验本章后面所要介绍的各回归模型的 VIF 指数，可以发现其值均大于 0 且小于 10，因此可以判断本书所研究的解释变量之间的多重共线性问题是不存在的。

二是异方差问题的检验。所谓异方差问题就是指随着解释变量的变化，被解释变量的方差存在着明显的变化趋势，一般可用散点图对此进行判断。散点图是以标准化预测值作为横轴，以标准化残差作为纵轴，进行残差项的散点图来分析，如果散点的分布呈现无序的状态，则可认为该回归模型中不存在异方差问题。本书研究也采用该做法，对本章后面要研究的回归模型的残差项散点图进行绘制，经检验，本书各模型的散点图均呈无序状。其中关于企业短期绩效的散点图如图 5 - 8 所示。因此，可以判定各模型均不存在异方差问题。

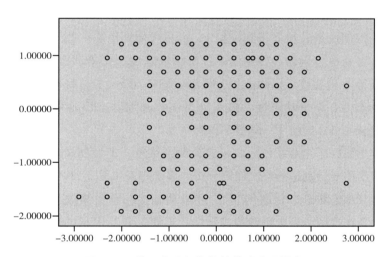

图 5 - 8　关于企业短期绩效的残差项散点

资料来源：根据 SPSS 软件散点图结果绘制。

三是序列相关的问题。所谓序列相关是指不同期的样本值之间存在着相关关系，一般可用 DW 值来判断。由于本书使用的截面数据是通过问卷调查所得到的，故从理论上分析就不存在这一序列相关问题。而且经计算，本书后面要介绍的各个回归模型的 DW 值都非常接近 2，因此，也可以判断文中要研究的各个模型是不存在序列相关的问题。

5.5.2　回归分析结果

为了验证环境动态性对服务创新与零售企业绩效关系的影响作用，本书根据问题的性质研究选用层次回归来验证。并根据陈晓萍和徐淑英等（2008）的研究建议，需要先对预测变量与调节变量予以中心化处理，然后再行构造乘积变量。这是因为预测变量与调节变量往往与他们的乘积项是高度相关的，对这些变量予以中心化处理以后，可使回归方程中变量间的多重共线性问题得到减小。因此，本书首先对服务创新的概念创新和传递创新这两个解释变量以及市场动态性、竞争动态性、技术动态性和政策动态性等环境变量进行中心化处理；其次把处理后的概念创新和传递创新与中心化处理后的市场动态性、竞争动态性、技术动态性和政策动态性四个变量分别相乘，得到 8 个交互项；最后用以进行回归分析。

层次回归分析法分三步来进行。第一步，首先放入企业年龄、企业规模、企业性质等控制变量，从而得到模型 1，以尽可能地消除一些干扰项所带来的影响。第二步，将概念创新、传递创新、市场动态性、竞争动态性、技术动态性、政策动态性等变量都放入回归方程，得到模型 2。第三步，将概念创新、传递创新、市场动态性、竞争动态性、技术动态性和政策动态性的乘积项依次放入回归方程得到模型 3、模型 4、模型 5 和模型 6。

由于本书研究中企业绩效因变量包含两个维度，即短期绩效和长期绩效，因此对不同维度需要分别进行层次回归分析。表 5-13 和表 5-14 则分别为服务创新的不同类型（概念创新和传递创新）、环境动态性与企业绩效关系的层次回归结果，模型设置在这两个表中是基本相同的，不同的只是模型的被解释变量分别为零售企业的短期绩效维度和长期绩效维度，分别用以检验假设 H3a、H3c、H3e、H3g、H3i、H3k、H3m 和 H3o 是否成立，以及假设 H3b、H3d、H3f、H3h、H3j、H3l、H3n 和 H3p 是否成立。从表中可以看到模型 1 至模型 6 的 F 值显著（$P < 0.001$）。另外，在模型 6 中，R^2 相对于模型 1 也有较大幅度增加，这表明回归模型总体效果理想，上述结果具有一定的稳定性。检验具体结果分别叙述如下。

表 5-13　　　　　　　　环境动态性对服务创新与短期绩效的调节作用

变量	因变量：短期绩效					
	模型 1	模型 2	模型 3	模型 4	模型 5	模型 6
控制变量						
企业规模	0.052*	0.021*	0.021*	0.019*	0.032*	0.044*
企业年龄	0.069	0.034	0.033	0.031	0.027	0.033
企业性质	0.128*	0.061*	0.060*	0.061	0.059	0.060*

续表

变量	因变量：短期绩效					
	模型 1	模型 2	模型 3	模型 4	模型 5	模型 6
自变量						
概念创新		0.318 ***	0.315 ***	0.314 ***	0.321 ***	0.326 ***
传递创新		0.072 ***	0.067 ***	0.072 ***	0.081 ***	0.083 ***
市场动态		0.062	0.060	− 0.042	− 0.037	− 0.032
竞争动态		0.090	− 0.092	− 0.093	− 0.097	− 0.104
技术动态		0.005	0.003	− 0.001	− 0.003	− 0.005
政策动态		0.209	0.207	0.204	0.189	0.179
乘积项						
概念创新 × 市场动态			0.028 **	0.026 **	0.040 **	0.049 *
传递创新 × 市场动态			− 0.024 *	− 0.023 *	0.002 *	0.006 *
概念创新 × 竞争动态				0.015 **	0.018 **	0.030
传递创新 × 竞争动态				0.006 *	0.005 *	0.001 **
概念创新 × 技术动态					0.077 **	0.082 *
传递创新 × 技术动态					0.116	0.119
概念创新 × 政策动态						0.038 **
传递创新 × 政策动态						− 0.010 *
R^2	0.134	0.253	0.254	0.254	0.267	0.268
调整的 R^2	0.124	0.229	0.225	0.220	0.228	0.223
F 统计值	3.442 ***	10.736 ***	8.788 ***	7.390 ***	6.802 ***	5.990 ***
VIF 最大值	1.736	1.799	1.826	1.876	1.901	2.046

注：* 表示 $P < 0.05$，** 表示 $P < 0.01$，*** 表示 $P < 0.001$。

资料来源：根据层次回归分析结果绘制。

表 5 – 14 环境动态性对服务创新与长期绩效的调节作用

变量	因变量：长期绩效					
	模型 1	模型 2	模型 3	模型 4	模型 5	模型 6
控制变量						
企业规模	0.023 *	0.082 *	0.088 *	0.113 *	0.130 *	0.091 *
企业年龄	0.096	0.080	0.087	0.108	0.121	0.102
企业性质	0.018 *	0.089 *	0.085 *	0.099	0.110	0.114 *

变量	因变量：长期绩效					
	模型 1	模型 2	模型 3	模型 4	模型 5	模型 6
自变量						
概念创新		0.215 **	0.227 ***	0.226 ***	0.251 ***	0.236 ***
传递创新		0.151 *	0.159 **	0.083 **	0.085 **	0.080 **
市场动态		0.008	0.005	− 0.016	− 0.037	− 0.023
竞争动态		0.040	0.042	− 0.075	− 0.091	− 0.115
技术动态		0.089	0.080	− 0.096	− 0.099	− 0.107
政策动态		0.136	0.141	0.172	0.165	0.195
乘积项						
概念创新 × 市场动态			0.099 **	0.069 **	0.099 *	0.127 *
传递创新 × 市场动态			− 0.033 *	0.019 *	0.046 *	0.032 *
概念创新 × 竞争动态				0.204 **	0.208 **	0.249 **
传递创新 × 竞争动态				0.012 *	0.010 *	0.003 *
概念创新 × 技术动态					0.088 **	0.079
传递创新 × 技术动态					0.089	0.103 *
概念创新 × 政策动态						0.120 **
传递创新 × 政策动态						− 0.037 *
R^2	0.106	0.121	0.132	0.164	0.181	0.192
调整的 R^2	0.105	0.093	0.098	0.126	0.138	0.143
F 统计值	0.558 ***	4.357 ***	3.918 ***	4.271 ***	4.138 ***	3.886 ***
VIF 最大值	1.736	1.799	1.826	1.876	1.901	2.046

注：* 表示 $P < 0.05$，** 表示 $P < 0.01$，*** 表示 $P < 0.001$。

资料来源：根据层次回归分析结果绘制。

（1）环境动态性在服务创新各类型与短期绩效之间的调节作用检验。表 5 – 13 是检验环境动态性对服务的概念创新和传递创新与企业绩效的短期绩效维度之间调节效应关系的多元线性回归结果，用以检验假设 H3a、H3c、H3e、H3g、H3i、H3k、H3m 和 H3o 是否成立。

表 5 – 13 的模型 2 显示，服务的概念创新（b = 0.318，$P < 0.001$）与传递创新（b = 0.072，$P < 0.001$）对零售企业短期绩效有显著的正向影响作用，再次验证了假设 H1a 和 H1c，以及概念创新对短期绩效的作用要强于传递创新。在模型 3 中，市场动态性与服务的概念创新乘积项的回归系数为正，并且在 $P <$

0.01 的水平上显著（b = 0.028，P < 0.01），说明市场动态性在概念创新与短期绩效之间具有显著的正向调节作用，因此假设 H3a 得到验证；市场动态性与服务的传递创新乘积项的回归系数为负，并且在 P < 0.05 的水平上显著（b = −0.024，P < 0.05），说明市场动态性在传递创新与短期绩效之间具有显著的负向调节作用，因此假设 H3c 得到支持。对比回归系数及显著性水平，可发现，当市场动态性高的时候，服务中的概念创新相比传递创新，对零售企业绩效的短期绩效维度有更大的影响，反之亦然。

在模型 4 中，竞争动态性与服务的概念创新乘积项的回归系数为正（b = 0.015），并且在 P < 0.01 的水平上显著（b = 0.015，P < 0.01），说明竞争动态性在概念创新与短期绩效之间的正向调节作用显著，因此假设 H3e 得到验证；竞争动态性与服务的传递创新乘积项的回归系数为正，并且在 P < 0.05 的水平上显著（b = 0.006，P < 0.05），说明竞争动态性在传递创新与短期绩效之间具有显著的正向调节作用，因此假设 H3g 得到支持。对比以上回归系数及显著性水平，可发现，当竞争动态性高的时候，相比较传递创新，服务创新中概念创新对零售企业绩效的短期绩效维度有更大影响，反之亦然。

在模型 5 中，技术动态性与服务的概念创新乘积项的回归系数为正（b = 0.077），并且在 P < 0.01 的水平上显著（b = 0.077，P < 0.01），技术动态性在概念创新与短期绩效之间的正向调节作用显著，因此假设 H3i 得到验证；技术动态性与服务的传递创新乘积项的回归系数为正（b = 0.116），但并不显著，说明技术动态性在传递创新与短期绩效之间没具有显著的正向调节作用，因此假设 H3k 没有得到支持。可发现，当技术动态性高的时候，概念创新对零售企业绩效的短期绩效维度有更大影响，反之亦然。

在模型 6 中，政策动态性与服务的概念创新乘积项的回归系数为正，并且在 P < 0.05 的水平上显著（b = 0.038，P < 0.01），说明政策动态性在概念创新与短期绩效之间具有显著的正向调节作用，因此假设 H3m 得到验证；政策动态性与服务的传递创新乘积项的回归系数为负，并且在 P < 0.05 的水平上显著（b = −0.010，P < 0.05），说明政策动态性在传递创新与短期绩效之间具有显著的负向调节作用，因此假设 H3o 得到支持。对比回归系数及显著性水平，可发现，当政策动态性高的时候，概念创新对零售企业绩效的短期绩效维度有更大影响，反之亦然。

（2）环境动态性在服务创新各类型与长期绩效之间的调节作用检验。表 5 – 14 是检验环境动态性在服务的概念创新和传递创新以及零售企业绩效的长期绩效维度之间所存在调节效应关系的多元线性回归结果，用以检验假设 H3b、H3d、H3f、H3h、H3j、H3l、H3n 和 H3p 是否成立。

表 5 – 14 的模型 2 显示，服务的概念创新（b = 0.215，P < 0.01）与传递创新（b = 0.151，P < 0.05）对零售企业长期绩效有显著的正向影响作用，再次验证了假设 H1b 和 H1d，以及概念创新对零售企业长期绩效的作用要强于传递创新。在模型 3 中，市场动态性与概念创新乘积项的回归系数为正，并且在 P < 0.01 的水平上显著（b = 0.099，P < 0.01），说明市场动态性在概念创新与长期绩效之间具有显著的正向调节作用，因此假设 H3b 得到验证；市场动态性与传递创新乘积项的回归系数为负，并且在 P < 0.05 的水平上显著（b = - 0.033，P < 0.05），说明市场动态性在传递创新与长期绩效之间具有显著的负向调节作用，因此假设 H3d 得到支持。对比回归系数及显著性水平，可发现，当市场动态性高的时候，服务中的概念创新相比传递创新，对零售企业绩效的长期绩效维度有更大影响，反之亦然。

在模型 4 中，竞争动态性与服务的概念创新乘积项的回归系数为正，并且在 P < 0.01 的水平上显著（b = 0.204，P < 0.01），说明竞争动态性在概念创新与零售企业长期绩效之间具有显著的正向调节作用，因此假设 H3f 得到验证；竞争动态性与服务的传递创新乘积项的回归系数为正，并且在 P < 0.001 的水平上显著（b = 0.012，P < 0.05），说明竞争动态性在传递创新与零售企业长期绩效之间具有显著的正向调节作用，因此假设 H3h 得到支持。对比回归系数及显著性水平，可发现，当竞争动态性高的时候，概念创新相对于传递创新，对零售企业绩效的长期绩效维度有更大影响，反之亦然。

在模型 5 中，技术动态性与服务的概念创新乘积项的回归系数为正，并且在 P < 0.01 的水平上显著（b = 0.088，P < 0.01），说明技术动态性在概念创新与零售企业长期绩效之间正向调节作用显著，因此假设 H3j 得到验证；技术动态性与服务的传递创新乘积项的回归系数为正（b = 0.089），但并不显著，说明技术动态性在传递创新与零售企业长期绩效之间不具有显著的正向调节作用，因此假设 H3l 没有得到支持。进一步可发现，当技术动态性高的时候，概念创新对零售企业绩效的长期绩效维度有更大影响，反之亦然。

在模型 6 中，政策动态性与服务的概念创新乘积项的回归系数为正，并且在 P < 0.01 的水平上显著（b = 0.120，P < 0.01），说明政策动态性在概念创新与零售企业长期绩效之间具有显著的正向调节作用，因此假设 H3n 得到验证；

政策动态性与服务的传递创新乘积项的回归系数为负，并且在 P < 0.05 的水平上显著（b = -0.037，P < 0.05），说明政策动态性在传递创新与零售企业长期绩效之间具有显著的负向调节作用，因此假设 H3p 得到支持。对比回归系数及显著性水平，可发现，当政策动态性高的时候，概念创新相比传递创新，对零售企业绩效的长期绩效维度有更大影响，反之亦然。

5.6　本章小结

本章基于 296 份零售企业样本的问卷调查和统计分析，对零售企业服务创新对企业绩效影响的概念模型以及环境动态性在其中的调节作用分别进行拟合分析，并对研究假设进行了实证研究。研究得到，概念模型中各构念的测量量表信度和效度良好，表明通过大样本调查所获数据质量良好，整体结构模型各项适配度指标均在理想范围内，与实际数据较好地拟合。

随后，采用结构方程建模方法对零售企业服务创新与零售企业绩效关系模型进行了实证检验，结果显示服务的概念创新对零售企业短期和长期绩效均具有显著的正向促进作用，而传递创新对零售企业的短期绩效具有显著的正向促进作用，对零售企业长期绩效则效果不显著。并且从零售企业长期发展的绩效来看，概念创新对零售企业绩效的影响作用要大于传递创新。进一步，研究了服务中的概念创新和传递创新的交互作用对零售企业绩效的影响，发现二者的交互会对零售企业短期和长期绩效产生正向影响。另外，通过层次回归分析方法对环境动态性在零售企业服务创新与企业绩效中的影响关系进行了逐一分析，除了技术动态性在调节传递创新与零售企业绩效两个维度关系上不显著，没有得到验证外，其他假设均得到验证。本书所提 22 个研究假设中 19 个假设均通过检验，说明了零售企业开展服务创新在不同情境下对企业绩效的影响机制基本得到证实。在下一章，本书将基于已获得的实证结果进行讨论分析，提出理论价值和管理建议。

第 6 章

结果讨论

本章将对服务创新不同类型对零售企业短期绩效和长期绩效的影响，以及服务创新类型之间交互作用对零售企业绩效的影响，还有环境动态性在服务创新类型和零售企业绩效中的调节作用进行分析，并将与已有研究进行对比，提出本书的理论价值，基于此对零售企业的实践活动的开展提出有关对策建议。

6.1 结果汇总分析

6.1.1 实证研究结果汇总

基于对国内零售企业所获得的 296 份样本数据，对提出的理论模型和研究假设进行了实证检验，实证结果显示，在所提出的 22 个研究假设中，19 个假设通过了检验，有 3 个假设没有通过验证，这表明所研究的问题得到了很好的回应，初步实现了本书的研究目标。

通过验证的假设是：概念创新对零售企业短期绩效具有正向影响；概念创新对零售企业长期绩效具有正向影响；传递创新对零售企业短期绩效具有正向影响；概念创新和传递创新密切相关，二者交互作用对零售企业短期绩效具有正向影响；概念创新和传递创新密切相关，二者交互作用对零售企业长期绩效具有正向影响；概念创新对零售企业短期绩效的作用受到市场动态性的调节，随着市场环境变动程度的增加，概念创新对零售企业短期绩效的作用将增强；

概念创新对零售企业长期绩效的作用受到市场动态性的调节，随着市场环境变动程度的增加，概念创新对零售企业长期绩效的作用将增强；传递创新对零售企业短期绩效的作用受到市场动态性的调节，随着市场环境变动程度的增加，传递创新对零售企业短期绩效的作用将减弱；概念创新对零售企业短期绩效的作用受到竞争动态性的调节，随着竞争环境变动程度的增加，概念创新对零售企业短期绩效的作用将增强；概念创新对零售企业长期绩效的作用受到竞争动态性的调节，随着竞争环境变动程度的增加，概念创新对零售企业长期绩效的作用将增强；传递创新对零售企业短期绩效的作用受到竞争动态性的调节，随着竞争环境变动程度的增加，传递创新对零售企业短期绩效的作用将增强；传递创新对零售企业长期绩效的作用受到竞争动态性的调节，随着竞争环境变动程度的增加，传递创新对零售企业长期绩效的作用将增强；概念创新对零售企业短期绩效的作用受到技术动态性的调节，随着技术环境变动程度的增加，概念创新对零售企业短期绩效的作用将增强；概念创新对零售企业长期绩效的作用受到技术动态性的调节，随着技术环境变动程度的增加，概念创新对零售企业长期绩效的作用将增强；概念创新对零售企业短期绩效的作用受到政策动态性的调节，随着政策环境变动程度的增加，概念创新对零售企业短期绩效的作用将增强；概念创新对零售企业长期绩效的作用受到政策动态性的调节，随着政策环境变动程度的增加，概念创新对零售企业长期绩效的作用将增强；传递创新对零售企业短期绩效的作用受到政策动态性的调节，随着政策环境变动程度的增加，传递创新对零售企业短期绩效的作用将减弱；传递创新对零售企业长期绩效的作用受到政策动态性的调节，随着政策环境变动程度的增加，传递创新对零售企业长期绩效的作用将减弱。

没有通过验证的假设是：传递创新对零售企业长期绩效具有正向影响；传递创新对零售企业短期绩效的作用受到技术动态性的调节，随着技术环境变动程度的增加，传递创新对零售企业短期绩效的作用将增强；传递创新对零售企业长期绩效的作用受到技术动态性的调节，随着技术环境变动程度的增加，传递创新对零售企业长期绩效的作用将增强。

具体研究假设验证情况汇总如表 6-1 所示。

表 6 - 1 研究假设检验结果汇总

编号	研究假设	假设检验结果
H1a	概念创新对零售企业短期绩效具有正向影响	通过
H1b	概念创新对零售企业长期绩效具有正向影响	通过
H1c	传递创新对零售企业短期绩效具有正向影响	通过
H1d	传递创新对零售企业长期绩效具有正向影响	未通过
H2a	概念创新和传递创新密切相关，二者交互作用对零售企业短期绩效具有正向影响	通过
H2b	概念创新和传递创新密切相关，二者交互作用对零售企业长期绩效具有正向影响	通过
H3a	概念创新对零售企业短期绩效的作用受到市场动态性的调节，随着市场环境变动程度的增加，概念创新对零售企业短期绩效的作用将增强	通过
H3b	概念创新对零售企业长期绩效的作用受到市场动态性的调节，随着市场环境变动程度的增加，概念创新对零售企业长期绩效的作用将增强	通过
H3c	传递创新对零售企业短期绩效的作用受到市场动态性的调节，随着市场环境变动程度的增加，传递创新对零售企业短期绩效的作用将减弱	通过
H3d	传递创新对零售企业长期绩效的作用受到市场动态性的调节，随着市场环境变动程度的增加，传递创新对零售企业长期绩效的作用将减弱	通过
H3e	概念创新对零售企业短期绩效的作用受到竞争动态性的调节，随着竞争环境变动程度的增加，概念创新对零售企业短期绩效的作用将增强	通过
H3f	概念创新对零售企业长期绩效的作用受到竞争动态性的调节，随着竞争环境变动程度的增加，概念创新对零售企业长期绩效的作用将增强	通过
H3g	传递创新对零售企业短期绩效的作用受到竞争动态性的调节，随着竞争环境变动程度的增加，传递创新对零售企业短期绩效的作用将增强	通过
H3h	传递创新对零售企业长期绩效的作用受到竞争动态性的调节，随着竞争环境变动程度的增加，传递创新对零售企业长期绩效的作用将增强	通过
H3i	概念创新对零售企业短期绩效的作用受到技术动态性的调节，随着技术环境变动程度的增加，概念创新对零售企业短期绩效的作用将增强	通过
H3j	概念创新对零售企业长期绩效的作用受到技术动态性的调节，随着技术环境变动程度的增加，概念创新对零售企业长期绩效的作用将增强	通过
H3k	传递创新对零售企业短期绩效的作用受到技术动态性的调节，随着技术环境变动程度的增加，传递创新对零售企业短期绩效的作用将增强	未通过
H3l	传递创新对零售企业长期绩效的作用受到技术动态性的调节，随着技术环境变动程度的增加，传递创新对零售企业长期绩效的作用将增强	未通过

续表

编号	研究假设	假设检验结果
H3m	概念创新对零售企业短期绩效的作用受到政策动态性的调节，随着政策环境变动程度的增加，概念创新对零售企业短期绩效的作用将增强	通过
H3n	概念创新对零售企业长期绩效的作用受到政策动态性的调节，随着政策环境变动程度的增加，概念创新对零售企业长期绩效的作用将增强	通过
H3o	传递创新对零售企业短期绩效的作用受到政策动态性的调节，随着政策环境变动程度的增加，传递创新对零售企业短期绩效的作用将减弱	通过
H3p	传递创新对零售企业长期绩效的作用受到政策动态性的调节，随着政策环境变动程度的增加，传递创新对零售企业长期绩效的作用将减弱	通过

资料来源：笔者根据研究假设检验结果绘制。

6.1.2 服务创新对零售企业绩效的影响分析

本书通过结构方程模型和大样本的统计回归分析，验证了服务的概念创新对零售企业短期绩效和长期绩效都具有显著正向影响作用，而服务的传递创新只对零售企业的短期绩效产生显著正向影响作用，对长期绩效不具有显著正向影响作用。

在结构方程模型中，概念创新对零售企业的短期绩效和长期绩效两个维度均具有显著的正向影响，表现在"短期绩效←概念创新"（$b = 0.252$，$P < 0.001$）、"长期绩效←概念创新"（$b = 0.523$，$P < 0.001$），而且从路径系数大小对比可以发现，概念创新对零售企业的长期发展更为关键。这个研究结果与赫里斯托夫（2007）、赫里斯托夫和雷诺兹（2007），认为零售企业对顾客服务的根本改变或者改进往往会取得成功的观点是一致的。这些研究认为服务中的概念创新的优势在于，它所提供的服务内容和功能比现有服务内容和功能要全面得多，是对现有服务内容的一定程度的改进和革新，能够迎合市场需求和技术变化，能满足不同阶层消费者的需要，会增强企业发展的后劲。而且，零售企业概念创新可以实现超越顾客期望的目标，激发顾客潜在需求，并与同行进行差异化竞争，避免了金和毛博格纳（1997）研究提出的竞争的"红海"现象，帮助企业提升市场绩效和竞争优势。通过改善服务，与顾客建立良好的关系，增强顾客忠诚度，从而获取顾客价值，这种创新会帮助企业提升财务绩效。从某种意义上来说，零售企业所拥有的经济实力的大小取决于其不断改进提供

分销服务能力的强弱，以此来获得顾客满意和忠诚度，进而促进企业绩效的增加。因此本书的研究结果，对从顾客价值角度来探讨服务创新对企业绩效影响，即服务企业利润链的原理，也是进行了有力的经验验证。

在结构方程模型中，传递创新对零售企业绩效的两个维度影响程度不一，对零售企业短期绩效具有显著的正向影响，表现在"短期绩效←传递创新"（b = 0.370，P < 0.001）。这个研究结果与豪威尔斯和泰瑟（2006）等在研究服务创新中指出构建有效的服务流程对企业绩效具有积极影响的观点也是一致的。企业短期发展过程中，由于传递创新对资金、技术、人员等方面的要求较低，因此能够快速建立非技术性的内部运作差异化优势，降低运作成本，从而获取超过正常收益的价值。并且，短期内对零售企业而言，进行传递创新也是具有较高内在价值的，这是因为能够增加与员工的交互与合作，提升员工工作满意度，进而更有利于员工服务好外部顾客。但是，传递创新对零售企业长期绩效则不具有显著的正向影响，表现在"长期绩效←传递创新"（b = 0.109，P = 0.120）。分析其原因，可能是由于面对动态的外部环境变化，零售企业仅仅关注自身内部运作流程和效率是不够的，这种做法不能有效实现自身动态能力的提高，不能促进企业自身动态能力的不断完善，而动态能力才能够帮助企业获取持续的竞争优势，并且是需要企业在和外部环境相互冲突、重复实践和不断试错学习中逐渐建立起来的。近年来，网络零售的冲击对传统的超市业态影响很大，很多门店关停并转，体现出了对外部环境适应的不足。所以，这个验证结果也是对从动态能力的角度探讨服务创新对零售企业长期绩效影响的反证，促使零售企业在构建长期绩效的实践中，要高度重视直接面向顾客的服务创新活动，以此获得良好的发展契机。

进一步从对零售企业短期绩效和长期绩效影响的角度分析，可以看出，服务创新的两种类型作用大小是有差异的。从对零售企业短期绩效的影响来看，对比路径系数和显著性程度可知，传递创新的作用更大，如"短期绩效←概念创新"（b = 0.252，P < 0.001）与"短期绩效←传递创新"（b = 0.370，P < 0.001）的对比；从对零售企业长期绩效的影响来看，对比路径系数和显著性程度可知，概念创新的作用更大，如"长期绩效←概念创新"（b = 0.523，P < 0.001）与"长期绩效←传递创新"（b = 0.109，P = 0.120）的对比。对此，学者进行了不同的分析，从对短期绩效影响来看，开展传递创新的效果更佳，略高于概念创新的效果。这是因为，企业的发展需要一定的商业模式以及面向顾

客的服务内容更新，但是这方面的变化，更需要企业内在运作机制和服务流程方面的优化来提供有力的支撑。而且，中国的零售企业自身发展的历史也证实，当零售业全面对外开放时，国内零售企业一方面纷纷效仿国外零售企业的做法，推崇对各种先进业态和服务方式的模仿；另一方面也开展自身能力建设和内部运行优化，所以概念创新和传递创新活动对零售业较短时期的大发展都起到了重要作用，满足了顾客购物多元化需求，获得了市场的成功，而那些更注重内部建设创新的零售企业，短期绩效更为优异。再从对长期绩效的影响来看，开展概念创新的效果最好，能够实现企业经营模式的飞跃。开展概念创新活动时，要注意的是，由于我国文化因素、教育方式等原因，以及"一俊遮百丑""面子比里子重要"等传统习俗的束缚，可能从主观方面会对零售企业的概念创新产生抑制；另外借用焦豪（2011）的研究，我国现行教育体制和模式设计对培养学生创新意识重视不足，进而使得学生成长为企业内部员工时的独立创新意愿不足，但是从中国零售企业自立于世界强手之林的需要来看，必须大力开展突破式创新，面向顾客的服务创新活动，即通过概念创新，来谋得中国零售企业的长远竞争优势。近年来大学开展的创新创业教育，以及各种竞赛活动的积极举办，都对学生的创新意识的增强起到了积极的作用。因此，综合以上分析，当下中国零售企业的发展，应该是二者并重，结合企业短期和长期发展的需要，大力做好概念创新的同时，还要保持传递创新活动的配合。

6.1.3 服务创新各类型之间的交互作用对零售企业绩效的影响分析

为使资源有限的零售企业能在服务创新活动中取得更好绩效，本书对零售企业不同的服务创新类型之间的交互作用进行了研究，得出的结论是服务的概念创新和传递创新之间的交互作用会对零售企业绩效产生正向影响作用。

研究发现，服务的概念创新与传递创新的交互作用对零售企业绩效的两个维度都具有正向影响作用，表现在"短期绩效←服务创新各类型之间的交互效应"（$b=0.043$，$P<0.001$）、"长期绩效←服务创新各类型之间的交互效应"（$b=0.251$，$P<0.001$）。将二者路径系数进行对比可以发现，服务创新各类型之间的交互效应对零售企业长期绩效的影响作用更大。以上实证结果说明，零售企业服务创新中，概念创新和传递创新的交互会在一定程度上增强零售企业

的短期绩效和长期绩效。根据动态能力理论和顾客价值理论分析，零售企业具有较强的概念创新动力，会持续以顾客需求为导向，不断革新、改进和完善已有顾客服务内容，进而促进企业经营活动不断满足已有市场上的顾客，增加顾客忠诚感；同时，因为顾客需求变化的多样性以及行业中企业竞争态势的此消彼长，零售企业在开发和不断完善已有概念创新的基础上，可以通过组织内部的学习活动增强企业动态能力，完善优化内部服务流程和环节，进而提升服务的传递创新效果，以提高企业运作效率和对顾客服务的效率，降低企业运作成本从而促进长期绩效的增加。这二者创新会互相促进，这种交互作用也可以使企业免除遭遇焦豪（2011）提出的"创新两难困境"，使得企业在市场中的绩效表现得到增强，共同提升了零售企业的财务绩效和市场竞争力。多曼（2013）研究了全渠道零售对顾客服务的线上和线下协同效应，指出在线服务和实体服务二者是相互补充的，由于企业对新知识和资源的有效利用转化，二者的交互作用促进了企业绩效的较大提升。宁靓和孙晓云（2020）基于全渠道零售视角分析了互联网下传统零售企业战略转型，也提出了线上线下融合创新的积极作用。这些研究也支持了本书提出的概念创新和传递创新的交互作用，会正向影响零售企业绩效的研究假设。

6.1.4 环境动态性的调节作用分析

本书引入了环境动态性这一权变变量，从四个维度进行了环境动态性作用的实证检验，得出市场动态性、竞争动态性、技术动态性和政策动态性等因素会在零售企业服务创新与企业绩效的关系中起到调节作用，并将动态环境每一维度的研究结果分析如下。

从市场动态性上分析。市场动态性正向调节概念创新对零售企业绩效的关系，而负向调节传递创新对零售企业绩效的关系，通过表 5 - 13 和表 5 - 14 的层次回归分析结果可以看到，市场动态性与概念创新乘积项与短期绩效具有显著正相关关系（$b = 0.028$，$P < 0.01$），与长期绩效也同样具有显著的正相关关系（$b = 0.099$，$P < 0.01$）；市场动态性与传递创新乘积项与短期绩效具有显著负相关关系（$b = -0.024$，$P < 0.05$），与长期绩效也同样具有显著的负相关关系（$b = -0.033$，$P < 0.05$）。这说明在顾客需求快速变化的环境下，服务的概念创新能通过更好地满足顾客需求乃至超越顾客期望，带来高质量顾客关系并产生知识

溢出效应，帮助零售企业获取较好财务表现和市场优势地位。而传递创新由于仅重视企业内部服务流程环节优化和顾客界面交互高效等，在顾客需求高度变化时，这种做法不能有效改进企业绩效和市场优势地位。这一结论验证了零售企业实施服务创新中进行顾客服务内容的革新和改进，甚至是服务新组合，对建立的顾客关系具有重要价值，能够有效地降低市场动态性所产生的不利影响，从而更有助于企业竞争优势的提升。在市场动态性高度变化的背景下，零售企业要以顾客价值理论为指导，要了解和把握顾客需求及其变化趋势，以及实施恰当的顾客价值战略，为顾客提供一种全新的或改进的服务内容或功能的概念创新。零售企业通过提供创新服务，会进一步锁定顾客和开发新顾客，更好地建立与顾客的密切关系而获得超常绩效，这也是零售企业为顾客提供超常价值的结果。

从竞争动态性上分析。通过表5-13和表5-14的层次回归分析结果可以看到，竞争动态性与概念创新乘积项与短期绩效具有显著正相关关系（$b = 0.015$，$P < 0.01$），与长期绩效也同样具有显著的正相关关系（$b = 0.204$，$P < 0.01$）；竞争动态性与传递创新乘积项与短期绩效具有显著正相关关系（$b = 0.006$，$P < 0.05$），与长期绩效也同样具有显著的正相关关系（$b = 0.012$，$P < 0.05$）。这一研究结果说明，当零售行业面对高强度的行业竞争时，竞争对手之间在商品基本相似、价格基本透明、设施基本相同的条件下，唯有进行顾客服务方面的差异化才能进行有效竞争，如黄琳（2014）研究指出便利店的发展伴随着持续的服务创新，在市场竞争中不断地提出新的服务目标，不断地开发新的服务，如代寄存、代加工等服务，成为当代便利店经营不能忽视的重要环节，这会有效促进企业绩效的增加。并且通过服务的概念创新，使竞争对手难以模仿，与竞争对手形成差异，降低竞争对手负面冲击的效果。同时，从竞争优势的建立方面看，同行竞争越激烈，企业累积的服务创新就会越发显出差异化来，最终促进顾客对零售企业的新感知，所以对长期绩效的建立来说效果会显著。从传递创新来看，激烈的市场竞争下，这种创新作为配合概念创新的有效手段，也不能缺失。特别是当短期内概念创新不突出的情况下，实施传递创新也有助于企业财务绩效和竞争优势的建立。结合理论基础中的资源能力理论、顾客价值理论来分析，零售企业传递创新间接地满足了顾客的需求，如高效率与顾客交互，内部服务的清晰简明等，这些做法不需要占用太多资源就能提高服务效果，并可以作为企业内部运作的隐性知识存在，与企业已有对顾客的直接服务相匹配

和协同。在激烈的市场竞争中，这些隐性知识和资源会阻碍竞争对手的模仿，为零售企业带来竞争优势，进而提升企业绩效。张和法里斯等（2010）、吴雪和董大海（2014）等的研究都证实在激烈的市场竞争中，采用传递创新会对企业绩效产生良好作用。

从技术动态性上分析。通过表 5 - 13 和表 5 - 14 的层次回归分析结果可以看到，技术动态性在调节概念创新与零售企业绩效的两个维度的关系上均显著，技术动态性与概念创新乘积项与短期绩效具有显著正相关关系（b = 0.077，P < 0.01），与长期绩效也同样具有显著的正相关关系（b = 0.088，P < 0.01）；而技术动态性在调节传递创新与零售企业绩效两个维度的关系上均不显著，没有得到验证。下面本书将对技术动态性的调节作用这一研究结果进行解释。首先，从概念创新上来理解，高度的技术动态性表现为零售技术的发展变化十分突出，这一方面为零售业采用先进的新技术实现服务创新提供了机遇；另一方面也为企业长远发展谋求竞争优势地位提供了支撑。虽然从零售企业特性来看，零售行业属于进入壁垒较低的行业，但是世界零售巨头的发展经验也告诉人们，零售企业不仅是商贸公司而且更是高科技公司，如李程骅（2006）研究指出，技术在零售企业经营活动中也十分重要。郭立宏和张武康（2011）研究了中国百货零售企业经营效率与全要素生产率的提高因素，也指出技术进步对百货零售企业的推动作用显著。赵树梅和李银清（2019）更是面对 5G 时代信息技术带来的挑战，提出零售业服务的创新发展非常紧迫。由于在技术激烈变化情形下零售企业进行概念创新，能突破组织能力惯性和管理惯性，使企业在更为广阔的空间中成长和发展，促进企业绩效的提升，所以技术动态性正向调节概念创新与企业绩效的关系。其次，对传递创新在本书研究没有得到验证的可能原因进行说明。由于传递创新自身的特性是，它在顾客所获得的核心服务功能上没有改变，只是对服务提供和传递的流程或者与顾客交互的方式进行了改变，以此改进服务的效率和效果，进而提升顾客的整体满意度，从而实现企业创造经济价值的目标。在面对技术变化加速的背景下，我国零售企业发展的实情是：一方面，非常重视面向顾客的概念创新活动所需要的技术，侧重这类技术的大量模仿和引用，而对企业内部流程应用先进技术并不重视，并且内部技术作用发挥还不到位，相当数量的企业还是"新瓶装旧酒"；另一方面，许多企业应用技术革新内部服务流程，但由于对新技术应用的利用程度不到位，没有彻底发挥新技术应有的促进作用。所以尽管技术变化下零售企业进行了一定的内部服务

的传递创新，但没有起到根本性作用，特色不明显，无法产生应有效果，从而对零售企业绩效没有产生显著影响。李飞和陈浩等（2010）指出，零售企业服务创新时应该注意，要制定以创新理念为核心的企业战略，拥有鼓励创新和不断学习的企业文化，并且要有具备强烈创新意识和创新能力的团队。这样，就能促进包括传递创新在内的服务创新的有效开发和实现，就能借助技术革新的"东风"而加快零售企业长远竞争优势的培育。

从政策动态性上分析。政策动态性正向调节概念创新对零售企业绩效的关系，而反向调节传递创新对零售企业绩效的关系。通过表 5 – 13 和表 5 – 14 的层次回归分析结果可以看到，政策动态性和概念创新乘积项与短期绩效具有显著正相关关系（b = 0.038，P < 0.01），与长期绩效也同样具有显著的正相关关系（b = 0.120，P < 0.01）；政策动态性和传递创新乘积项与短期绩效具有显著负相关关系（b = − 0.010，P < 0.05），与长期绩效也同样具有显著的负相关关系（b = − 0.037，P < 0.05）。这是本书在动态环境中所特别关注的中国情境下的一个影响因素，实证结果说明在中国市场经济不断完善的情况下，政府行业创新政策的不断变化，对零售企业来说，其服务的概念创新会获得较好财务表现和市场优势地位，而传递创新则不会获得较好财务绩效和优势地位。对这一研究结论，本书从以下进行分析：一是概念创新的角度来看，鲍克和周卫民（1997）指出，创新政策就是政府为鼓励技术的发展以及商业化，进而提高行业的竞争力所制定的各种经济政策的总和，它处于经济政策的中心位置，目标是直接对创造与变化进行鼓励。为了引导和激励零售企业创新活动的积极开展，中国政府推出各项零售创新政策的一个重要目的，就是让零售企业各类创新活动有序和加速进行，进而使中国零售企业在价值链中的地位得到提升。面向最终消费者是零售业创新的方向，而零售业创新应优先选择如曹鸿星（2010）所提出的以顾客为中心，极力创造差异化。因此，从零售企业利益角度来说，适应国家创新政策的目标和要求，是一种理性选择，也就是要大力进行面向顾客服务的概念创新。并且，从资源基础理论角度也可以说明，在新兴市场经济下，政府通过创新项目的审批、税收减免、财政补贴、贷款优惠等一系列配套措施，释放了其所掌握的关键性资源，为零售企业获取、利用以及开发激进性的新兴技术和前沿技术提供了非常强劲的动力。这也会促进零售企业做好服务创新，如项国鹏和周鹏杰（2013）研究中指出的苏宁公司、大商集团和百联集团都在各级政府政策和行业政策引导下，持续进行了不同程度的概念创新活动，对自身财务绩

效和竞争优势的建立起到了积极作用。二是从传递创新的角度来看，当政府的各项创新政策变化不大时，零售企业可以专注于内部服务流程建设，专注于与顾客的交互方式的改进等潜在工作，通过增强内部运作效率和提升内部服务管理能力，促进企业财务绩效和竞争优势的建立。但当政府的各项创新政策变化较大时，对正处于市场经济体制转型的中国零售企业来说，迎合政府产业发展的导向，并从政府那里获得其所掌握的关键性资源，对零售企业获得跳跃式发展尤为关键，所以零售企业服务创新中，为顾客提供一种全新的或改进的服务内容或功能的概念创新就成为企业的创新优选，企业内外高度重视并为之投入大量资源，会导致另一种服务创新即传递创新暂缓实行，从而在传递创新与企业绩效关系中，政策动态性起着负向调节作用。但从企业能力理论角度来看，这种传递创新对企业能力建设作用突出，恰如原小能（2011）、赵树梅和李银清（2019）等指出，零售企业的服务创新应是服务的概念创新、顾客界面创新以及服务传递系统创新等方面的协调与共进。因此，我国零售企业在发展过程中，要高度关注各级政府行业部门的有关创新激励政策，主动迎合并利用政策机遇，以强化自身各项能力建设，实现企业的跳跃式发展，获得更好的市场竞争地位。

6.2　理论价值

本书以零售企业服务创新为着眼点，在已有服务创新理论、企业资源能力理论以及服务价值链理论和顾客价值理论的基础上，分析了服务创新不同类型及其交互作用对零售企业短期绩效和长期绩效的影响，并考察了环境动态性在其中的调节作用机理。本书的研究，进一步补充和完善了现有服务创新与零售企业绩效二者关系的理论体系，加深了对零售企业开展不同创新活动与绩效关系的机理理解，推进了服务创新理论在零售企业的运用，对零售企业展开服务创新的理论研究，具有一定的理论价值。

（1）细分了零售企业服务创新的类型划分。对服务创新进行划分的研究较多，但是通过文献回顾发现也存在着一些问题，不同研究者所使用的分类标准不一致，导致对服务创新分类比较凌乱。有从广义的创新范畴进行划分的，如杰拉尔和盖卢杰（2001）将服务创新分为内部组织创新与外部关系创新；还有从狭义范畴进行划分的，如豪威尔斯和泰瑟（2006）提出服务创新中只包括过程创新与产品创新。本书在确定服务创新分类时，结合研究对象的界定，只从狭义的服务创新角度进行划分，仅研究涉及服务本身的创新，不考虑组织、市场和运营过程等创新形式。通过借鉴伊万杰利斯塔和西里利（1998）、迈尔斯和卡斯特里诺斯（1995）、王琳和魏江（2009）以及莫特扎和侯赛因（2020）等的研究成果，将零售企业服务创新区分为概念创新和传递创新，并明确了概念创新是指为顾客提供一种全新的或改进的服务内容或功能，传递创新则是为提高零售企业运作效率和提升顾客满意度而进行的服务过程与流程的创新。这样为分析服务创新对零售企业绩效的影响作用奠定了基础，有助于后续研究的深入。

（2）实证研究了服务创新不同类型及其交互作用对零售企业绩效的影响作用。尽管很多学者，如江方平（2002）、李飞和王高（2007）、赵树梅和李银清（2019）通过理论演绎认为，零售企业服务创新策略能够有效地提升企业竞争优势，获得较好绩效。但在相关实证研究中还是较少，也没区别企业绩效的短期和长期，仅有少量学者，如索雷斯库和弗兰巴赫等（Sorescu & Frambach et al.，2011）通过特定的案例研究证实了这种影响，李飞和陈浩等（2010）针对具体某一种零售形态进行了案例的研究；宋子昂和孙艳聘（2019）选取重庆市五家零售商作为样本，进行局地的实证分析，得到了服务创新的重要性。本书研究中，通过大样本实证分析，对服务创新不同类型对企业绩效的影响作用进行了验证并作出对比。同时，统计学上把两因素或多因素联合共同对所研究的指示变量的影响定义为交互效应。在多因素试验中，一个因素所取水平会影响到另一个因素对指标的作用效应，这两个因素间就存在交互效应，反之无交互效应。具体到零售企业来看，在资源有限的条件下，零售企业应该如何处理概念创新和传递创新之间的复杂关系，二者之间交互作用的发挥会对企业绩效产生何种影响，也成为理论界和实业界日益关注的问题。詹森和范登博斯等（Jansen & Van Den Bosch et al.，2006）研究企业创新时发现，过度的侧重某一种创新都可能会对企业绩效产生负面影响。基于此，本书进一步验证了服务创新不同类型的交互作用对零售企业绩效的影响作用，更深入地揭示了服务创新影响企业绩效的作用机理。

（3）在零售企业服务创新与企业绩效的关系中考察了环境动态性的作用。在零售企业发展过程中，对外部环境的变化比较明显。特别是在动态环境下，由于消费者的偏好以及竞争对手的营销活动，还有技术和行业内创新政策的变化等因素影响，会导致企业市场份额的转移。在这种动态环境情形下，就要求企业能够敏捷地重新分配已有资源，并积极地从事各种创新活动来促进抓住新兴的市场机会。本书的理论贡献其一就是在概念模型中引入了环境动态性这一权变变量，认为市场动态性、竞争动态性、技术动态性和政策动态性等因素会在零售企业服务创新与企业绩效的关系中起到调节作用，实证研究的结果总体上支持上述理论假设。这一结论在一定程度上验证并支持了范德文和阿斯特利（1981）、本纳和图什曼（2003）、马文聪和朱桂龙（2011）、阎婧和刘志迎等（2016）及薛宪方和郭晗等（2020）认为环境动态性在创新与企业绩效之间具有调节作用的观点。同已有零售企业服务创新的研究相比，考察环境动态性因素更加符合中国零售企业的实情，有助于中国零售企业服务创新理论的演进。

但是，本书的研究从理论价值上讲，还存在不足之处。本书研究主题是服务创新对零售企业绩效的影响，其实质就是市场对零售企业服务创新的反应。当前研究的企业绩效量表设计是依据内部管理者的评价，从科学性上还有所欠缺，虽然也关注到了顾客对零售企业服务创新的重要作用，但是没有深入研究。而在整个服务及服务创新的过程中，顾客发挥着重要的作用，顾客参与已经被认为是专业服务成功的一个很重要的因素。这是因为，由于服务本身具有不可分离性，服务整个过程离不开顾客的参与；顾客的参与会减少服务创新中的不确定性，让创新结果更符合顾客的要求；顾客的参与会提高服务创新的质量，能将顾客的不满意度降到最低；顾客的参与也会缩短创新周期，提高新服务的市场适应性。并且，鲁若愚（2010）研究指出，顾客在创新中的作用发挥也是经历了不同阶段的认知，第一阶段即公司创新阶段。这个阶段创新目的在于追求企业效益，将技术考虑为内生因素，顾客则是独立的外部因素。第二阶段即面向顾客的创新阶段。这个阶段强调要重视市场信号，必须重视顾客需要，顾客是重要的环境因素。第三阶段即顾客参与创新阶段。创新根本目的在于满足顾客需求，是企业价值成长的根本性因素。刘建勇和张功勋（2019）指出，顾客作为企业创新力量和竞争优势的来源，在服务生产和传递过程中的地位也越来越受到重视，强调创新必须满足顾客需求和企业的需要，顾客已经成为企业创新与发展的内生性因素，是企业实现竞争优势和长远绩效的不竭动力。而本书的研究，虽然在量表设计方面考虑到面向顾客进行创新，但是还没有充分到让顾客参与，这也使本书理论价值有所不足。但是，在做好面向顾客创新的同时，推进实现顾客积极参与，是研究零售创新的必由之路，也是对零售企业服务创新研究不容忽视的重要方向。

6.3　管理建议

本书以零售企业服务创新为研究重点，从中国零售企业服务创新实践中的现实问题出发，运用文献研究、问卷调查、数据分析等多种研究方法，探析了服务创新对零售企业绩效的影响机制以及环境动态性的影响作用。本书的研究结果表明，动态环境下的零售企业可以通过实施服务创新以有效地增加短期绩效，提升长远竞争优势，并且，对于当前中国零售企业摆脱一味模仿、实现自主创新和跨越式发展来说，具有一定的实践指导意义。

（1）明确服务创新对零售企业绩效获得的重要作用，并建议采取以直接面向顾客的服务内容和方式的创新为主，而间接服务顾客的内部服务流程创新为辅的服务创新活动。这也就是本书研究所说的概念创新为主、传递创新为辅的服务创新活动。前面的研究结果表明，零售企业的服务创新总体上能够推动零售企业提升短期绩效、获得长远优势，以及更好地满足顾客需要并锁定忠诚顾客，促进零售行业整体竞争实力提升，所以是必须重视的一种零售创新形式。由于网络经济快速发展和 5G 时代的到来，特别是新冠肺炎疫情的影响，对于大多数零售企业来说，零售业发展速度减缓已成必然，中国社科院流通产业研究室主任宋则（2020）指出，疫情使得消费者对数字线上销售大增，导致实体商业雪上加霜，线上线下的商业资源分散化、碎片化失衡错配脱节，效率降低，成本增加，流通体系痛点堵点增加。在此情形下，需要零售业进行变革，大力推行流通现代化，而流通现代化就是一种顺应时代需求的与时俱进的动态变革过程，零售企业服务的变革就是适应流通现代化的重要标志。"新零售"是 2016 年 10 月由马云首先提出的，作为相对于传统零售的新概念，是指包括全渠道又超越全渠道、融合线上与线下并由新技术驱动的、以消费者体验为中心的一种新型零售业态。当下，"新零售"实践蒸蒸日上，反映了零售服务创新的异常活跃。零售企业开展服务创新时，应围绕顾客服务需求来展开，先从服务内部流程优化的传递创新入手，通过不断积累经验和知识实现高效的内部服务传递，更好满足目标顾客需要，获取顾客满意度并实现价值，同时，在传递创新的基础上，更要追求服务内容的变革和形式的多元，开启服务的概念创新活动，唯有此，才能够避开国内外同行的直接竞争而形成差异化，为零售企业开辟新的生存空间，并获得促进企业长远发展的绩效优势。

当前，伴随着现代信息互联技术的迅猛发展、互联网经济的强劲增长，以及应对新一轮零售革命的浪潮，人类进入了一个全新的商业时代——"云消费"时代。在"云消费"时代，人们面临着以零售革命为先导的全产业革命，传统商业模式正经历着前所未有的挑战和变化。这种变化不再是不同产业的此消彼长，而是整个产业体系的全面变革和洗牌。在消费领域，消费突破了传统店铺的限制，突破了商品形态的限制，流通的时间障碍、距离障碍、渠道环节也已完全被突破，呈现"零时差、零距离、零渠道"的发展态势。商业生存的价值在于能为消费者提供价值，在"云消费"时代，零售业生存的根基是消费者价值。而与社会主流消费模式和生活方式相适应，"云消费"时代的消费呈现出体验化、专属化、社群化、定位化的趋势。体验化是指消费者更关注消费过程的满足，愿意通过参与互动，进入情景化的环境，感受独特的氛围，体验独特的文化，而不仅仅是获得直接的商品和服务。专属化表现为商业智能和云数据的发展使个人化定制不再是少数人的特权，每个消费者都能在不额外付出成本的情况下，享受量身定制的、专属的商品和服务，享受消费的尊崇感和自豪感，实现消费的专属化。社群化是指在"云消费"时代，每个人都处于一个又一个、一环套一环的信息辐射圈中，"驴友"圈、社区邻里圈、家长圈、同事圈、亲友圈、粉丝圈等，每个人都可能被他人影响，每个人又都可能影响他人，随着QQ、微博、微信等网络平台的扩散式传播，网络"大V"、意见领袖、明星、论坛达人、身边的时尚达人等都以他们的消费爱好、偏好自然地引领时尚，带动消费。消费者在消费过程中更加看重社群认同，消费意见与消费结果通过意见领袖或"群友"推荐而通过QQ、微信等网络平台扩散式传播，达成消费意向，引领消费潮流。定位化是指消费者通过智能终端定位消费目标，以参与互动、移动搜索等方式满足消费者随时随地的消费需求，特别强调消费的专属性和移动性。大量精准的网络地图搜索服务的出现，为消费的定位化提供了基础。

为此，需要零售企业及时作出改变和调整。在"云消费"时代，消费者在实体商业的消费已经从购物满足，转向享受新奇好玩的体验、感受品质文化的认同，传统的零售卖场转变为族群社交的场所和家庭生活的空间，商家必须从坪效导向、品牌导向向消费者体验导向转型。传统的百货商店和购物中心必须在卖场的体验化、功能的社交化、服务的个人化、运营的智能化、传播的口碑化、流程的致简化方面做出更大的努力。要认识到"云消费"时代的商业流通方式将在整个产业链和价值链上发生革命性变化，商业消费方式、流通赢利模式等都将发生重构和变化。大至批发和代理经销渠道、零售端的各类业态，小到社区居民的一顿早餐、卖废品的方式等都会发生变化。这些变化就发生在人们每一天的生活中，将不断改变人们的生活，让人们生活得更加美好。马云提出的"新零售将会对未来三十年经济社会发展产生深远影响"的观点，得到广大零售企业的高度重视，很多零售企业欲借"新零售"这个风口从激烈的市场竞争中成功突围。2016 年 11 月 2 日，《国务院办公厅关于推动实体零售创新转型的意见》由国务院办公厅发布施行，以适应经济发展新常态，推动实体零售创新转型，释放发展活力，增强发展动力。2017 年 3 月 5 日十二届全国人大五次会议开幕，李克强总理所做的政府工作报告中指出："促进电商、快递进社区进农村，推动实体店销售和网购融合发展。"这些举措突出强调我国实体零售当前遭遇的重大挑战，明确表示实体零售要布局线上与线下融合的新零售。立足于 O2O 的新零售实现了对实体零售与网购优质资源的高度整合，借助实体、电商、移动电商等多渠道，将丰富多元的优质商品高效、低成本地提供给广大用户。对于零售企业而言，新零售模式的优势并非仅限于它使企业获得了线上和线下的各种销售渠道，更关键的是，它能够让企业对用户数据进行搜集和分析，并描绘出清晰的用户画像。在此基础上，企业可以更科学合理地制定采购计划、生产计划、营销策略等。

在移动互联网时代，消费需求的持续升级以及市场环境的动态变化，使零售企业难以为用户提供充分满足其需求的产品及服务，而新零售模式则能够有效地解决这个问题，通过更高效地挖掘用户需求，快速灵活地应对各种突发情况，实现与竞争对手的差异化竞争。随着大数据、云计算、物联网、移动互联网等新一代信息技术在各行业应用程度的日益加深，新零售模式将会不断走向成熟，零售行业也将因此迎来新一轮爆发式增长。与众多传统零售企业相比，新零售模式具有一定的先天优势，一方面，其商品流通去除了大量的中间环节，通过互联网实现了工厂与用户之间的无缝对接；另一方面，在移动电商崛起后，零售企业也借助微博、微信等社交媒体平台积极"触网"，使产品及品牌实现了更大范围的传播推广。因此，无论是"云消费"时代，还是"新零售"时代的到来，对于我国的零售企业来说，都应该高度重视服务创新在获取企业绩效方面的重要战略作用，积极开展服务的概念创新和传递创新的实践活动。

（2）加强不同类型的服务创新活动的交互作用，共同实现对零售企业绩效特别是长期绩效的促进作用。前面研究发现对零售企业而言，开展各类服务创新的交互效应的长远收益要高于短期收益，即对企业长期绩效作用更为突出。零售企业所拥有的资源是有限的，进行不同形式的服务创新必然涉及对各种资源的获取和占用，而且这种不同性质的服务创新会造成管理中"两难困境"，企业既要满足当下生存又要着眼长远发展，必须进行最优化选择。本书的研究发现，零售企业服务创新中概念创新和传递创新需要协同，实现平衡发展，而且这种平衡是适度倾斜的平衡，不是追求绝对的平衡，唯此可以改进企业的财务绩效和市场竞争实力。当零售企业发展过程中总体服务创新水平较低时，更需要保持平衡式发展，结合事物矛盾理论所主张的，适度不平衡对事物发展是有益的，鞠强（2006）研究指出，有所"倾斜"才能更好地促进事物的发展，一味片面追求所谓的绝对平衡只会导致思维的简单化与机械化，最终导致事物发展的停顿。而且这两种类型的服务创新都较强时，会产生互相促进作用，螺旋式上升，不断提升企业的整体服务水平，实现较好的企业绩效。为此，零售企业可以在企业内部进行不同类型的服务创新，并做好设计管理和协调，包括不同文化和结构，权衡短期绩效和长期竞争力之间的冲突，并使得管理方法与之适应，因变而变，推动零售企业的稳健发展。同时，随着零售企业服务创新能力的增强，两种不同创新类型会相互影响，互相促进，零售企业可以同时追求高水平的概念创新和传递创新活动，拓展企业资源，促进服务创新成果的市场化，并从组织结构和流程方面变革配合，以提升企业短期绩效，增强企业的市场竞争实力，最终实现长远收益的取得。

在此，本书借鉴协同的理念来说明，在零售企业的概念创新和传递创新行为中，可以更好地实现两种创新的有机配合，最大化地提升企业的创新绩效。德国科学家哈肯最早在1971年提出的系统协同学思想就认为，自然界和人类社会的各种事物普遍地存在着有序和无序的两种现象，无序表现为混沌现象，而有序就是所谓的协同状态，并且在一定的条件下，任何事物所构成的系统里都会发生有序和无序之间的相互转化，从而形成了一个普遍规律，即协同现象存在于任何一个系统内，通过系统内各种子系统（要素）之间相互协调、合作或同步的联合作用及集体行为，使多种力量集聚成一个总力量，形成大大超越各自功能总和的新功能，即产生了 1 + 1 > 2 的协同效应，最终实现系统从无序状态向有序状态的演变。因此，从更一般意义上理解的协同，就是指协调两个或者两个以上的不同资源或者个体，协同一致地完成某一目标的过程或能力。而协同性主要指系统内元素在整体发展运行过程中协调与合作的性质。具体表现为，系统内部元素各自之间的协调合作所形成的拉动效应，推动事物双方或多方共同前进，从而达到各个获益，整体加强，共同发展的协同结果，而这种导致要素间属性互相增强、向积极方向发展的拉动效应即为协同性。因而，无论是哪一种形式的创新活动，从本质上都是为了零售企业的核心竞争力的提升和长远的发展，不能单纯采用串联的单行思维，而应该采用并联的协同推进的思维，实现创新效果的最大化。

近年来，在线上线下零售企业增速乏力的大环境下，不少零售企业开始回归本源，聚焦主业，大浪淘沙"剩"者为王，"活下去"是零售行业从业者的普遍心声。国内外许多零售企业纷纷开展了多种创新行为，并实现了二者的有机配合来共同满足好顾客的需求，以最大化提升企业的绩效。日本东京湾 Lalaport 在开店之初，曾经有大荣超市、崇光百货两家公司作为主力店入驻，然而由于经营不善两家店先后撤出。目前东京湾 Lalaport 没有主力店，但仍然获得了成功，主要原因是有时尚服饰经营商 COMME CA ISM、uniqlo、GAP 及 ZARA 等富有特色的专卖店入驻；开出美食主题花园，其中东京面包物语主题花园吸引了很多游客前来品尝，整个美食主题花园被装饰成欧洲田园风光，各式各样的甜点、面包使空气中都带有甜蜜的味道，有很多面包爱好者定期来这里品尝美食，度过休闲轻松的一天；开设丰富的休闲娱乐设施，游览车、电玩中心电影院、剧院，成为东京湾 Lalaport 的魅力所在。此外，为了进一步满足顾客需求，顾客服务中心方面在原有的看护、不动产、税务、育儿等咨询服务窗口外，增加了法律咨询、信息中心、呼叫中心（各种电话号码的查询）服务。还有女性员工担当的馆内向导，进一步强化了顾客服务。免费接送班车，新开设的新生银行支行、千叶银行的 ATM 机，大大地方便了当地消费者。我国北京超市发连锁股份有限公司前身海淀副食品公司成立于 1956 年。1999 年 10 月完成股份制改造，2020 年被中共中央、国务院、中央军委授予"全国抗击新冠肺炎疫情先进集体"，也是全国唯一一家获此殊荣的零售企业。在对连锁店调改的进程中，超市发摒弃了千店一面的连锁旧俗，致力于打造千店千面的个性化店铺，来满足不同商圈顾客的需求。"唯变革不止步"，超市发追求方便，关注健康，寻找个性，品质为上，接受新事，关注体验。近年来，先后推出"超罗业态组合店""社区商业服务 e 中心""24 小时书吧·超书房"三种创新模式，以跨界和跨品牌融合满足消费新需求，弥补了传统超市的便利短板，服务性能全新升级；老旧门店实施升级改造，将传统经营与现代模式有机结合，在唱衰的市场环境中，超市发只想把服务和商品做得更有"温度"；只想因满足社区顾客的需求而"升级"，平添一抹亮色，提振零售士气。超市发作为在传承中创新的零售企业，一路走来扎扎实实，一心把商品和服务做得更有温度，一心满足社区顾客的需求，在交互开展服务的概念创新和传递创新方面，形成良好配合，较好地提升了企业在激烈市场竞争中的生存发展能力。通过剖析国内外零售企业的创新做法经验并结合理论分析，得出零售企业绩效的提升，特别是长期绩效的提升，需要在做好不同类型的服务创新活动的基础上，实现创新的密切交互。

（3）重视动态环境对零售企业服务创新与企业绩效的影响，适应环境变化进行服务创新策略调整以促进零售企业绩效提升。当前，中国零售行业面临的一个明显状况就是存在着动态而激烈的环境因素，研究也表明环境是对企业创新更具决定作用的一个驱动力，企业创新过程中在关注环境变化的同时，也要重视企业内部各种资源与能力的建设。本书将环境动态性划分市场动态性、竞争动态性、技术动态性和政策动态性，并对这四种动态性对服务创新不同类型与零售企业绩效之间关系进行了实证研究。根据上文的研究结果，可得出：当面临顾客需求迅速变化，零售企业要及时采取直接面向顾客的概念创新，以获取现有顾客的忠诚并吸引潜在顾客，促进企业发展；反之，当顾客需求变化不大时，则可以重点实施面向企业内部服务的传递创新，以提高内部服务运行效率，降低企业运作成本，间接获得顾客的满意，增加企业利润。当行业竞争日益激烈时，零售企业可以同时采取概念创新和传递创新来实现短期绩效和长期绩效。当零售信息技术革新程度变化较大时，零售企业就需要采取概念创新活动，利用并驾驭新的零售技术，推动企业科技的进步，像沃尔玛公司那样，使得零售企业不仅是传统商贸企业，更是高科技企业，通过占据价值高地实现企业的快速发展；同时，也要关注企业传递创新活动，实现预期目标。当政府行业创新政策变化较大时，零售企业为了获得有利发展机遇和空间，要果断采取概念创新活动，促进企业跳跃式发展；反之，当政府的行业创新政策变化不大时，则可以重点实施传递创新以促进企业绩效。总之，越是在动态的环境下，中国的零售企业越需要关注服务创新的作用，将对企业的资源和管理的重心转移到服务创新的策略上来，通过服务创新满足顾客需求，形成差异化竞争优势，利用新技术并适应创新政策要求，降低外部环境不确定性风险和不利影响，提升零售企业短期的财务绩效和长期的市场竞争地位。

以市场动态性为例，结合实际例子具体分析。"民以食为天"，但在"吃"这件头等大事上，即使中国经历了四十多年高速的经济发展，行业发展依然滞后。从生产领域来说，中国种养殖业的行业集中度低、商品标准化程度低；从流通领域来说，时至今日，中国生鲜零售市场，依然主要依靠几千个市集来支撑，流通效率和损耗一直是生鲜零售的发展瓶颈。但随着中国迈入中等收入国家行列，老百姓对于商品品质的要求越来越高，尤其是对于饮食。当下的城市零售消费群体要求的已经不是东西"有没有"，而是商品"好不好"，面对消费者购物的变化，以及消费需求与市场供给之间的巨大差距，急需优质的零售品牌来填补，这就为 T11 的诞生创建了良好的契机。T11 生鲜超市以甄选全球好物，优质的门店购物体验，便捷的线上下单，即时配送服务，以及高品价比来满足消费者对品质生活的向往。作为新锐品牌，T11 锚定未来五年内市场的主流消费需求，积极并恰当地拥抱以 AI、5G、区块链等为代表的新技术，运用极致的供应链能力，把优质商品的本味带给消费者，创新战略布局，深化中国食品流通、加工格局，将全球最优质食材的供给地图与中国百姓的消费地图精准、高效匹配。自开业以来，T11 不仅成为行业和媒体关注的焦点，更以好口碑成为越来越多用户和知名人士的网红打卡地。T11 的诞生在直接服务终端消费者的同时，与其他零售从业者共同背负着提升中国社会供应链效率的使命，不断构建生鲜食品销售行之有效的零售标准，为行业的发展提供有独创性的贡献。这种概念创新活动注定了零售企业适应顾客市场需求变化、提升自身发展实力的过程，将不是一个短期套现的商业模式，而是一个马拉松式的价值创造过程，在各类技术应用、模式创新的推动下，特色鲜明的零售企业亦必将不断适应环境的挑战，实现对推动行业发展和增强自身商业价值的深远影响。

再以政策动态性为例分析。中国零售业 1978 年开始流通体制改革，1992 年允许外资零售企业进入中国零售市场，2001 年颁布《零售业态分类规范意见》，2004 年商务部出台了《外资投资商业领域管理办法》，取消了对外国投资商业在股权、地域等方面的限制。这些都成为中国零售业发展历程中最重要的里程碑。

2004 年末，中国零售业入世的过渡期结束，中国兑现对零售市场全面向外资开放的承诺，零售领域实行全面的开放。西方发达国家经历四次重大零售变革形成的 20 余种业态在中国都有了惊人的发展，目前已经形成百货店、超级市场、大卖场、各类专营店、专卖店、便利店、折扣店、大型奥特莱斯店、仓储大卖场、购物中心等十余种实体零售店和网络零售、目录零售、电视商场、直销等非实体零售店共存的零售商业格局。日渐完善的零售市场和日渐成熟的零售业态为人们的多样化消费提供了丰富的购物机会，同时，也加剧了零售市场的恶性竞争与零供矛盾冲突。为促进零售商业和谐健康发展，国家针对零售业出台了多样的规制政策，包含直接规制（经济性规制、社会性规制）以及间接规制（反垄断规制）。代表性政策如《直销管理条例》（2005）、《零售商供应商公平交易管理办法》（2006）、《零售商促销行为管理办法》（2006）、《中华人民共和国反垄断法》（2008）和《城市商业网点条例》（2008）等。这些政策的出台，均对零售商的经营行为产生了影响，进一步规范了我国零售市场的发展。自 2013 年以来，我国经济迈入新常态，加之世界经济不景气，以及网络零售的兴起与完善，传统零售各业态都遇到史无前例的考验，高速增长势头得到了遏制，开始探索新发展之路。国家政策也及时出台，如《"十二五"时期促进零售业发展的指导意见》指出，"十二五"期间将稳步推进无店铺销售，鼓励更多零售企业发展电子商务线上业务，"触网"开店。《"互联网＋流通"行动计划》和《关于积极推进"互联网＋"行动的指导意见》更进一步明确提出，要推进电子商务进农村、进中小城市、进社区，线上线下融合互动，跨境电子商务等领域产业升级等。《国内贸易流通"十三五"发展规划》提出到 2020 年，新一代信息技术广泛应用，内贸流通转型升级取得实质进展，全渠道经营成为主流，现代化、法治化、国际化的大流通、大市场体系基本形成，流通新领域、新模式、新功能充分发展，社会化协作水平提高，市场对资源配置的决定性作用增强，流通先导功能充分发挥，供需实现有效对接，消费拉动经济增长的基础作用更加凸显，现代流通业成为国民经济的战略性支柱产业。这些政策有利于新经济下的大消费格局的构建，更是得到了许多对环境变化敏锐的企业的积极响应，及时地开展了自身业态革新，特别是大胆地进行了概念创新活动，使我国零售企业面对日益加剧的竞争，不断创新进取，在与外资零售企业的竞争中获得了显著优势，为中国零售业谱写了自强不息的历史篇章。

6.4 本章小结

结合已有实证研究成果，本章对实证结果反映的变量之间关系进行了讨论，并与前人的相关研究成果进行了对比，对已验证和未被验证的研究假设，结合理论和实践情况，给出了相应的可能解释。进而总结出本书研究的理论价值，并对中国零售企业服务创新实践提出了相应的管理建议。本书通过结构方程模型和大样本的统计回归分析，验证了服务的概念创新对零售企业短期绩效和长期绩效都具有显著正向影响作用，而服务的传递创新者只对零售企业的短期绩效产生显著正向影响作用，对长期绩效不具有显著正向影响作用。为使资源有限的零售企业能在服务创新活动中取得更好绩效，本书对零售企业不同的服务创新类型之间的交互作用进行了研究，得出的结论是服务的概念创新和传递创新之间的交互作用会对零售企业绩效产生正向影响作用。同时，本书引入了环境动态性这一权变变量，从四个维度进行了环境动态性作用的实证检验，得出市场动态性、竞争动态性、技术动态性和政策动态性等因素会在零售企业服务创新与企业绩效的关系中起到调节作用，对零售企业展开服务创新的理论研究，具有一定的理论价值，具体表现在以下三个方面。一是细化了零售企业服务创新的类型划分。二是实证研究了服务创新不同类型及其交互作用对零售企业绩效的影响作用。三是在零售企业服务创新与企业绩效关系中考察了环境动态性的作用。

对于当前中国零售企业摆脱一味模仿、实现自主创新和跨越式发展来说，本书的研究也具有一定的实践指导意义，对零售企业来说，一是要明确服务创新对零售企业绩效获得的重要作用，并建议采取直接面向顾客的服务内容和方式的创新为主，而间接服务顾客的内部服务流程创新为辅的服务创新活动；二是要加强不同类型的服务创新活动的交互作用，共同实现对零售企业绩效特别是长期绩效的促进作用；三是要重视动态环境对零售企业服务创新与企业绩效的影响，做好适应环境变化进行服务创新的策略调整，以促进零售企业绩效提升。

第 7 章

研究结论与展望

围绕服务创新对零售企业绩效的影响这个问题，并结合动态环境的影响因素，本书通过前面各章的研究，对零售企业服务创新的概念内涵与构成维度进行了归纳，并以创新理论、服务创新理论、权变理论、企业资源基础理论、动态能力理论和顾客价值理论等相关理论为基础，对服务创新对零售企业绩效的影响机理及环境动态性在其中的作用进行了深入的分析和验证。本章是本书的总结性章节，归纳本书研究得到的主要研究结论、主要创新点，并分析本书研究的局限和不足，指出未来的研究方向。

7.1 主要研究结论

本书以服务创新对零售企业绩效的影响为研究主线，并考察动态环境的调节作用影响，为此先考察零售服务创新的内涵与构成维度，并分析概念创新和传递创新对零售企业绩效的影响，两种服务创新类型之间的交互作用对零售企业绩效的影响，以及环境动态性在零售企业服务创新与企业绩效之间的影响机理。提出了相关变量的内容结构及测量方法，并以我国零售企业为研究对象，通过大样本调查获取数据，运用 AMOS 软件对整体结构模型以及交互效应进行拟合分析，并采用层次分析法检验环境动态性因素对服务创新与零售企业绩效的调节作用，借助 SPSS 软件验证了调节效应。本书主要研究结论有以下三个方面。

（1）零售企业的服务创新划分为概念创新和传递创新，概念创新对零售企业短期绩效和长期绩效都具有显著正向影响作用，而服务的传递创新只对零售企业的短期绩效产生显著正向影响作用，对长期绩效不具有显著正向影响作用。并且从对零售企业短期绩效的影响来看，传递创新的作用更大；而从对零售企业长期绩效的影响来看，概念创新的作用更大。本书在已有研究的基础上，结合创新理论、服务创新理论以及资源基础理论、动态能力理论和顾客价值理论等，进行理论演绎并分别讨论了其对企业绩效不同维度的影响机理。

　　具体而言，本书将零售企业服务创新活动中，直接面对顾客的服务创新，称为概念创新，即通过对企业现有顾客服务形式及内容进行革新、改进与重构，不断开发新的顾客服务内容，提供新的服务形式以创造新的市场，满足已有顾客和潜在顾客的需求。这种创新能够增强企业的动态能力，拓展企业对各种资源的获取，进而产生知识和资源的溢出效应，促进企业资源发展和提升，实现顾客价值创造进而锁定顾客，为企业带来较好的短期绩效和长期绩效。本书将非直接面对顾客的服务创新，称为传递创新，即通过不断完善零售企业内部服务流程和体系，对现有服务组成要素进行反思、优化和扩展，不断完善企业内在服务的运营，这种创新能通过开展组织内学习以有效应对外部竞争，激发员工的敬业精神，进而建立顾客忠诚、增加顾客满意度，从而为零售企业带来短期绩效和长期绩效。但从概念创新和传递创新对零售企业绩效影响程度对比来看，短期绩效受到传递创新的影响比较大，而长期绩效受到概念创新的作用比较大。这个研究结果为分析零售企业开展服务创新提升绩效提供了更细致的借鉴作用，说明在激烈的市场竞争中，国内零售企业更需要做好服务，带给顾客良好的购物体验，实行服务的差异化竞争理念。并结合企业发展战略进行服务创新，需要注重回归零售的本质，理顺人、货、场的关系，进一步做好顾客服务工作。同时，本书研究发现传递创新对长期绩效影响不显著，这就更说明，在建立零售企业长期优势方面，更要面对顾客开展服务内容的实质性创新，这要比仅仅关注内部服务运营流程的优化更具有战略性。所以，综合来看，零售企业发展过程中，两种创新都要考虑，并随着自身实力的增强，更要关注概念创新活动。

　　（2）服务中的概念创新和传递创新的交互作用对零售企业绩效具有正向影响作用，并且这种交互效应对零售企业的长期绩效的作用更为突出。零售企业的服务创新活动中，既需要紧紧围绕顾客需求、培育差异化竞争，着眼企业长远发展提高竞争优势，确保将来持续生存的概念性创新活动，与此同时也要有足够的着眼于企业内部服务活动有效组织与运作的传递性创新活动，来确保企业目前的生存状况，这二者又同属于零售企业，不能简单分割。因此，关注研究二种创新的交互作用对零售企业绩效的影响就很重要。本书通过实证研究，证实了在零售企业中，服务的概念创新和传递创新交互作用对零售企业绩效的不同维度都具有正向影响作用，并通对比路径系数大小和显著性水平，发现对零售企业而言，开展各类服务创新的交互效应长远收益要高于短期收益，即对企业长期绩效作用更为突出。

具体来说，本书服务创新中的概念创新活动，既具有对新服务的搜索、发现、尝试建立和冒险等特征，也有完善当前服务内容和改进服务功能的稳健的特征，这种创新是直接服务于最终顾客的。而传递创新在顾客获得的核心服务功能方面没有改变，而是通过服务提供和传递的流程的改变，或与顾客交互方式的改变等途径，使服务的效率和效果得以改进，进而使顾客整体满意度提升，最终使得企业创造了较好的经济效益。二者的交互作用强调了概念创新和传递创新的互相促进、螺旋式发展的作用，使企业组织已有的知识和惯例得以有效利用并促进两种创新的融合发展，更好地提高企业的竞争实力，共同促进了企业绩效的实现，这与詹森和约翰逊等（Jensen & Johnson et al.，2007）、夏杰长和肖宇（2019）的研究结论相吻合，因此零售企业在实践中需要特别重视二者的交互作用。零售企业必须统筹资源，既关注直接面向顾客服务的概念创新，也要关注间接服务顾客创新的企业内在服务流程和环节的传递创新，避免出现"外部顾客不满意"以及"内部服务也混乱"的情况，通过组织整合、重构内部资源等方式，使不同服务创新类型之间的交互作用达到最大化，不仅促进企业的短期绩效的实现，更重要的是能够实现对企业长远发展的极大促进。

（3）环境动态性在服务创新和零售企业绩效之间具有调节作用。本书以中国零售企业为样本，假设并检验了环境动态性的四个维度，即市场动态性、竞争动态性、技术动态性和政策动态性分别对零售企业服务创新与企业绩效关系的调节效应。研究结果表明，市场动态性、竞争动态性和政策动态性均显著地调节服务创新（概念创新和传递创新）与零售企业绩效的关系，而技术动态性显著地调节服务中的概念创新与零售企业绩效的关系，而在传递创新与零售企业绩效之间关系中的调节作用不显著。

具体来看，市场动态性对概念创新与零售企业绩效（包括短期绩效和长期绩效，下同）之间关系起显著正向调节作用，而对传递创新与零售企业绩效之间关系起显著负向调节作用；竞争动态性对概念创新、传递创新与零售企业绩效之间关系均起到显著正向调节作用；技术动态性对概念创新与零售企业绩效之间关系起显著正向调节作用，而对传递创新与企业绩效之间关系没有起到显著正向作用；政策动态性对概念创新与零售企业绩效之间关系起显著正向调节作用，而对传递创新与零售企业绩效之间关系起显著负向调节作用。这些研究表明，越是在顾客需求变化不定的环境中，零售企业的概念创新越能适应顾客需求，保持并开发新顾客，而越是在顾客需求稳定的环境中，零售企业的传递创新就越能保持企业内在服务能力，为企业赢得竞争优势。越是在同行业激烈竞争的环境中，零售企业服务创新无论是概念创新还是传递创新，都越能够弱化激烈竞争带来的不利影响，增加企业的短期绩效和长期绩效。越是在飞速变革的技术环境下，零售企业的概念创新越能为企业带来新的收益和优势地位，而此时零售企业的传递创新对企业的绩效作用不显著，究其原因，本书分析认为可能是零售企业对内部应用先进技术的不重视，内部技术改良做得还不到位，以及新技术的利用不到位等原因所造成的。越是在创新政策推陈出新不断更迭的情况下，零售企业的概念创新越能抓住有利政策机会，获得政策赋予的关键资源，抓住发展良机，从而增加企业短期绩效和长远竞争优势，而这种情况下，如果仅仅关注传递创新，就会造成难以取得关键资源并丧失发展良机，这会对企业短期绩效和长远发展带来不利影响。因此，零售企业服务创新过程中，应坚持以顾客需求变化为导向，关注外部市场竞争、技术变动和创新政策变化，创新的着力点更应放在概念创新上，通过创造新的顾客服务和服务内容等的改进，来获取新的市场增长点并提升企业绩效。同时，不应忽视加强企业内部服务能力的建设，即强化传递创新的持之以恒，与概念创新相互协同，共同促进零售企业绩效的增长。

7.2　主要创新点

与已有研究相比，本书的主要创新点表现在以下三个方面。

（1）厘清了零售企业服务创新的类型划分，为深入研究服务创新与零售企业绩效的关系打下了坚实的基础。在已有服务创新的研究中，国内外学者均展开了相应的研究，但通过有关文献的回顾表明，对制造企业的服务创新或一般服务业创新的研究较多，专门针对零售企业服务创新的系统研究还是较为缺乏。目前对零售企业服务创新的研究中，国外学者对服务创新的研究主要是作为零售创新的一部分进行，以及对零售企业创新行为的影响因素和零售创新的驱动力因素等进行研究。国内学者则侧重于服务创新的原因和有效应对、服务—利润链理论在零售企业的应用、零售企业服务创新方式、百货商店服务创新的过程、零售企业服务创新能力以及服务创新与企业盈利模式的关系等方面的研究。可知，当前学者们对零售企业服务创新驱动力和创新过程的研究较为关注，而对零售企业服务创新类型的研究，还较为缺少，且现有研究多为定性或案例研究为主。本书采用文献归纳法，对零售企业服务创新的类型划分进行研究。通过文献研究、零售企业访谈和预测试，构建出零售企业服务创新构念的正式测量量表，将理论研究和大样本实证研究相结合，检验量表的信度和效度。在已有研究的基础上，研究结论揭示了零售企业服务创新可以从概念创新和传递创新角度进行划分，明确了每种创新的维度，弥补了以往零售企业服务创新研究中对服务创新类型在理解上存在的欠缺。为后续服务创新影响零售企业绩效的实证研究打好了基础，更有利于指导零售企业的服务创新实践活动。

（2）构建了服务创新不同类型及其交互效应对零售企业绩效影响的理论模型，对零售企业的服务创新与绩效关系进行了深入探索。目前，零售企业服务创新的研究相比工业领域的技术创新，还存在着较大的差距。但是，随着服务经济的到来，以及我国经济迈入构建双循环发展的新格局，处在更多需要依靠内需来促进经济发展的新阶段，需要特别关注零售企业的创新问题。所以，中国零售企业认识到服务的重要性后，所面临的重要问题就是如何创新，实现自身的特色发展并建立竞争优势。学者围绕零售企业服务创新对企业绩效的影响已展开了许多研究，得出了一些观点。然而，学者们在研究中并未进一步对企业绩效进行区分并明确指出不同类型服务创新对不同维度企业绩效的影响状况，以及对不同类型服务创新之间作用程度大小进行比较。而且，不同类型服务创新在企业管理活动中，是否产生交互作用，及其对企业绩效的影响等问题的研究也有不足。对此，本书以服务创新理论、企业资源能力理论和顾客价值理论等为理论基础，结合管理中的"两难困境"以及企业访谈获取的内容，通过理论分析，构建出服务创新不同类型影响零售企业绩效的概念模型，并将服务创新从概念创新和传递创新角度进行区分，将企业绩效区分为短期绩效和长期绩效，运用 AMOS 软件，对整体结构模型以及交互效应模型进行了拟合分析和假设检验，综合考察了不同类型服务创新及其交互作用对零售企业绩效的影响。在前人已有研究的基础上，本书深入研究了每种服务创新类型及其交互对零售企业绩效不同维度的影响机理，进一步探索了服务创新对零售企业绩效的影响差异状况，揭示了零售企业绩效优势取得的来源，为零售企业绩效的提升作了理论的拓展。

（3）引入了环境动态性这一变量来分析其对服务创新与零售企业绩效的影响，结合零售企业特性来研究服务创新绩效问题，加深了对零售企业服务创新作用情境的理解。已有研究指出，零售企业的创新发展必须与社会环境的变化相适应，每产生一种新的零售业态都要受到外部环境变化的威胁，包括消费者行为、同行竞争、行业技术和法律政策等，那些能够适应外部环境变化的零售业态，就会继续生存发展下去，否则可能就被淘汰。对正处于双循环新格局中的中国零售企业而言，环境动态性是零售企业实施服务创新的重要影响因素。零售企业服务创新能否成功商业化，服务创新的成果能否满足顾客需求并获得市场的认可，都将受到环境动态性的影响，从而具有较高的不确定性。因此探索在动态环境下，零售企业应该如何通过服务创新来提高企业绩效这一问题显得尤为重要。但是，已有服务创新对零售企业绩效影响的文献研究中，对环境动态性因素的实证研究还较缺乏。对此，本书在权变理论、服务创新理论的基础上，结合已有环境动态性在其他行业的应用状况，对环境动态性进行了细致划分，分别从市场动态性、竞争动态性、技术动态性和政策动态性等方面，分析了这四种环境因素对零售企业服务创新（概念创新和传递创新）与企业绩效（包括短期绩效和长期绩效）关系的调节效应，并采用大样本数据，结合层次分析法进行了实证检验，并得到了相关结果。在前人已有研究的基础上，本书从环境动态这个视角切入，分析了不同类型环境因素对服务创新与企业绩效的影响，明确了不同类型环境因素在促使零售企业作出服务创新行为的过程中的作用，进一步解释了不同环境因素影响服务创新与零售企业绩效的原因，推进了零售企业服务创新管理机制的研究。对零售企业服务创新作用情境的理解也进一步加强，丰富了战略管理领域企业绩效获得的相关研究，对零售企业在服务创新实践中根据外部环境特征灵活进行相应的服务创新决策来说，具有一定的参考价值。

7.3　研究不足与展望

尽管本书的研究遵循科学研究的范式，深化和扩展了服务创新、企业绩效和环境动态性等方面已有研究，实现了理论研究的发展，对零售企业开展服务创新和管理实践活动具有一定的启示，但研究中也不可避免地存在一些不足，这是未来进一步开展这方面研究应该改进的地方。具体来说，本书研究有以下不足。

首先，服务创新构念的内部效度还需要进一步精炼。本书借鉴服务创新理论的研究，提出零售企业的服务创新也可以按照内容划分为概念创新和传递创新两种完全不同的服务创新类型，并结合零售服务的内涵进行了明确化。未来研究应该在零售企业服务创新的分析单元、变量测量等方面进一步严格区分，期望取得高度一致的相关研究发现，同时也能够对零售企业服务创新的实践产生更好的理论指导作用。

其次，本书设计的控制变量有企业的年龄、规模和性质等，但还有一些关键性变量，如企业高管层的相关特征、企业发展战略导向、服务创新的搜索、组织学习、组织情境和企业文化等因素，这些都会对企业服务的概念创新与传递创新产生一定影响。未来研究需要加强对这方面的探讨，并且还要检验这些变量之间的交互效应，如企业高管基本特征与服务创新、企业战略导向与服务创新、企业文化与服务创新等之间的交互效应，以使研究结论更加有效和可靠，为服务创新理论的发展作出进一步贡献。

再次，研究结论的外在效度还有待提高。本书研究采用理论研究和实证研究相结合，在力所能及的范围内收集相关文献材料并进行对比分析，提出理论研究假设，进而进行了大样本问卷调研和数据的收集。但是在调查问卷研究中，由于问卷的发放与回收受地域特点、调查方式、调查对象以及零售企业本身的配合情况等方面的影响，使得样本企业的数据会发生偏差，影响研究结论。未来研究中，应在更广的范围内选择更多零售企业进行数据收集，采取实地采访以获得更全面的信息，并加强对样本结构的全面控制，以减少由于样本偏误对研究结论产生的不利影响，从而实现研究结论外在效度提高这一目的。

最后，由于本书篇幅和研究主题所限，在研究不同创新类型对企业绩效的影响时，本书没有从顾客、供应商等多主体的视角考虑零售企业服务创新的研究。部分学者的初步研究指明，多主体参与服务创新这方面的研究将会对企业绩效产生更重要的影响，因而零售企业就更要加强顾客参与服务创新的过程。因此，考虑多主体参与的服务创新活动的开展，也是未来零售企业服务创新需要大力拓展的一个研究方向。

附录1 零售企业服务创新访谈提纲

尊敬的先生/女士：

您好！

非常感谢您在百忙之中抽出时间来接受我们的访谈，访谈可能需要耽误您30~40分钟时间。我们是零售企业服务创新对企业绩效的影响研究的调查人员。当前零售行业面临激烈的竞争，环境的动态变化十分明显，而服务创新是促进零售企业发展，提高市场竞争力的关键措施，而为了实施有效的服务创新活动，环境变化因素也不容忽视。本调查的目的是明确促进零售企业绩效的不同服务创新行为及其环境影响因素的作用机制。

请您结合自己在零售企业管理工作中的经验，就零售企业服务创新策略及其环境影响因素和企业绩效的表现，谈一谈您的观点。本次调查是我们分析研究的重要参考，没有固定的标准答案，我们只是就这些相关的问题进行交流和探讨，因此请您不要有所顾虑。

首先对有关学术名词作简要的解释。

1. 服务创新，是指零售企业为了增加顾客价值、实现竞争优势，而在服务顾客购物的全过程中，应用新设想和新技术手段实现对已有的零售服务方式及内容的革新或改进。服务创新类型有多种划分方式，本研究按照创新内容划分为概念创新、传递创新。概念创新是指能够为顾客提供一种全新的或改进的服务方式或内容的创新；传递创新则是为了提高零售企业服务运作效率而进行内在服务流程的创新。

2. 环境动态性，是指企业外部环境不断变化的一种状态，且这种变化是不可预测的，具有稳定和不稳定的两种特点。本研究的环境动态性是以管理者的主观认知来衡量环境动态性程度，主要有市场动态性、竞争动态性、技术动态性和创新政策动态性四种。

3. 企业绩效，是指对企业过去经营成果的衡量及长期价值的测度，具体分为短期绩效和长期绩效。短期绩效可以用利润率、资产收益率等财务指标体现，

长期绩效可以用顾客满意度、企业市场地位等非财务指标来反映。

下面开始具体事项的访谈，请结合实际自由回答：

1. 请简要介绍一下贵企业的基本情况，包括贵企业成立时间、贵企业资产状况、员工人数、主力业态、近三年的商品销售情况如何、贵企业目前向顾客提供的服务具体包含哪些内容、贵企业的服务水平在零售企业同行内处于什么样的水平。

2. 贵企业在面向顾客的服务创新方面的情况，包括贵企业是怎样看待服务创新的？促使贵企业开展服务创新的关键影响因素有哪些？贵企业对服务创新的重视是在什么情况下开始的？贵企业在服务创新方面有哪些具体措施，并通过实例来予以说明？同竞争对手相比，贵企业的服务创新策略有何独特性和差异性？贵企业开展的服务创新是仅仅包括直接面对顾客需求方面的内容，还是也包括内部流程传递方面的内容？如果这两个方面内容的创新贵企业均同时采用，二者能否协同促进贵企业服务质量的改善？

3. 服务创新后贵企业绩效方面的情况，包括服务创新是否提高了贵企业短期的财务绩效表现，例如利润的增长、投资回报的增加等？服务创新是否也提升了企业长期的绩效表现，例如市场份额的增长、忠诚顾客的增加以及对新顾客的吸引等？以一年时间来看，贵企业哪种形式的服务创新对企业绩效的影响最大？以一年到三年时间来看，哪种形式的服务创新对企业绩效的影响最大？不同形式服务创新的交互，是否能够对企业短期绩效和长期绩效产生影响？

4. 贵企业对外部环境变化的认知情况，包括作为企业高管，您认为当前企业所处的外部环境变化是相对平稳还是相对动态？您认为在动态环境中，市场动态性、竞争动态性、技术动态性或者创新政策的动态性对企业影响大吗？在服务创新和企业绩效关系中，这些动态性环境都发挥着怎样的作用？

5. 根据以上问题，请您综合判断，零售企业的绩效需要提高，企业服务创新和环境动态性各自发生的影响作用机制是怎样的？从零售企业经营管理角度来讲，为了提高企业短期绩效和长期绩效，应该从哪些方面着手进行服务创新呢？

好，我们的问题到此问完了，您的意见和观点对我们进行学术研究有重要的参考价值，再次向您表示深深的感谢！后面我们将为此进行问卷的测量题项设置，在您方便的情况下，我们还会就这些测量题项设置的合理与否，与您进行电话或电子邮件沟通，由此给您带来的麻烦和干扰，表示深深的歉意！

最后祝贵公司生意兴隆，财源广进，客户满天下！

附录 2　问卷设置中测量题项修订的访谈

尊敬的先生/女士：

您好！

再次感谢您在百忙之中抽出时间来接受我们的访谈，访谈可能需要耽误您10 ~ 20 分钟时间。我们是服务创新对零售企业绩效的影响的调查人员，此次调查研究的目的是明确促进零售企业绩效的不同服务创新策略及其环境影响因素的作用机制。

在上次与您访谈的基础上，我们结合学者文献的理论研究，制定出了对相关管理变量的测量量表，请您根据自己的认知，对题项设计的合理性、完整性以及表述的准确性、易懂性等发表评论，并对存在的问题提出意见。

本测量量表包括对服务创新的类型、企业绩效的划分以及环境动态性的划分等维度的测量，具体如表 1 所示。

表 1　　　　　　　　　　　零售企业服务创业不同维度的测量题项

变量		测量题项		题项依据
编号	变量名	编号	题项内容	
1	概念创新	SCI1	本企业越来越关注顾客各种需求	阿夫罗尼蒂斯和帕帕斯塔索普罗等（2001）；贝里和尚卡尔等（2006）；崔海云和施建军（2013）；赖然（2014）
		SCI2	本企业提供的商品质量越来越高	
		SCI3	本企业不断开发和引进更符合顾客需要的新商品	
		SCI4	本企业经常推出新的顾客服务项目	
		SCI5	本企业推出的新服务较原有顾客服务变化较大	
		SCI6	本企业经常在行业中率先推出新的顾客服务项目	
2	传递创新	STI1	本企业的服务环境不断改善	
		STI2	本企业的商品展示越来越有特色	
		STI3	本企业的退换货服务更为方便	
		STI4	本企业人员响应顾客的需求越来越及时准确	
		STI5	本企业人员为顾客提供的帮助越来越令顾客满意	

续表

变量		测量题项		题项依据
编号	变量名	编号	题项内容	
3	短期绩效	SFP1	零售企业对资产回报率的满意度	斯帕诺斯和柳卡斯（2001）；库珀和克莱因施密特（1987）；科尔德罗（1990）；赛义德和哈萨布—埃尔纳比（2003）；格里芬和佩奇（1993）；焦豪（2011）；奥和特奥等（2012）；蔺雷和吴贵生（2007）
		SFP2	零售企业对销售增长率的满意度	
		SFP3	零售企业对企业现金流量的满意度	
4	长期绩效	LCA1	零售企业对经营商品和服务质量的满意度	
		LCA2	零售企业对自身公众社会形象的满意度	
		LCA3	零售企业对自身市场竞争优势地位的满意度	
5	市场动态性	MDC1	在企业所在的零售市场中，顾客的偏好变化非常快	米勒（1987）；科利和贾沃斯基（1990）；韩和金等（1998）；谢洪明（2005）；陈国权和王晓辉（2012）；奥和特奥等（2012）；冯军政（2012）；钱和曹等（2013）
		MDC2	顾客总是趋向于寻求新的商品和服务	
		MDC3	新顾客的出现主要来源于企业商品和服务的改善	
6	竞争动态性	CDC1	竞争对手的变化非常不可预测	
		CDC2	企业所处零售行业经常发生"促销战"	
		CDC3	企业所在零售行业几乎每天都能听说新的竞争行动	
7	技术动态性	TDC1	零售行业内，技术经常连续变化	
		TDC2	零售行业内，由于技术突破性发展，导致新产品/服务大量产生	
		TDC3	零售行业的技术变化非常不可预测	
8	政策动态性	PDC1	企业所处零售行业的创新政策变化非常快	
		PDC2	在不同的时期或阶段，政府零售行业创新政策的目标差异很大	
		PDC3	企业很难预测政府零售行业创新政策的变化趋势	

附录3 零售企业服务创新调查问卷

尊敬的先生/女士：

您好！

首先非常感谢您在百忙之中能阅读并抽出时间填写这份问卷！我们是零售企业服务创新对企业绩效影响的研究调查人员，此次的调查问卷旨在研究服务创新类型、环境动态性与零售企业绩效关系之间的作用机制，答案没有对错之分，请选择与您想法最为接近的答案，并在相应标号上进行打"√"选择（电子版填写时，请将对应标号颜色改为红色）。

本问卷调查纯属学术研究之用，填写的信息予以保密，所获得的填写信息也绝不会用于任何商业用途；本调查问卷不记名，请您放心填写并尽可能根据实际情况客观回答。如果您对本研究的结论感兴趣，请在问卷结尾处注明，并留下您的邮寄方式，届时我们会将研究成果及时发送给您审阅。

对有关学术名词作简要的解释。

1. 服务创新，是指零售企业为了增加顾客价值、实现竞争优势，而在服务顾客购物的全过程中，应用新设想和新技术手段实现对已有的零售服务方式及内容的革新或改进。服务创新类型有多种划分方式，本研究按照创新内容划分为概念创新、传递创新。概念创新是指能够为顾客提供一种全新的或改进的服务方式或内容的创新；传递创新则是为了提高零售企业服务运作效率而进行内在服务流程的创新。

2. 环境动态性，是指企业外部环境不断变化的一种状态，且这种变化是不可预测的。本研究的环境动态性是以管理者的主观认知来衡量环境动态性程度，主要有市场动态性、竞争动态性、技术动态性和创新政策动态性四种。

3. 企业绩效，是指对企业过去经营成果的衡量以及长期价值的测度，具体分为短期绩效和长期绩效。短期绩效可以用利润率、资产收益率等财务指标体现，长期绩效可以用顾客满意度、企业市场地位等非财务指标来反映。

问卷主要包括两部分，第一部分是零售企业基本信息，第二部分是本研究涉及的管理变量的测量题项，请结合实际作答。

一、零售企业基本信息

下面是有关您所任职企业情况的简要征询，请您根据实际情况作出选择。纸质问卷请在相应标号上打"√"选择（电子版请将选项对应标号用红色予以标注）。

1. 贵公司成立的时间：

    A. 5 年及以下   B. 6 ~ 10 年   C. 11 ~ 15 年

    D. 16 ~ 20 年   E. 20 年以上

2. 贵公司的规模：

    A. 50 人及以下   B. 51 ~ 100 人   C. 101 ~ 500 人

    D. 501 ~ 1000 人   E. 1001 人及以上

3. 贵公司的企业性质：

    A. 国有企业   B. 集体企业   C. 民营企业

    D. 三资企业

4. 贵公司的主力业态：

    A. 百货商店   B. 超级市场   C. 专业店/专卖店

    D. 便利店   E. 网上商店   F. 其他

二、零售企业管理各变量的测量

本部分对各变量的测量采用李克特量表的五级打分制，数字"1 ~ 5"分别表示您对某一题项所述内容的认同程度。请将最符合贵公司实际情况的选项选上，纸质问卷请在相应标号上打"√"选择（电子版请将选项对应标号用红色予以标注）。

编号	题项	完全不同意	基本不同意	说不清楚	基本同意	完全同意
SCI1	本企业提供的商品质量越来越高	①	②	③	④	⑤
SCI2	本企业不断开发和引进更符合顾客需要的新商品	①	②	③	④	⑤
SCI3	本企业经常推出新的顾客服务项目以满足顾客需求	①	②	③	④	⑤
SCI4	本企业推出的新服务较原有顾客服务变化较大	①	②	③	④	⑤
SCI5	本企业经常在行业中率先推出新的顾客服务项目	①	②	③	④	⑤
STI1	本企业的商品展示越来越有特色	①	②	③	④	⑤

续表

编号	题项	完全不同意	基本不同意	说不清楚	基本同意	完全同意
STI2	本企业的退换货服务更为方便	①	②	③	④	⑤
STI3	本企业人员响应顾客的需求越来越及时准确	①	②	③	④	⑤
STI4	本企业人员为顾客提供的帮助越来越令顾客满意	①	②	③	④	⑤
STI5	本企业内部服务流程优化越来越简洁高效	①	②	③	④	⑤
SFP1	我们对企业资产回报率满意	①	②	③	④	⑤
SFP2	我们对企业销售增长率满意	①	②	③	④	⑤
SFP3	我们对企业现金流量满意	①	②	③	④	⑤
LCA1	我们对企业经营商品和服务质量满意	①	②	③	④	⑤
LCA2	我们对企业公众社会形象满意	①	②	③	④	⑤
LCA3	我们对企业自身市场竞争优势地位满意	①	②	③	④	⑤
MDC1	在企业所在的零售市场中，顾客的偏好变化非常快	①	②	③	④	⑤
MDC2	顾客总是趋向于寻求新的商品和服务	①	②	③	④	⑤
MDC3	新顾客的出现主要来源于企业商品和服务的改善	①	②	③	④	⑤
CDC1	竞争对手的变化非常不可预测	①	②	③	④	⑤
CDC2	企业所处零售行业经常发生"促销战"	①	②	③	④	⑤
CDC3	企业所在零售行业几乎每天都能听说新的竞争行动	①	②	③	④	⑤
TDC1	零售行业内，技术经常连续变化	①	②	③	④	⑤
TDC2	零售行业内，由于技术突破性发展，导致新产品/服务大量产生	①	②	③	④	⑤
TDC3	零售行业的技术变化非常不可预测	①	②	③	④	⑤
PDC1	企业所处零售行业的创新政策变化非常快	①	②	③	④	⑤
PDC2	在不同的时期或阶段，政府零售行业创新政策的目标差异很大	①	②	③	④	⑤
PDC3	企业很难预测政府零售行业创新政策的变化趋势	①	②	③	④	⑤

感谢您的悉心作答！填写到此结束！

您辛苦了，提交问卷前请重新检查一下是否遗漏了对某些问项的回答！

如果您对该调研结果比较感兴趣，为了方便与您沟通寄送，请留下您的联系方式。

联系电话：_____ Email：_____

再次感谢您的支持和参与！

参考文献

[1] 白长虹. 西方的顾客价值研究及其实践启示 [J]. 南开管理评论, 2001, 4 (2): 51-55.

[2] 鲍克, 周卫民. 技术创新与产业问题研究 [M]. 北京: 经济科学出版社, 1997.

[3] 贝当古. 零售与分销经济学 [M]. 刘向东, 沈健, 译. 北京: 中国人民大学出版社, 2009.

[4] 曹鸿星. 零售业创新研究述评 [J]. 北京工商大学学报 (社会科学版), 2010, 25 (1): 18-21.

[5] 陈国权, 王晓辉. 组织学习与组织绩效: 环境动态性的调节作用 [J]. 研究与发展管理, 2012, 24 (1): 52-59.

[6] 陈收, 肖咸星, 杨艳, 等. CEO 权力、战略差异与企业绩效——基于环境动态性的调节效应 [J]. 财贸研究, 2014, 25 (1): 7-16.

[7] 陈晓萍, 徐淑英, 樊景立. 组织与管理研究的实证方法 [M]. 北京: 北京大学出版社, 2008.

[8] 崔海云, 施建军. 服务创新、顾客体验价值与休闲农业企业绩效 [J]. 南京社会科学, 2013 (11): 33-38.

[9] 杜俊义, 熊胜绪, 王霞. 中小企业动态能力对创新绩效的影响——基于环境动态性的调节效应 [J]. 科技管理研究, 2017, 37 (1): 25-31.

[10] 菲利普·科特勒, 凯文·莱恩·凯勒. 营销管理 (第 14 版) [M]. 王永贵等, 译. 北京: 中国人民大学出版社, 2013.

[11] 冯军政. 环境动荡性、动态能力对企业不连续创新的影响作用研究 [D]. 杭州: 浙江大学, 2012.

[12] 冯军政. 企业突破性创新和破坏性创新的驱动因素研究——环境动态性和敌对性的视角 [J]. 科学学研究, 2013, 31 (9): 1421-1432.

[13] 葛建华. 业态创新改变市场竞争格局——以我国家用电器市场为例

[J]. 财贸经济, 2006 (4): 44 – 47.

[14] 郭立宏, 张武康. 基于 DEA 模型的中国百货零售上市公司效率及生产率研究 [J]. 西安理工大学学报, 2011, 27 (1): 121 – 125.

[15] 郭丕斌, 王霞, 周喜君. 旅游服务创新影响因素研究 [J]. 技术经济, 2013, 32 (1): 14 – 18.

[16] 赫斯基·特, 萨特塞, 施莱辛格. 服务利润链 [M]. 牛海鹏等, 译. 北京: 华夏出版社, 2001.

[17] 亨德里克·迈耶·奥勒. 日本零售业的创新和动态: 从技术到业态, 再到系统 [M]. 盛亚, 李靖华, 胡永铨, 译. 北京: 知识产权出版社, 2010.

[18] 洪涛. 2012 – 2013 年中国流通业回顾与展望 [J]. 中国市场, 2013 (7): 67 – 71.

[19] 侯杰泰, 温忠麟, 成子娟. 结构方程模型及其应用 [M]. 北京: 教育科学出版社, 2004.

[20] 胡蕾. 零售企业服务的创新途径 [J]. 重庆教育学院学报, 2010, 23 (5): 82 – 84.

[21] 黄国雄. 论流通产业是基础产业 [J]. 财贸经济, 2005, (4): 61 – 65.

[22] 黄琳. 便利店服务创新研究 [J]. 中国市场, 2014 (52): 22 – 23.

[23] 贾平. 我国零售企业服务创新能力研究 [J]. 经济纵横, 2007 (8): 76 – 78.

[24] 江方平. 谈谈零售企业的服务创新 [J]. 上海商业, 2002 (2): 42 – 43.

[25] 江慧芳. 零售创新活动对创新绩效影响的实证研究 [D]. 杭州: 浙江工商大学, 2010.

[26] 姜铸, 李宁. 服务创新、制造业服务化对企业绩效的影响 [J]. 科研管理, 2015, 36 (5): 29 – 37.

[27] 焦豪. 双元型组织竞争优势的构建路径: 基于动态能力理论的实证研究 [J]. 管理世界, 2011, 218 (11): 76 – 91.

[28] 焦豪, 周江华, 谢振东. 创业导向与组织绩效间关系的实证研究——基于环境动态性的调节效应 [J]. 科学学与科学技术管理, 2007, (11): 70 – 76.

［29］鞠强．和谐管理：本质、原理、方法［M］．上海：复旦大学出版社，2006.

［30］赖然．服务企业的服务创新管理机制研究［D］．上海：东华大学，2014.

［31］李程骅．商业业态"沃尔玛化"与"反沃尔玛化"现象研究——兼论中国城市商业发展的战略转型［J］．南京师大学报（社会科学版），2006（2）：41－46.

［32］李大元．不确定环境下的企业持续优势：基于战略调适能力的视角［D］．杭州：浙江大学，2008.

［33］李飞，陈浩，曹鸿星，等．中国百货商店如何进行服务创新——基于北京当代商城的案例研究［J］．管理世界，2010（2）：114－126.

［34］李飞．全渠道零售的含义、成因及对策——再论迎接中国多渠道零售革命风暴［J］．北京工商大学学报（社会科学版），2013（2）：1－11.

［35］李飞，王高．中国零售管理创新［M］．北京：经济科学出版社，2007.

［36］李纲，陈静静，杨雪．网络能力、知识获取与企业服务创新绩效的关系研究——网络规模的调节作用［J］．管理评论，2017，29（2）：59－68＋86.

［37］李怀祖．管理研究方法论［M］．西安：西安交通大学出版社，2004.

［38］李靖华，朱文娟，等．组织理论视角下的我国服务创新研究进展［J］．研究与发展管理，2014，26（4）：82－91.

［39］李雷，赵先德，杨怀珍．国外新服务开发研究现状述评与趋势展望［J］．外国经济与管理，2012，34（1）：36－45.

［40］李颖慧．零售服务方式创新内容、模式与路径——基于四维度模型［J］．企业经济，2012，31（7）：90－93.

［41］蔺雷，吴贵生．服务产业创新的"逆向产品周期"模型［J］．科研管理，2004，25（5）：1－7.

［42］蔺雷，吴贵生．服务创新［M］．北京：清华大学出版社，2007.

［43］蔺雷，吴贵生．服务创新的四维度模型［J］．数量经济技术经济研究，2004（3）：32－37.

［44］蔺雷，吴贵生．服务创新：研究现状、概念界定及特征描述［J］．科

研管理, 2005, 26 (2): 1 – 6.

[45] 蔺雷. 制造企业的服务增强机理研究 [D]. 北京: 清华大学, 2005.

[46] 刘刚, 刘静. 动态能力对企业绩效影响的实证研究——基于环境动态性的视角 [J]. 经济理论与经济管理, 2013 (3): 83 – 94.

[47] 刘国光. 中国经济运行与发展 [M]. 广州: 广东经济出版社, 2001.

[48] 刘建勇, 张功勋. 顾客参与和零售服务企业服务创新: 顾客信任的调节作用 [J]. 商业经济研究, 2019 (2): 52 – 55.

[49] 刘江云. 基于环境动态性调节的组织创新对组织绩效的影响研究 [D]. 哈尔滨: 哈尔滨工业大学, 2012.

[50] 刘军. 管理研究方法: 原理与运用 [M]. 北京: 中国人民大学出版社, 2008.

[51] 柳卸林. 对服务创新研究的一些评论 [J]. 科学学研究, 2005, 23 (6): 856 – 860.

[52] 鲁若愚. 多主体参与的服务创新 [M]. 北京: 科学出版社, 2010.

[53] 罗党论, 唐清泉. 中国民营上市公司制度环境与绩效问题研究 [J]. 经济研究, 2009, 2 (108): 106 – 118.

[54] 罗建强, 蒋倩雯. 数字化技术作用下产品与服务创新: 综述及展望 [J]. 科技进步与对策, 2020, 37 (24): 152 – 160.

[55] 马刚. 企业竞争优势的内涵界定及其相关理论评述 [J]. 经济评论, 2006 (1): 113 – 121.

[56] 马庆国. 管理统计: 数据获取、统计原理与 SPSS 工具与应用研究 [M]. 北京: 科学出版社, 2002.

[57] 马文聪, 朱桂龙. 环境动态性对技术创新和绩效关系的调节作用 [J]. 科学学研究, 2011, 29 (3): 454 – 460.

[58] 迈克尔·波特. 波特竞争三部曲: 竞争战略 [M]. 陈小悦, 译. 北京: 华夏出版社, 2005.

[59] 孟利锋, 刘元元, 翟学智. 零售业态管理 [M]. 北京: 清华大学出版社, 2013.

[60] 宁靓, 孙晓云. 互联网下传统零售企业战略转型研究——基于全渠道零售视角 [J]. 商业经济研究, 2020 (9): 122 – 124.

[61] 彭艳君, 王刚, 高梅. 顾客参与零售企业服务创新研究 [J]. 企业经

济，2012，31（9）：56 - 59.

［62］彭云峰，薛娇，孟晓华. 创业导向对创新绩效的影响——环境动态性的调节作用［J］. 系统管理学报，2019，28（6）：1014 - 1020.

［63］邱皓政，林碧芳. 结构方程模型的原理与应用［M］. 北京：中国轻工业出版社，2009.

［64］盛亚. 零售创新：基于系统的思想与方法［M］. 杭州：浙江大学出版社，2007.

［65］首都经济贸易大学零售研究中心，中国商业联合会专家工作委员会. 全球零售业创新报告［J］. 商场现代化，2013（13）：55 - 63.

［66］首都经济贸易大学世界零售研究中心，中国商业联合会专家工作委员会. 全球零售业创新报告［J］. 商场现代化，2013，（Z1）：55 - 63.

［67］束义明，郝振省. 高管团队沟通对决策绩效的影响：环境动态性的调节作用［J］. 科学学与科学技术管理，2015，36（4）：170 - 180.

［68］宋则. 重温基本原理 增强实战能力——畅通经济循环开创流通体系建设新局面的对策建议［J］. 财经智库，2020（5）：28 - 52 + 140 - 141.

［69］宋子昂，孙艳珅. 零售服务创新、顾客融入与消费满意度［J］. 商业经济研究，2019（18）：62 - 65.

［70］孙冰. 企业自主创新动力机制研究［J］. 软科学，2007，21（3）：104 - 107.

［71］孙国强. 管理研究方法［M］. 上海：上海人民出版社，2007.

［72］孙颖，陈通，毛维. 物流信息服务企业服务创新过程的关键影响要素研究［J］. 科学学与科学技术管理，2009（8）：196 - 199.

［73］孙永波，王晶. 零售企业服务创新能力评价指标体系构建［J］. 北京工商大学学报（社会科学版），2013，28（4）：44 - 49.

［74］汪涛，蔺雷. 服务创新研究：二十年回顾与展望［J］. 软科学，2010，24（5）：17 - 20.

［75］汪涛，牟宇鹏，王铵. 企业创新战略模式的选择与效应［J］. 中国软科学，2013（6）：101 - 110.

［76］汪旭晖，张其林. 多渠道零售商线上线下营销协同研究——以苏宁为例［J］. 商业经济与管理，2013，263（9）：37 - 47.

［77］王广发. 关系属性、共同生产对服务创新绩效的影响研究［D］. 广

州：华南理工大学，2012.

[78] 王国顺，何芳菲. 实体零售与网络零售的协同形态及演进 [J]. 北京工商大学学报（社会科学版），2013，28（6）：27－33.

[79] 王健，方计国，陈军，等. 我国百货业网络零售的现状分析与策略研究 [J]. 长春理工大学学报（社会科学版），2013，26（3）：93－95.

[80] 王君正，吴贵生. 我国旅游企业创新对绩效影响的实证研究——以云南旅游业为例 [J]. 科研管理，2007，28（6）：56－65.

[81] 王琳. KIBS 企业—顾客互动对服务创新绩效的作用机制研究 [D]. 杭州：浙江大学，2012.

[82] 王琳，魏江，胡胜蓉. 服务创新分类研究 [J]. 技术经济，2009，28（2）：7－12.

[83] 王淑翠. 基于顾客价值构建零售业复合价值链 [J]. 商业经济与管理，2006，180（10）：28－31.

[84] 魏江，胡胜蓉. 知识密集型服务业创新范式 [M]. 北京：科学出版社，2007.

[85] 温忠麟，侯杰泰. 隐变量交互效应分析方法的比较与评价 [J]. 数理统计与管理，2004，23（3）：37－42.

[86] 吴航. 企业国际化、动态能力与创新绩效关系研究 [D]. 杭州：浙江大学，2014.

[87] 吴明隆. 结构方程模型——AMOS 的操作与应用 [M]. 重庆：重庆大学出版社，2010.

[88] 吴雪，董大海. 多渠道零售企业电子服务能力的构成与测量 [J]. 当代经济管理，2014，36（5）：27－32.

[89] 吴艳，温忠麟，林冠群. 潜变量交互效应建模：告别均值结构 [J]. 心理学报，2009，41（12）：1252－1259.

[90] 伍蓓，陈劲，吴增源. 环境动态性对研发外包强度与企业绩效关系的调节效应研究 [J]. 科研管理，2010，31（4）：23－30.

[91] 夏杰长，肖宇. 以服务创新推动服务业转型升级 [J]. 北京工业大学学报（社会科学版），2019，19（5）：61－71.

[92] 项国鹏，周鹏杰. 商业模式对零售企业绩效的影响——基于顾客价值创造视角的分析 [J]. 广东商学院学报，2013，28（1）：25－33.

［93］肖灵机. 哈佛服务利润链理论及其隐义引申［J］. 北京工商大学学报（社会科学版），2009，24（4）：88－95.

［94］谢洪明. 市场导向与组织绩效的关系——环境与组织学习的影响［J］. 南开管理评论，2005，8（3）：47－53.

［95］辛枫冬. 网络关系对知识型服务业服务创新能力的影响研究［D］. 天津：天津大学，2012.

［96］徐大可，陈劲. 创新政策设计的理念和框架［J］. 国家行政学院学报，2004，（4）：26－29.

［97］徐健，汪旭晖. 零售企业创新活动对自主创新能力及市场绩效影响的实证研究［J］. 兰州学刊，2010，203（8）：46－50.

［98］徐文洪. 服务创新与服务利润链的整合研究［J］. 财经问题研究，2009（11）：32－37.

［99］许庆瑞，吕飞. 服务创新初探［J］. 科学学与科学技术管理，2003（3）：34－37.

［100］薛薇. SPSS 统计分析方法及应用［M］. 北京：电子工业出版社，2007.

［101］薛宪方，郭晗，褚珊珊，等. 创业者心智模式、错误学习与企业绩效的关系：环境动态性的调节作用［J］. 应用心理学，2020，26（1）：39－47.

［102］阎婧，刘志迎，郑晓峰. 环境动态性调节作用下的变革型领导、商业模式创新与企业绩效［J］. 管理学报，2016，13（8）：1208－1214.

［103］杨龙，王永贵. 顾客价值及其驱动因素剖析［J］. 管理世界，2002（6）：146－147.

［104］杨瑞龙. 企业理论：现代观点［M］. 北京：中国人民大学出版社，2005.

［105］杨彦波. 零售业竞争中的服务管理及其绩效评价［D］. 唐山：河北理工大学，2005.

［106］杨燕，高山行. 创新驱动、自主性与创新绩效的关系实证研究［J］. 科学学研究，2011，29（10）：1568－1576.

［107］杨宜苗，郭岩. 零售企业成长模式研究：一个理论框架——基于苏宁电器、大商集团和百联集团的成长案例分析［J］. 财贸经济，2013（7）：87－94.

［108］于昊. 国美新战略："三端合一"加速线下互联网化［J］. 电器，

2019 (3): 53.

[109] 余绍忠. 创业资源对创业绩效的影响机制研究——基于环境动态性的调节作用 [J]. 科学学与科学技术管理, 2013, 34 (6): 131-139.

[110] 原小能. 服务创新视角下的零售企业盈利模式转变研究 [J]. 中国流通经济, 2011 (12): 72-78.

[111] 张建军, 赵晋. 论顾客服务在现代零售企业竞争中的核心地位及其基本策略 [J]. 南昌航空工业学院学报 (社会科学版), 2004, 6 (3): 29-33.

[112] 张芮. 创新氛围、知识二元性与服务创新关系研究 [D]. 杭州: 浙江工商大学, 2014.

[113] 张晓霞. 我国农村零售业态创新演变探析——基于破坏性创新理论 [J]. 西北农林科技大学学报 (社会科学版), 2011, 11 (4): 48-53.

[114] 张映红. 动态环境对公司创业战略与绩效关系的调节效应研究 [J]. 中国工业经济, 2008 (1): 105-113.

[115] 赵凯. 中国零售企业绩效来源研究 [D]. 厦门: 厦门大学, 2007.

[116] 赵立龙. 制造企业服务创新战略对竞争优势的影响机制研究 [D]. 杭州: 浙江大学, 2012.

[117] 赵树梅, 李银清. 5G 时代 "新零售" 服务的创新发展 [J]. 中国流通经济, 2019, 33 (9): 3-14.

[118] 赵志强, 杨建飞. 企业技术创新的内外源双驱动力因素 [J]. 郑州航空工业管理学院学报, 2011, 29 (1): 63-66.

[119] 朱瑾逸, 王坤. 物流企业服务创新影响因素及对策研究 [J]. 物流科技, 2014 (6): 80-84.

[120] 朱亚萍. 中国零售业面临第三次挑战及其应对思路 [J]. 经济理论与经济管理, 2011 (7): 80-86.

[121] 祝志明, 杨乃定, Sarlandie, 等. 动态能力理论: 源起、评述与研究展望 [J]. 科学学与科学技术管理, 2008 (9): 128-135.

[122] Achrol R S, Kotler P. Marketing in the network economy [J]. The Journal of Marketing, 1999, 63 (Special Issue): 146-163.

[123] Adner R, Zemsky P. A demand-based perspective on sustainable competitive advantage [J]. Strategic Management Journal, 2006, 27 (3): 215-239.

[124] Alam I. New service development process [J]. Journal of Global Market-

ing, 2008, 20 (2): 43 – 55.

[125] Allen S A. Organizational choices and general management influence networks in divisionalized companies [J]. Academy of Management Journal, 1978, 21 (3): 341 – 365.

[126] Amin A T N. Living in the global [M]. Oxford: Oxford University Press, 1994.

[127] Amit R, Schoemaker P J. Strategic assets and organizational rent [J]. Strategic Management Journal, 1993, 14 (1): 33 – 46.

[128] Amit R, Zott C. Value creation in e-business [J]. Strategic Management Journal, 2001, 22 (6): 493 – 520.

[129] Andrews R N. Managing the environment, managing ourselves: A history of American environmental policy [M]. New Haven: Yale University Press, 2006.

[130] Atuahene-Gima K, Murray J Y. Exploratory and exploitative learning in new product development: A social capital perspective on new technology ventures in China [J]. Journal of International Marketing, 2007, 15 (2): 1 – 29.

[131] Avlonitis G J, Papastathopoulou P G, Gounaris S P. An empirically-based typology of product innovativeness for new financial services: Success and failure scenarios [J]. Journal of Product Innovation Management, 2001, 18 (5): 324 – 342.

[132] Barcet A, Bonamy J, Mayère A. Modernization and innovation in business service [R]. Report for Commissariat Géné du Plan, 1987.

[133] Barney J B. Strategic factor markets: Expectations, luck, and business strategy [J]. Management Science, 1986, 32 (10): 1231 – 1241.

[134] Barney J. Firm resources and sustained competitive advantage [J]. Journal of Management, 1991, 17 (1): 99 – 120.

[135] Barras R. Interactive innovation in financial and business services: The vanguard of the service revolution [J]. Research Policy, 1990, 19 (3): 215 – 237.

[136] Barras R. Towards a theory of innovation in services [J]. Research Policy, 1986, 15 (4): 161 – 173.

[137] Belleflamme C. Innovation and research and development process analysis in service activities [R]. IRES, Report for EC, FAST programme, 1986.

[138] Bell S J, Mengüç B, Widing II R E. Salesperson learning, organizational learning, and retail store performance [J]. Journal of the Academy of Marketing Science, 2010, 38 (2): 187 –201.

[139] Benner M J, Tushman M L. Exploitation, exploration, and process management: The productivity dilemma revisited [J]. Academy of Management Review, 2003, 28 (2): 238 –256.

[140] Berry L L, Shankar V, Parish J T, et al. Creating new markets through service innovation [J]. MIT Sloan Management Review, 2006, 47 (2): 56 –63.

[141] Cao Q, Dowlatshahi S. The impact of alignment between virtual enterprise and information technology on business performance in an agile manufacturing environment [J]. Journal of Operations Management, 2005, 23 (5): 531 –550.

[142] Cepeda G, Vera D. Dynamic capabilities and operational capabilities: A knowledge management perspective [J]. Journal of Business Research, 2007, 60 (5): 426 –437.

[143] Chakravarthy B S. Measuring strategic performance [J]. Strategic Management Journal, 1986, 7 (5): 437 –458.

[144] Chapman R L, Soosay C, Kandampully J. Innovation in logistic services and the new business model: A conceptual framework [J]. International Journal of Physical Distribution & Logistics Management, 2003, 33 (7): 630 –650.

[145] Chen J, Tsou H T, Huang A Y. Service delivery innovation antecedents and impact on firm performance [J]. Journal of Service Research, 2009, 12 (1): 36 –55.

[146] Collins C J. Strategic human resource management and knowledge creation capability: Examing the black box between HR and firm performance [D]. College Park: University of Maryland, 2000.

[147] Collis D J. Research note: How valuable are organizational capabilities? [J]. Strategic Management Journal, 1994, 15 (S1): 143 –152.

[148] Cooper R G, Kleinschmidt E J. New products: What separates winners from losers? [J]. Journal of Product Innovation Management, 1987, 4 (3): 169 –184.

[149] Cooper R G. Third-generation new product processes [J]. Journal of

Product Innovation Management, 1994, 11 (1): 3 – 14.

[150] Cordero R. The measurement of innovation performance in the firm: An overview [J]. Research Policy, 1990, 19 (2): 185 – 192.

[151] Damanpour F, Schneider M. Characteristics of Innovation and Innovation Adoption in Public Organizations: Assessing the Role of Managers [J]. Journal of Public Administration Research and Theory, 2009, 19 (3): 495 – 522.

[152] De Brentani U. Success and failure in new industrial services [J]. Journal of Product Innovation Management, 1989, 6 (4): 239 – 258.

[153] Den Hertog P, Bilderbeek R. The new knowledge infrastructure: The role of technology-based knowledge-intensive business services in national innovation systems [J]. Services and the Knowledge-Based Economy, 2000, 23 (6): 222 – 246.

[154] Den Hertog P, Brouwer E. Innovation indicators for the retailing industry: A meso perspective [R]. Utrecht: Dialogic/Center for Science & Policy, 2000.

[155] Dess G G, Beard D W. Dimensions of organizational task environments [J]. Administrative Science Quarterly, 1984, (29): 52 – 73.

[156] Dierickx I, Cool K. Asset stock accumulation and sustainability of competitive advantage [J]. Management Science, 1989, 35 (12): 1504 – 1511.

[157] Ding L, Velicer W F, Harlow L L. Effects of estimation methods, number of indicators per factor, and improper solutions on structural equation modeling fit indices [J]. Structural Equation Modeling: A Multidisciplinary Journal, 1995, 2 (2): 119 – 143.

[158] Djellal F, Gallouj F. Patterns of innovation organisation in service firms: Postal survey results and theoretical models [J]. Science and Public Policy, 2001, 28 (1): 57 – 67.

[159] Dorman A J. Omni-Channel Retail and the New Age Consumer: An Empirical Analysis of Direct-to-Consumer Channel Interaction in the Retail Industry [R]. Claremont McKenna College, 2013.

[160] Drnevich P L, Kriauciunas A P. Clarifying the conditions and limits of the contributions of ordinary and dynamic capabilities to relative firm performance [J]. Strategic Management Journal, 2011, 32 (3): 254 – 279.

[161] Duncan R B. Characteristics of organizational environments and perceived environmental uncertainty [J]. Administrative Science Quarterly, 1972, 12 (3): 313 – 327.

[162] Dupuis M. Retail innovation: Towards a framework of analysis, 2000 [C]. International EAERCD Conference on Retail Innovation.

[163] Dwyer F R, Welsh M A. Environmental relationships of the internal political economy of marketing channels [J]. Journal of Marketing Research, 1985, 22 (4): 397 – 414.

[164] Eisenhardt K M, Martin J A. Dynamic capabilities: What are they? [J]. Strategic Management Journal, 2000 (22): 1105 – 1121.

[165] Evangelista R, Savona M. Innovation, employment and skills in services firm and sectoral evidence [J]. Structural Change and Economic Dynamics, 2003, 14 (4): 449 – 474.

[166] Evangelista R, Sirilli G. Innovation in the service sector results from the Italian statistical survey [J]. Technological Forecasting and Social Change, 1998, 58 (3): 251 – 269.

[167] Fahey L, Narayanan V K. Macroenvironmental analysis for strategic management [M]. West St. Paul, 1986.

[168] Flint D J, Larsson E, Gammelgaard B, et al. Logistics innovation: A customer value-oriented social process [J]. Journal of Business Logistics, 2005, 26 (1): 113 – 147.

[169] Gadrey J, Gallouj F. The provider-customer interface in business and professional services [J]. Service Industries Journal, 1998, 18 (2): 1 – 15.

[170] Gadrey J, Gallouj F, Weinstein O. New modes of innovation: How services benefit industry [J]. International Journal of Service Industry Management, 1995, 6 (3): 4 – 16.

[171] Gallouj F, Weinstein O. Innovation in services [J]. Research Policy, 1997, 26 (4): 537 – 556.

[172] Garg V K, Walters B A, Priem R L. Chief executive scanning emphases, environmental dynamism, and manufacturing firm performance [J]. Strategic Management Journal, 2003, 24 (8): 725 – 744.

[173] Geiger S W, Makri M. Exploration and exploitation innovation processes: The role of organizational slack in R & D intensive firms [J]. The Journal of High Technology Management Research, 2006, 17 (1): 97 – 108.

[174] Gerbing D W, Anderson J C. An updated paradigm for scale development incorporating unidimensionality and its assessment [J]. Journal of Marketing Research, 1988, 25 (2): 186 – 192.

[175] Grawe S J, Chen H, Daugherty P J. The relationship between strategic orientation, service innovation, and performance [J]. International Journal of Physical Distribution & Logistics Management, 2009, 39 (4): 282 – 300.

[176] Gresham M T. A study of organizational capability management as a mediator of successful innovation implementation and innovation problems [D]. Columbus: The Ohio State University, 1999.

[177] Griffin A, Page A L. An interim report on measuring product development success and failure [J]. Journal of Product Innovation Management, 1993, 10 (4): 291 – 308.

[178] Grönroos C, Heinonen F, Isoniemi K, et al. The NetOffer model: A case example from the virtual marketspace [J]. Management Decision, 2000, 38 (4): 243 – 252.

[179] Guthrie D. Between Markets and Politics: Organizational responses to reform in China [J]. American Journal of Sociology, 1997, 102 (5): 1258 – 1304.

[180] Han J K, Kim N, Srivastava R K. Market orientation and organizational performance: Is innovation a missing link? [J]. The Journal of Marketing, 1998, 62 (4): 30 – 45.

[181] Hauknes J, Rj G, Sureohpvwloolqjhu E Y. Services in innovation-innovation in services [J]. STEP Report R13/1998. STEP Group, 1998.

[182] Herbjorn N, Per E P. What can we learn from service innovation and new service development research [Z]. TIPVIS-project report, 2007.

[183] Hertog P D, Erik B. Innovation indicators for the retailing industry: A meso perspective [J]. Journal of Marketing, 2000, 12 (2): 174 – 185.

[184] Heskett J L, Schlesinger L A. Putting the service-profit chain to work [J]. Harvard Business Review, 1994, 72 (2): 164 – 174.

[185] Hofer C W. Toward a contingency theory of business strategy [J]. Academy of Management Journal, 1975, 18 (4): 784 – 810.

[186] Hoskisson R E, Hitt M A, Wan W P, et al. Theory and research in strategic management: Swings of a pendulum [J]. Journal of Management, 1999, 25 (3): 417 – 456.

[187] Howells J R, Tether B. Innovation in services: Issues at stake and trends [M]. Brussels: Official Publications of the European Communities, 2006.

[188] Hristov L. Retail Innovation and Technology [J]. European Retail Digest, 2007, 55: 7 – 16.

[189] Hristov L, Reynolds J. Innovation in the UK retail sector [R]. Oxford Institute of Retail Management: 2007.

[190] Huber G P, Power D J. Retrospective reports of strategic-level managers: Guidelines for increasing their accuracy [J]. Strategic Management Journal, 1985, 6 (2): 171 – 180.

[191] Hu M, Horng J, Christine Sun Y. Hospitality teams: Knowledge sharing and service innovation performance [J]. Tourism Management, 2009, 30 (1): 41 – 50.

[192] Hunt S D, Morgan R M. The comparative advantage theory of competition [J]. The Journal of Marketing, 1995, 59 (1): 1 – 15.

[193] Jansen J J, Van Den Bosch F A, Volberda H W. Exploratory innovation, exploitative innovation, and performance: Effects of organizational antecedents and environmental moderators [J]. Management Science, 2006, 52 (11): 1661 – 1674.

[194] Jansen J J, Van Den Bosch F A, Volberda H W. Managing potential and realized absorptive capacity: How do organizational antecedents matter? [J]. Academy of Management Journal, 2005, 48 (6): 999 – 1015.

[195] Jansen J J, Vera D, Crossan M. Strategic leadership for exploration and exploitation: The moderating role of environmental dynamism [J]. The Leadership Quarterly, 2009, 20 (1): 5 – 18.

[196] Jaworski B J, Kohli A K. Market orientation: Antecedents and consequences [J]. The Journal of Marketing, 1993, 57 (7): 53 – 70.

[197] Jemison D B. The importance of an integrative approach to strategic man-

agement research [J]. Academy of Management Review, 1981, 6 (4): 601 –608.

[198] Jensen M B, Johnson B, Lorenz E, et al. Forms of Knowledge and Modes of Innovation [J]. Research Policy, 2007, 36 (5): 680 –693.

[199] Kandampully J. Innovation as the core competency of a service organisation: The role of technology, knowledge and networks [J]. European Journal of Innovation Management, 2002, 5 (1): 18 –26.

[200] Kandampully J. Innovation as the core competency of a service organisation: The role of technology, knowledge and networks [J]. European Journal of Innovation Management, 2002, 5 (1): 18 –26.

[201] Kim W C, Mauborgne R. Value innovation: The strategic logic of high growth [J]. Harvard Business Review, 1997, 75 (1): 103 –112.

[202] Kindström D, Kowalkowski C, Sandberg E. Enabling service innovation: A dynamic capabilities approach [J]. General Information, 2013, 66 (8): 1063 –1073.

[203] Klein S, Frazier G L, Roth V J. A transaction cost analysis model of channel integration in international markets [J]. Journal of Marketing Research, 1990, 27 (2): 196 –208.

[204] Koberg C S, Detienne D R, Heppard K A. An empirical test of environmental, organizational, and process factors affecting incremental and radical innovation [J]. The Journal of High Technology Management Research, 2003, 14 (1): 21 –45.

[205] Kohli A K, Jaworski B J, Kumar A. MARKOR: A measure of market orientation [J]. Journal of Marketing Research, 1993, 30 (4): 467 –477.

[206] Lawrence P R, Lorsch J W. Differentiation and integration in complex organizations [J]. Administrative Science Quarterly, 1967, 4 (2): 1 –47.

[207] Leonard-Barton D. Core capabilities and core rigidities: A paradox in managing new product development [J]. Strategic Management Journal, 1992, 13 (S1): 111 –125.

[208] Lichtenthaler U. Absorptive capacity, environmental turbulence, and the complementarity of organizational learning processes [J]. Academy of Management Journal, 2009, 52 (4): 822 –846.

[209] Li H, Atuahene-Gima K. Product innovation strategy and the performance of new technology ventures in China [J]. Academy of Management Journal, 2001, 44 (6): 1123 – 1134.

[210] Li M, Simerly R L. The moderating effect of environmental dynamism on the ownership and performance relationship [J]. Strategic Management Journal, 1998, 19 (2): 169 – 179.

[211] Lord M D. Corporate political strategy and legislative decision making: The impact of corporate legislative influence activities [J]. Business & Society, 2000, 39 (1): 76 – 93.

[212] Lumpkin G T, Dess G G. Linking two dimensions of entrepreneurial orientation to firm performance: The moderating role of environment and industry life cycle [J]. Journal of Business Venturing, 2001, 16 (5): 429 – 451.

[213] Mansury M A, Love J H. Innovation, productivity and growth in US business services: A firm-level analysis [J]. Technovation, 2008, 28 (1): 52 – 62.

[214] Marsh H W, Wen Z, Hau K, et al. Unconstrained Structural Equation Models of Latent Interactions: Contrasting Residual and Mean-Centered Approaches [J]. Structural Equation Modeling: A Multidisciplinary Journal, 2007, 14 (4): 570 – 580.

[215] Martin Jr C R, Horne D A. Services innovation: Successful versus unsuccessful firms [J]. International Journal of Service Industry Management, 1993, 4 (1): 49 – 65.

[216] Matear S, Osborne P, Garrett T, et al. How does market orientation contribute to service firm performance? An examination of alternative mechanisms [J]. European Journal of Marketing, 2002, 36 (9/10): 1058 – 1075.

[217] McKelvie A, Davidsson P. From resource base to dynamic capabilities: An investigation of new firms [J]. British Journal of Management, 2009, 20 (s1): S63 – S80.

[218] McNair M P. Significant trends and developments in the postwar period [M]. Pittsburgh: University of Pittsburgh Press, 1958.

[219] Menor L J, Tatikonda M V, Sampson S E. New service development: Areas for exploitation and exploration [J]. Journal of Operations Management, 2002,

20 (2): 135 – 157.

[220] Meznar M B, Nigh D. Buffer or bridge? Environmental and organizational determinants of public affairs activities in American firms [J]. Academy of Management Journal, 1995, 38 (4): 975 – 996.

[221] Miles I, Kastrinos N, Flanagan K, et al. Knowledge-intensive business services [M]. Luxembourg: EIMS publication, 1995.

[222] Miles R E, Snow C C, Meyer A D, et al. Organizational strategy, structure, and process [J]. Academy of management Review, 1978, 3 (3): 546 – 562.

[223] Miller D, Friesen P H. Strategy making and environment: The third link [J]. Strategic Management Journal, 1983, 4 (3): 221 – 235.

[224] Miller D, Friesen P H. Successful and unsuccessful phases of the corporate life cycle [J]. Organization Studies, 1983, 4 (4): 339 – 356.

[225] Miller D. Relating Porter's business strategies to environment and structure: Analysis and performance implications [J]. Academy of Management Journal, 1988, 31 (2): 280 – 308.

[226] Miller D. The structural and environmental correlates of business strategy [J]. Strategic Management Journal, 1987, 8 (1): 55 – 76.

[227] Mills P K, Morris J H. Clients as "partial" employees of service organizations: Role development in client participation [J]. Academy of Management Review, 1986, 11 (4): 726 – 735.

[228] Morteza Akbari, Hossein Mokhtari, Afsaneh Moradi, Afsaneh Pourjam, Ala Khosravani. Service innovation and firm performance: Operational experiences in uncertain environments [J]. International Journal of Services, Economics and Management, 2020, 11 (4): 347.

[229] Nadler D, Tushman M. Strategic organization design: Concepts, tools & processes [M]. New York: Person Scott Foresman, 1988.

[230] Nijssen E J, Hillebrand B, Vermeulen P A, et al. Exploring product and service innovation similarities and differences [J]. International Journal of Research in Marketing, 2006, 23 (3): 241 – 251.

[231] Nonaka I. A dynamic theory of organizational knowledge creation [J].

Organization Science, 1994, 5 (1): 14 – 37.

[232] Oh L B, Teo H H, Sambamurthy V. The effects of retail channel integration through the use of information technologies on firm performance [J]. Journal of Operations Management, 2012, 30 (5): 368 – 381.

[233] Oreja-Rodríguez J R, Yanes-Estévez V. Perceived environmental uncertainty in tourism: A new approach using the Rasch model [J]. Tourism Management, 2007, 28 (6): 1450 – 1463.

[234] Orfila-Sintes F, Mattsson J. Innovation behavior in the hotel industry [J]. General Information, 2009, 37 (2): 380 – 394.

[235] Osborne S P, Kaposvari A. Non-governmental organizations and the development of social services. Meeting social needs in local communities in post-communist Hungary [J]. Public Administration and Development, 1998, 18 (4): 365 – 380.

[236] Ostrom A L, Bitner M J, Brown S W, et al. Moving forward and making a difference: Research priorities for the science of service [J]. Journal of Service Research, 2010, 13 (1): 4 – 36.

[237] Peng M W, Heath P S. The growth of the firm in planned economies in transition: Institutions, organizations, and strategic choice [J]. Academy of Management Review, 1996, 21 (2): 492 – 528.

[238] Penrose E T. The theory of the growth of the firm [M]. London: Basil Blackwell, 1959.

[239] Pertusa-Ortega E M, Molina-Azorín J F, Claver-Cortés E. Competitive strategy, structure and firm performance: A comparison of the resource-based view and the contingency approach [J]. Management Decision, 2010, 48 (8): 1282 – 1303.

[240] Peteraf M A, Barney J B. Unraveling the resource-based tangle [J]. Managerial and Decision Economics, 2003, 24 (4): 309 – 323.

[241] Peteraf M A. The cornerstones of competitive advantage: A resource-based view [J]. Strategic Management Journal, 1993, 14 (3): 179 – 191.

[242] Pfeffer J, Salancik G R. The external control of organizations: A resource dependence perspective [M]. Palo Alto: Stanford University Press, 2003.

[243] Porter M E. Competitive Advantage: Creating and sustaining superior per-

formance [M]. New York: Free Press, 1985.

[244] Prahalad C K, Hamel G. The core competence of the corporation [J]. Harvard Business Review, 1990, 68 (3): 79 - 91.

[245] Priem R L. A consumer perspective on value creation [J]. Academy of Management Review, 2007, 32 (1): 219 - 235.

[246] Qian C, Cao Q, Takeuchi R. Top management team functional diversity and organizational innovation in China: The moderating effects of environment [J]. Strategic Management Journal, 2013, 34 (1): 110 - 120.

[247] Robbins S P, Bergman R, Stagg I, et al. Management, 4 th [M]. New Jersey: Prentice-Hall, 1994.

[248] Robinson K C, McDougall P P. Entry barriers and new venture performance: A comparison of universal and contingency approaches [J]. Strategic Management Journal, 2001, 22 (6 - 7): 659 - 685.

[249] Rosenbusch N, Bausch A, Galander A. The impact of environmental characteristics on firm performance: A meta-analysis [C]. New York: Academy of Management Annual Meeting Proceedings, 2007.

[250] Roth V J, Klein S. A theory of retail change [J]. International review of retail, distribution and consumer research, 1993, 3 (2): 167 - 183.

[251] Rothwell R. Public Innovation Policy: To have or to have not? [J]. R&D Management, 1986, 16 (1): 25 - 36.

[252] Rumelt R P. Diversification strategy and profitability [J]. Strategic management journal, 1982, 3 (4): 359 - 369.

[253] Said A A, HassabElnaby H R, Wier B. An empirical investigation of the performance consequences of nonfinancial measures [J]. Journal of Management Accounting Research, 2003, 15 (1): 193 - 223.

[254] Sharfman M P, Dean J W. Conceptualizing and measuring the organizational environment: A multidimensional approach [J]. Journal of Management, 1991, 17 (4): 681 - 700.

[255] Simons R. Strategic orientation and top management attention to control systems [J]. Strategic Management Journal, 1991, 12 (1): 49 - 62.

[256] Sirilli G, Evangelista R. Technological innovation in services and manu-

facturing: Results from Italian surveys [J]. Research Policy, 1998, 27 (9): 881 – 899.

[257] Sirmon D G, Hitt M A, Ireland R D. Managing firm resources in dynamic environments to create value: Looking inside the black box [J]. Academy of Management Review, 2007, 32 (1): 273 – 292.

[258] Sittimalakorn W, Hart S. Market orientation versus quality orientation: Sources of superior business performance [J]. Journal of Strategic Marketing, 2004, 12 (4): 243 – 253.

[259] Slater S F. Developing a customer value-based theory of the firm [J]. Journal of the Academy of Marketing Science, 1997, 25 (2): 162 – 167.

[260] Slater S F, Narver J C. Market orientation, customer value, and superior performance [J]. Business Horizons, 1994, 37 (2): 22 – 28.

[261] Slater S F, Narver J C. Market-oriented is more than being customer-led [J]. Strategic management journal, 1999, 20 (12): 1165 – 1168.

[262] Sorescu A, Frambach R T, Singh J, et al. Innovations in retail business models [J]. Journal of Retailing, 2011, 87 (S1): S3 – S16.

[263] Spanos Y E, Lioukas S. Contrasting Porter's Competitive Strategy Framework and the Resource-Based Perspective [J]. Strategic Management Journal, 2001 (22): 907 – 934.

[264] Srivastava R K, Fahey L, Christensen H K. The resource-based view and marketing: The role of market-based assets in gaining competitive advantage [J]. Journal of Management, 2001, 27 (6): 777 – 802.

[265] Sternberg R, Arndt O. The Firm or the Region: What determines the innovation behavior of european firms? [J]. Economic Geography, 2001, 77 (4): 364 – 382.

[266] Storper, Scott. Pathways to industrialization and regional development [M]. London: Routledge Press, 1992.

[267] Sundbo J, Gallouj F. Innovation in services [R]. SIS4 project synthesis, 1998.

[268] Teece D J. Explicating dynamic capabilities: The nature and microfoundations of (sustainable) enterprise performance [J]. Strategic Management Journal,

2007, 28 (13): 1319 – 1350.

[269] Teece D J, Pisano G, Shuen A. Dynamic capabilities and strategic management [J]. Strategic Management Journal, 1997, 18 (7): 509 – 533.

[270] Teece D, Pisano G. The dynamic capabilities of firms: An introduction [J]. Industrial and Corporate Change, 1994, 3 (3): 537 – 556.

[271] Tidd J, Hull F M. Service Innovation: Organizational responses to technological opportunities & market imperatives [M]. London: Imperial College Press, 2003.

[272] Utterback J M, Kim L. Invasion of a stable business by radical innovation [J]. R&D Management, 1986, (1): 113 – 151.

[273] Van de Ven A H, Astley W G. Mapping the field to create a dynamic perspective on organization design and behavior [M]. Pennsylvania: University of Pennsylvania, Center for the Study of Organizational Innovation, 1981.

[274] Varadarajan P R. Horizontal cooperative sales promotion: A framework for classification and additional perspectives [J]. The Journal of Marketing, 1986, 50 (2): 61 – 73.

[275] Venkatraman N, Ramanujam V. Measurement of business performance in strategy research: A comparison of approaches [J]. Academy of Management Review, 1986, 11 (4): 801 – 814.

[276] Voss C A. Measurement of innovation and design performance in services [J]. Design Management Journal (Former Series), 1992, 3 (1): 40 – 46.

[277] Voss G B, Voss Z G. Strategic orientation and firm performance in an artistic environment [J]. Journal of Marketing, 2000, 64 (1): 67 – 83.

[278] Wagner S M. Innovation management in the German transportation industry [J]. Journal of Business Logistics, 2008, 29 (2): 215 – 231.

[279] Wai Y M, Songip A R, Jusoff K. Knowledge management activities in a retail organization. [J]. Journal of Applied Sciences Research, 2013, 9 (3): 1845 – 1853.

[280] Wang C L, Ahmed P K. Dynamic capabilities: A review and research agenda [J]. International Journal of Management Reviews, 2007, 9 (1): 31 – 51.

[281] Wernerfelt B. A resource-based view of the firm [J]. Strategic Manage-

ment Journal, 1984, 5 (2): 171 – 180.

[282] Wheelwright S C, Clark K B. Revolutionizing product development [M]. New York: Fress Press, 1992.

[283] Wiggins R R, Ruefli T W. Sustained competitive advantage: Temporal dynamics and the incidence and persistence of superior economic performance [J]. Organization Science, 2002, 13 (1): 81 – 105.

[284] Winter S G. Understanding dynamic capabilities [J]. Strategic Management Journal, 2003, 24 (10): 991 – 995.

[285] Woodruff R B. Customer value: The next source for competitive advantage [J]. Journal of the Academy of Marketing Science, 1997, 25 (2): 139 – 153.

[286] Zahra S A, Bogner W C. Technology strategy and software new ventures' performance: Exploring the moderating effect of the competitive environment [J]. Journal of Business Venturing, 2000, 15 (2): 135 – 173.

[287] Zahra S A, Sapienza H J, Davidsson P. Entrepreneurship and dynamic capabilities: A review, model and research agenda [J]. Journal of Management Studies, 2006, 43 (4): 917 – 955.

[288] Zahra S A. Technology strategy and financial performance: Examining the moderating role of the firm's competitive environment [J]. Journal of Business Venturing, 1996, 11 (3): 189 – 219.

[289] Zhang J, Farris P W, Irvin J W, et al. Crafting integrated multichannel retailing strategies [J]. Journal of Interactive Marketing, 2010, 24 (2): 168 – 180.

[290] Zhou K Z, Yim C K, Tse D K. The effects of strategic orientations on technology-and-market-based breakthrough innovations [J]. Journal of Marketing, 2005, 69 (2): 42 – 60.